21世纪高等学校
经济管理类规划教材 高校系列

会计学原理

◎ 韩俊静 廖雅光 主编
◎ 任洁 张玮 吴婷 副主编

ACCOUNTING PRINCIPLES

人民邮电出版社
北京

图书在版编目（CIP）数据

会计学原理 / 韩俊静，廖雅光主编. -- 北京 : 人民邮电出版社，2016.2
21世纪高等学校经济管理类规划教材. 高校系列
ISBN 978-7-115-41458-8

Ⅰ. ①会… Ⅱ. ①韩… ②廖… Ⅲ. ①会计学－高等学校－教材 Ⅳ. ①F230

中国版本图书馆CIP数据核字(2016)第017482号

内 容 提 要

本书是根据我国最新颁布、修订的会计法及会计准则编写的适用于会计学专业、财务管理专业等经济管理类专业学生学习会计基础知识的一本入门教材。本书的内容包括六部分，依次是会计概述及会计核算的基本理论、复式记账法的原理及应用、会计核算方法及核算形式、会计报表的编制与分析、会计工作组织以及会计电算化概述。

本书也可以作为会计人员岗位培训教材和经济管理人员自学的参考资料。

◆ 主　　编　韩俊静　廖雅光
副 主 编　任　洁　张　玮　吴　婷
责任编辑　武恩玉
执行编辑　孙燕燕
责任印制　沈　蓉　彭志环

◆ 人民邮电出版社出版发行　　北京市丰台区成寿寺路 11 号
邮编　100164　　电子邮件　315@ptpress.com.cn
网址　http://www.ptpress.com.cn
大厂聚鑫印刷有限责任公司印刷

◆ 开本：787×1092　1/16
印张：16.75　　2016 年 2 月第 1 版
字数：471 千字　　2016 年 2 月河北第 1 次印刷

定价：39.80 元

读者服务热线：(010)81055256　印装质量热线：(010)81055316
反盗版热线：(010)81055315

前言 FOREWORD

会计学原理既是会计学及其他经济管理类专业的专业基础课程，也是会计学专业的入门课程，它具有理论性、技术性、实践运用性强的特点。《会计学原理》是结合我国经济社会发展对会计专业人才的需求，根据会计法规、准则、制度的更新，参考一线教师讲授课程中的体会以及应用型人才培养的特点而编写完成的。本书具有以下特点。

（1）知识体系的完整性和新颖性。本书以我国最新企业会计准则为依据，力求反映会计理论和会计实务改革发展的最新进展。

（2）系统性和可理解性。本书通过大量的案例和举例，紧密与《企业会计准则》的相关内容相协调，详尽阐述会计的基本原理、基本知识和基本操作。本书在编写内容上重点突出、逻辑性强、由浅入深。

（3）侧重理论与实践的结合，体现应用型人才培养的特点，注重提高学生解决实际会计问题的能力。

本书首先介绍了会计的基本理论，在此基础上重点介绍了复式记账法及其具体运用，并按照会计核算的方法依次介绍了会计凭证、会计账簿、会计账务处理程序、会计报表的编制与分析、会计工作组织以及会计电算化的相关内容。

本书共分为 12 章，由北京科技大学天津学院管理系教师编写完成，其中，修订完善大纲由韩俊静、廖雅光完成，参加本书编写和修订的人员有：韩俊静、廖雅光、任洁、张玮、吴婷、王晓欣、陈锋、张志敏、张媛、邵帅、郑耀弋。具体分工为：韩俊静负责第 1 章至第 3 章、第 6 章至第 8 章的编写；任洁负责第 5 章与第 10 章的编写；廖雅光负责第 9 章与第 11 章的编写；张玮负责第 12 章的编写；第 4 章由韩俊静和廖雅光共同编写完成；吴婷参与了第 1 章至第 4 章的编写与修改；王晓欣参与了全书的审核与修改；陈锋、张志敏、张媛、邵帅、郑耀弋参与了全书的修改与完善工作。

在本书的编写过程中，我们得到了王宾容教授的大力支持与鼓励，在此表示由衷的感谢。

此外，我们参考了大量的书籍等文献资料，向各位作者表示诚挚的谢意。

限于作者的水平，书中内容难免有疏漏、错误等不足之处，欢迎各位读者批评指正。

编　者

2015 年 11 月

目录 CONTENTS

第1章　会计总论

本章主要介绍会计的发展历程、会计的含义与特点、会计的职能、会计的目标、会计工作应遵循的规范体系、会计的对象、会计要素以及会计等式等内容。

学习目标

- 了解会计的产生与发展历程。
- 理解会计的含义与特点。
- 理解并掌握会计的职能、会计的目标。
- 明确会计工作应遵循的规范体系。
- 理解会计对象包含的内容。
- 理解并掌握各个会计要素的定义、特征及确认条件。
- 理解并能熟练运用会计等式分析会计业务。

【课前思考】

（1）什么是会计？会计的主要工作内容是什么？现代的会计跟人们传统印象中的“账房先生”是否一样？

（2）企业预期在下一年买入的生产设备能否作为企业的资产？“资产”指的是什么？

（3）计算企业需要缴纳的各类税费金额是会计哪个分支的功能？

1.1　会计概述

会计是一个不断发展变化以适应经济活动需要的学科，在其产生和发展的过程中，经历了古代、近代和现代三个阶段，每个阶段都有不同的特点，形成了具有标志性的成果。到了现代，社会经营管理的要求越来越高，内容越来越细化，会计也形成了很多分支，分别有不同的侧重，从各个角度为企业的经营管理提供支持。会计的内涵和外延也在不断地丰富和发展，其目标和职能也越来越明确。为了更好地规范会计工作，我国也已形成了一套比较完整的会计规范体系。

1.1.1　会计的产生和发展

会计作为一项经济管理活动，是经济管理的重要组成部分。会计与社会生产发展有着不可分割的联系，是人类社会发展到一定历史阶段的产物。会计的产生和发展离不开人们对生产活动进行管理的客观需要，社会越发展，会计越重要。

物质资料的生产是人类存在和发展的基础，会计是适应人类生产实践和经营物质资料的生产管理的客观需要而产生并发展起来的。会计作为一种社会现象，作为一项记录、核算和汇总工作，产生于管理的需要，而且一开始就以管理的形式出现。人们在进行生产活动、创造物质财富的同时必然要投入和耗费一定的人财物力等资源，即会形成一定的耗费。在任何一种社会形态下，人们进行生产时都是力求以尽可能少的资源耗费获取尽可能大的收获。为了提高所耗费资源的经济效益，人们除了不断地采用新技术、新工艺，还必须加强经济管理。在这个过程中，一方面需要对耗费的资源以及形成的劳动成果予以记录和计算，即会计基本职能之一——会计核算；另一方面，还要对耗费的资源以及形成的劳动成果予以分析、控制和审核，以促使人们合理配置有限的资源，使其发挥尽可能大的效益，即会计的另一大基本职能——会计监督。

会计的发展经历了漫长的历程。纵观历史，会计的发展可以分为三个阶段。

1．古代会计阶段

古代会计阶段从会计产生开始到 15 世纪末，以官厅会计为主，主要用于核算国家税收收入和分配，以货币和实物作为主要的计量单位，采用单式记账模式。

最初会计并不是以一项独立的职能产生的。在人类的早期生产时期，它是作为生产职能的附属部分。在原始社会，人们为了计算生产成果和生活需要，逐步产生了计数和计算的要求。在文字产生以前，这种计算是用“结绳记事”“刻木记事”或凭人们的记忆来进行的。可以说，这是最原始的会计活动，是我国会计的萌芽阶段。

我国商代是“官厅会计”的创始时期。到了西周有了发展，开始出现“会计”的命名和较为严格的会计机构。我国“会计”命名的出现，是我国会计理论产生、发展的一种表现，而如此完备的会计机构的出现，也是我国会计发展史上的一个突出进步。在宋代，官府中的官吏报销钱粮或办理移交，要编造“四柱清册”，实行“四柱结算法”。所谓四柱是指旧管、新收、开除、实在四项数字，就像是支撑物体的四根柱子，缺一不可。它们之间的数量关系是旧管+新收=开除+实在，大致相当于今天的“期初余额+本期收入=本期支出+期末余额”。

2．近代会计阶段

近代会计阶段从 15 世纪末到 20 世纪初，以企业会计为主，在会计实务中以货币作为主要计量单位，实物、劳动量这些计量单位逐步退到次要地位。这个阶段的核算中，企业普遍开始采用复式记账法。这时，会计具有了独立的职能，逐渐成为一个专门的职业，并形成了其自有的一套会计核算方法。

日益发展的商业和金融业要求不断改进和提高已经流行于市的复式记账方法。复式记账技术首先来自银行的存款转账业务。为适应实际需要，1494 年，意大利数学家卢卡·巴其阿勒出版了他的《算术·几何·比与比例概要》一书，系统地介绍了威尼斯的复式记账法，并给予理论上的阐述。由此开始了近代会计的历史。第一次世界大战以后，美国取代了英国在世界上的地位，无论是在生产上、还是在科学技术的发展上都处于遥遥领先的地位。因此，会计学的发展中心，也从英国转移到美国。在 20 世纪 20 年代和 30 年代，美国对标准成本会计的研究有了突飞猛进的发展。到这一时期，会计方法已经比较完善，会计科学也已经比较成熟。

3．现代会计阶段

现代会计阶段从 20 世纪初至今，形成了较为完善的会计理论。这标志着会计成为了一门真正的科学，成为了经济管理的重要组成部分。在经济活动更加复杂、生产日益社会化、人们的社会关系更加广泛的情况下，会计的地位、作用、目标、原则、方法和技术都在不断发展并日趋完善，且逐步形成了自身的理论和方法体系。另外，科学技术水平的提高也对会计的发展起了很大促进作用。现代数学、现代管理科学与会计的结合，特别是电子计算机在会计数据处理中的应用，使会计工作的效能发生了很大变化。它扩大了会计信息的范围，提高了会计信息的精确性和及时性。这样，20 世纪中叶，比较完善的现代会计就逐步形成了。为满足外部环境和内部管理的需求，会计形成财务会计和管理会计两大分支。财务会计又称为对外（报告）会计，对已经发生的经济业务进行事后的记录和总结，对过去的生产经营活动进行核算和监督。管理会计又称为对内（报告）会计，以强化企业内部经营管理、实现最佳经济效益为最终目的，以现代企业经营活动及其价值表现为对象，通过对财务等信息的深加工和再利用，实现对经济过程的预测、决策、规划、控制、责任考核评价等职能。

会计是一个不断发展的学科。经济社会越发展，对会计的需求就越多样化。随着经济全球化进程的加快，国际经济交往与合作的开展越发广泛，会计已经超越了国家界限，成为“国际通用的商业语言”。现代会计的发展出现了前所未有的繁荣，相关体系也有了进一步的发展，目前比较成熟的有以下几个分支。

（1）财务会计。财务会计的主要功能是对外报告企业的财务状况和经营业绩，对企业已发生的交易或事项，运用专门的方法进行确认、计量，并以财务会计报告为主要形式，定期向各利益相关者提供会计信息。财务会计的主要工作内容以经济业务活动发生或完成取得的原始凭证为起点进行业务分析、填制记账凭证、登记日记账和明细账，根据所选账务处理程序的不同选用不同的依据登记总账，通过对账等方式检查账簿记录是否正确，最后依据正确的账簿记录定期编制会计报告提供反映企业财务状况、经营成果的会计信息。

（2）管理会计。管理会计的主要功能是对内部管理者提供支持管理决策的信息。近几年管理会计在我国得到了越来越多的关注，是一门正在发展中的新兴学科，主要服务于企业内部经营管理，包括预测分析、决策分析、全面预算、成本控制、责任会计等基本内容。管理会计具有预测经济前景、参与经济决策、规划经营目标、控制经济过程、考核评价经营业绩的职能。

（3）成本会计。成本会计的功能具有二重性。一是，成本会计主要通过对生产经营过程中发生的费用进行归集、分配，计算出有关成本计算对象的总成本和单位成本，为财务会计提供成本信息，以合理确定存货价值及计算损益，内容主要包括：成本计算对象的确定；生产费用的归集及其在各种产品之间的分配；完工产品和在产品成本的计算；成本报表的编制。二是，成本会计为管理会计提供决策分析中的基础信息，所以又被称为“管理成本会计”“现代成本会计”，具体内容包括：成本预测和决策；成本计划；成本核算；成本控制；成本分析和考核。

（4）税务会计。税务会计是以纳税人为会计主体，以货币为主要计量单位，依据税收法规，运用会计基本理论和方法，对税务资金运动进行连续、系统、全面地核算与筹划，使纳税人在不违反税法的前提下，及时、准确地缴纳税金并向税务部门提供税务信息的会计学科，其会计主体是负有纳税义务的独立纳税人。税务会计的主要内容包括经营收入的确认、成本费用的计算、经营成果的确定、税额的计算、税款解缴、罚金缴纳和税收减免等业务的会计处理。

（5）审计。审计是一种具有独立性的经济监督。审计的对象是被审计单位的经济活动和会计资料。审计审查的内容包括会计，但不局限于会计。按审计活动执行主体的性质分类，审计可分为政府审计、社会审计和内部审计三种。政府审计由政府审计机关依法进行，在我国一般称为国家审计。社会审计又称为民间审计或注册会计师审计，是由注册会计师受托有偿进行的审计活动。这时，审计人员要根据审计计划对被审计单位实施必要的审计程序，就被审计事项做出审计结论，提出审计意见和审计建议的书面文件。内部审计则是指由单位内部专门的审计机构和人员对单位自身的经济活动实施的独立审查和评价，审计结果向本单位主要负责人报告。

（6）财务管理。财务管理是依据国家计划和财务制度的要求，根据企业资金运动的规律，对企业再生产过程中有关资金的筹集、运用和分配等活动，所进行的组织、指挥、监督和调节等一系列管理工作的总称。企业财务管理是企业管理的重要组成部分。它的主要内容包括：资金筹集活动的管理、固定资金管理、流动资金管理、专项资金管理、产品成本管理、销售收入及利润的分配管理等。

（7）特殊行业会计。特殊行业会计是针对业务性质比较特殊的行业，如金融、租赁、石油天然气开采等类型的企业。把会计基本原理及其程序、方法等应用于特殊行业的企业，从而反映企业经济活动，提供企业财务状况、经营成果、现金流量的信息。另外，为了满足我国的各级政府、事业单位以及非营利组织进行会计核算与监督的需要，相应的有非企业会计反映和监督社会再生产过程中分配领域、精神生产和社会福利领域的政府财政机关、行政单位财政资金和事业单位及其他非营利组织业务资金的活动。

此外，还有一些新兴的会计分支正处于不断发展完善之中，如人力资源会计、环境会计、社会责任会计等。人力资源会计是鉴别和计量人力资源的成本和价值的一种程序和方法。它具体包括人力资源成本会计和人力资源价值会计两方面的内容，其目的在于把企业人力资源的信息提供给企业管理者及外部信息使用者使用。环境会计又称绿色会计，其以货币为主要计量单位，以有关法律、法规为依据，计量、记录环境污染、防治、开发的成本费用，同时对环境的维护和开发形成的经济和社会效益进行合理计量与报告，从而综合评估环境绩效及环境活动对企业财务成果影响的一门新兴学科。社会责任会计作为会计发展的新领域和新分支，是社会责任同会计学的结合，是以会计特有的方法对企业发生的经营活动所带来的社会贡献以及损害进行核算和监督的会计。

1.1.2 会计的含义及特点

随着社会经济的不断发展，会计的内涵和外延都在不断地丰富和发展。

会计百科全书将会计定义为：以货币计量为基本形式，采用一系列组合经济信息的专门方法，对各经营与非经营单位的经济活动进行完整的、连续的、系统的反映和控制，借以加强管理，提高经济效益或管理效益。它是管理经济或社会事业的一种管理活动和管理工作。

新编会计大辞典将会计定义为：以货币作为主要计量单位，通过一系列专门方法，对企业、机关、事业单位或其他经济组织的经济活动进行综合、全面地核算和监督，以促使各单位加强经济管理，提高经济效益，取得经济效果的一种经济管理工作。

会计辞典将会计定义为：以货币计量为主要形式，采用专门方法，对企业、机关、事业单位或其他经济组织占用的财产物资和发生的劳动耗费进行系统的计算、记录、分析、报告和监督，并为有关方面提供财务状况和经营成果等经济信息的一种管理活动。

综合多种观点，对现代会计含义的理解，可以包含两个方面：一方面，会计是一种以货币为主要计量单位，以提高经济效益为主要目标，运用专门方法对企业、机关、事业单位和其他组织的经济活动进行全面、综合、连续、系统地核算和监督，是提供会计信息的信息系统；另一方面，随着社会经济的日益发展，会计已逐步成为开展预测、决策、控制和分析的一种经济管理活动，是经济管理活动的重要组成部分。

根据会计的含义，会计具有如下几个特点。

（1）以货币为主要计量单位。原始的会计计量只是简单地用实物数量和劳动量对经营活动和财务收支进行计算和记录。随着社会生产的日益发展，会计从简单的计量和记录，演变为以货币为主要计量单位来综合核算与监督经济活动的过程。要想更好地计算和记录经济活动中的财产物资和劳动消耗，就需要有统一的量度。这种量度就是以货币形式体现的价值。需要注意的是，货币并不是唯一的计量单位。在实务中，核算有些项目时，不仅要计算其价值，还要借助实物指标予以计量，如企业拥有的存货等实物资产，既需要反映其总的价值，还要反映其实物数量。

（2）按经济活动的时间顺序连续、系统、全面、综合地反映企业发生完成的经济活动。要反映企业已经发生或者完成的各项经济活动，了解和考核经济活动的过程和结果，必须对经济活动进行顺序地、不间断地记录和计算，通过分类、汇总和加工整理，取得综合性的指标。随着社会生产的发展，经营规模的扩大和经济活动的日趋复杂，在经营管理上，除了要求提供反映现状的核算指标外，还要提供预测未来的会计信息，使会计从事后反映发展到预测未来，以便为实现预期效果而采取相应的措施。

（3）会计的核算职能与监督职能相结合。对经济业务活动进行监督的基础是正确的会计核算，只有真实、可靠的会计资料才是会计监督的依据；同时，也只有搞好会计监督，保证经济业务按规定的要求进行，才能更好地发挥会计的管理作用。

（4）以合法的凭证为依据，要做到“收有凭，付有据”。会计的任何记录和计量都必须以会计凭证为依据。这样才能确保会计信息具有真实性和可验证性。只有经过审核无误的原始凭证（凭据）才能据以编制记账凭证并登记账簿进行后续处理。

1.1.3 会计的职能

会计的职能是指会计作用经济管理活动所能够发挥的作用。会计的基本职能是进行会计核算，实行会计监督。

1．会计核算

会计核算是会计的首要职能，是以货币计量为主要单位，对各种单位经济业务活动或者预算执行情况及其结果进行连续、系统、全面的记录和计量，并据以编制会计报表。它要求各单位必须根据实际发生的经济业务事项进行会计核算，其特点表现在以下三个方面。

（1）会计核算主要是从价值量上反映各经济主体的经济活动状况。会计核算是对各单位的一切经济业务，以货币计量为主，进行记录、计算，以保证会计记录和反映的完整性。

（2）会计核算具有连续性、系统性和完整性。各单位必须对客观发生的所有涉及资金运动或资金增减变化的事项，采用系统的核算方法体系，按时间顺序，无一遗漏的进行记录。

（3）会计核算应对各单位经济活动的全过程进行反映。随着商品经济的发展，市场竞争日趋激烈，会计在对已经发生的经济活动进行事中、事后的记录、核算、分析，反映经济活动的现实状况及历史状况的同时，发展到事前核算、分析和预测经济前景。

2．会计监督

会计的监督职能是指会计具有按照一定的目的和要求，利用会计核算职能所提供的经济信息，对企业和行政事业单位的经济活动进行控制，使之达到预期目标的功能。它是企业内部的一种自我约束机制。会计的控制职能主要具有以下特点。

（1）会计监督主要是通过价值量指标来进行的。由于企业需要进行核算的经济活动，都伴随着价值运动，表现为价值量的增减和价值形态的转化，所以会计通过价值指标可以全面、及时、有效地控制各个单位的经济活动。

（2）会计监督包括事前、事中和事后的全过程监督。事前监督是指在经济活动开始前进行的监督，即审查未来的经济活动是否符合有关法令、政策的规定，是否符合商品经济规律的要求，在经济上是否可行；事中监督是对正在发生的经济活动及取得的核算资料进行审查，并以此纠正经济活动进程中的偏差及失误；事后监督是对已经发生的经济活动以及相应的核算资料进行审查、分析。

（3）会计监督的依据有合法性和合理性两种。合法性的依据是国家的各项法令及法规，合理性的依据是经济活动的客观规律及企业自身在经营管理方面的要求。

会计核算与会计监督是相互作用、相辅相成的。核算是监督的基础，没有对经济业务的正确核算，就没有可靠的监督依据；而监督是会计核算质量的保证，有效地监督可以保证经济业务按规定的要求进行，进而发挥会计核算的作用。

会计的基本职能是核算与监督（也有称为反映与控制）。随着经济社会的发展，传统的职能得到不断充实，我国会计界一般认为，除了核算与监督两大基本职能之外，会计还有预测经济前景、参与经济决策、分析评价经营业绩等职能。

1.1.4 会计的目标

会计的目标是指在一定的历史条件下，人们通过会计所要实现的目的或达到的最终结果。会计是整个经济管理的重要组成部分，因此会计目标必然从属于经济管理的总目标，或者说会计目标是经济管理总目标下的子目标。在社会主义市场经济条件下，经济管理活动的总目标是合理配置有限的资源，提高经济效益。会计工作作为经济管理的重要组成部分，其最终目标也应该是提高经济效益。会计工作主要是以财务会计报告的形式提供会计信息，因此，会计的目标也可以称为财务会计报告的目标。我国企业会计准则规定，财务会计报告的目标是向财务会计报告使用者提供与企业财务状况、经营成果和现金流量等有关的会计信息，反映企业管理层受托责任履行情况，有助于财务会计报告使用者做出经济决策。会计的具体目标包括以下两个方面。

（1）从企业内部信息使用者来看，会计目标主要是反映企业受托责任的履行情况（受托责任）。在当今企业所有权与管理经营权分离的情况下，企业的管理者是受企业所有者所托对企业进行经营管理，管理者有责任妥善保管并合理、有效地运营由所有者投入的资金及向债权人借入的资金而形成的资产。所有者及债权人要及时了解企业的经营管理层保管、使用资产的情况，以便于评价企业管理层受托责任的履行情况和业绩情况，并决定是否需要更换管理层等。因此，会计的目标之一是反映企业管理层受托责任的履行情况，以有助于评价企业的经营管理责任和资源使用的有效性。

（2）从企业外部信息使用者来看，会计目标主要是向会计信息使用者提供决策有用的信息（决策有用）。会计通过一系列的核算方法，形成最终的成果即财务报表，向会计信息使用者提供财务信息。如果企业提供的财务信息对使用者的决策没有价值，那么编制财务报告就失去了应有的意义。

1.1.5 会计法规体系

为了保证会计工作能够顺利进行，贯彻财政方针和政策，执行财经纪律，充分发挥会计工作人员的作用，实现预期的会计目标，会计工作必须要做到有法可依，有章可循。制订并执行会计法规是我们国家的必然选择。目前，我国已经建设成了一套比较完整的会计规范体系。按照各法规之间的相互关系，可以分为三个层次。

第一层次，会计法律。我国会计的基本法律是《中华人民共和国会计法》（简称《会计法》），是1985 年由第六届全国人民代表大会常务委员会第九次会议通过并颁布的。现行的《会计法》经过了1993 年 12 月 29 日第八届全国人民代表大会常务委员会的第一次修订以及 1999 年 10 月 31 日第九届全国人民代表大会常务委员会的第二次修订，于 2000 年 7 月 1 日起施行。现行《会计法》包括七章共五十二条，内容包括总则、会计核算、企业会计核算的特别规定、会计监督、会计机构和会计人员、法律责任以及附则，其具体内容见本书附录 A。

第二层次，会计准则。会计准则是我国会计核算工作的基本规范，是会计人员进行会计处理、提供财务报告所应遵循的原则，由财政部负责制定。目前我国企业适用的会计准则有《企业会计准则》和《小企业会计准则》两大类。

（1）《企业会计准则》包括基本会计准则和具体会计准则。我国最早的《企业会计准则》（称为基本会计准则）是 1992 年 11 月经国务院批准，由财政部以部长令的形式发布的，自 1993 年 7 月 1 日起正式施行。现行的《企业会计准则——基本准则》（简称《企业会计准则》）经过了 2006 年的第一次修订和 2014 年的第二次修订，于 2014 年 7 月 23 日发布并施行。《企业会计准则》在上市公司范围内施行，同时鼓励其他企业执行。

《企业会计准则——基本准则》包括十一章五十条，主要规范了财务报告目标、会计基本假设、会计信息质量要求、会计要素的分类及其确认、计量原则、财务报告等基本问题。基本准则是具体准则及应用指南和解释等的制定依据和基础。为了适应我国会计实务工作的需求，自 1997 年起，我国开始颁布具体会计准则，至 2015 年 4 月，经过修订和新增的正式施行的具体会计准则共有 41 项，分别对存货、长期股权投资、投资性房地产、固定资产、生物资产、无形资产、非货币性资产交换、资产减值、职工薪酬、企业年金基金、股份支付、债务重组、或有事项、收入、建造合同、政府补助、借款费用、所得税、外币折算、企业合并、租赁、金融工具确认、金融资产转移、套期保值、原保险合同、再保险合同、石油天然气开采、会计政策、会计估计变更和差错更正、资产负债表日后事项、财务报表列报、现金流量表、中期财务报告、合并财务报表、每股收益、分部报告、关联方披露、金融工具列报、首次执行企业会计准则、公允价值计量、合营安排和在其他主体中权益的披露等具体交易和事项的会计处理予以规范。

（2）为了规范小企业会计确认、计量和报告行为，促进小企业可持续发展，发挥小企业在国民经济和社会发展中的重要作用，财政部根据《会计法》及其他有关法律和法规，制定了《小企业会计准则》，自 2013 年 1 月 1 日起在小企业范围内施行，鼓励小企业提前执行。财政部于 2004 年 4 月 27 日发布的《小企业会计制度》同时废止。在中华人民共和国境内依法设立的、符合《中小企业划型标准规定》中规定的小型企业标准的企业原则上适用该准则，微型企业参照执行。

《小企业会计准则》共十章九十条，包括总则、资产、负债、所有者权益、收入、费用、利润、外币业务、财务报表和附则。

第三层次，会计制度。通常所说的会计制度是指财政部根据《会计法》、会计准则及国家其他有关法律和法规制定颁布的，进行会计工作所应遵循的规则、方法和程序的总称。目前我国的会计制度有《企业会计制度》和《金融企业会计制度》。

《企业会计制度》适用于没有实施现行会计准则体系的非金融保险行业的大中型企业，主要对资产、负债、所有者权益、收入、成本和费用、利润及利润分配、非货币性交易、外币业务、会计调整、或有事项、关联方关系及其交易以及财务会计报告等事项予以规范。

《金融企业会计制度》适用于我国境内依法成立的各类金融企业，具体有银行、保险公司、证券公司、信托投资公司、期货公司、基金管理公司、租赁公司、财务公司等。

此外，为了加强会计基础工作，建立规范的会计工作秩序，不断提高会计工作水平，财政部还制定了《会计基础工作规范》，对会计机构和会计人员、会计核算、会计监督以及内部会计管理制度做了详细规定。

在国际上，一些实施会计准则的国家，通常并不会再制定和颁布企业会计制度，而在我国，企业会计准则替代企业会计制度，是一个渐进的过程。

1.2 会计对象

会计对象即会计核算和监督的内容。因为会计是以货币作为主要计量单位的，所以凡是能够以货币表现的经济活动，都是会计所要核算和监督的内容。换句话说，引起资金运动的经济业务活动就是会计对象。

企业性质不同，资金运动的表现形式也会有所不同，资金运动包括各特定主体的资金筹集、资金运用和资金分配等过程，而具体到企业、事业、行政单位又有较大差异。即便同样是企业，工业、农业、商业、交通运输业、建筑业及金融业等也均有各自资金运动的特点。

1.2.1 资金的筹集

企业要进行生产经营活动首先要有相应的资金，因此企业首先要通过一定的渠道筹集资金。企业建立初期资金主要来源于外部：一是以股权方式筹资，又可以分为吸收直接投资和发行股票两种方式；二是以债权方式筹资，常见的是从银行及其他金融机构借款或者发行债券。另外，当企业正常运营之后，形成的未分配利润也是企业资金的一种内部积累方式。

1.2.2 资金的运用

企业将筹集的资金投入生产经营活动当中用以获取收益。对于不同行业的企业运用资金的形式和活动也有所不同。

工业企业的交易或事项主要是制造产品、销售产品，因此，在其运营过程中，资金的运动从货币资金形态开始，依次通过采购、生产和销售阶段，形态不断发生改变，最后又回到货币资金形态。这期间的具体过程包括：①供应过程，企业购入各种原材料、支付货款及相关采购费用，购置生产所需的机器设备、购建厂房等固定资产，此时货币资金转换为储备资金；②生产过程，企业对原材料进行加工生产，引起原材料的耗费、固定资产的折旧、人员工资的支付和生产费用的发生，这个阶段一部分储备资金和货币资金转换为生产资金；产品完工后生产资金就转换为了成品资金；③销售过程，产品销售出去，形成销售收入，收到销货款后，成品资金又转换为货币资金。经过前述一系列对资金的运用活动，实现了企业资金的增值。

商品流通企业主要是组织商品流通，主要业务可以分为购进和销售两类。在商品购进阶段，用货币资金购入商品，货币资金转换为商品资金；在销售阶段，取得销售收入，商品资金又转换为货币资金。此外，在经营过程中还会涉及人财物力的消耗。这些都表现为商品流通过程中的费用。

1.2.3 资金的分配

企业通过上述经营活动形成一定的经营成果，实现的利润应按国家有关法律、法规和公司章程等规定的程序和内容进行分配，主要包括：弥补以前年度亏损，提取盈余公积，有限责任公司向投资者分配利润，股份有限公司向股东分派股利；若发生亏损则应按照规定的方法加以弥补。

同事物运动有相对静止和显著运动两种形态一样，企业资金运动也分为静态和动态。

（1）会计对象的静态表现是指一个企业在一定时点上的资产和权益的总额情况，对应内容反映在资产负债表中。

任何一个企业要进行经济活动，首先需要具备一定的物质条件，如货币资金、材料、设备、场所等。这些物质存在形式不同，但是它们具有一些共同点：为企业拥有或者控制，能够用货币计量反映，在未来能给企业创造经济利益。具有以上特点的物质资源在会计上称为资产。要取得或形成这些生产经营所需的资产就需要资金。企业筹集资金的对象主要有两类，一类是债权人，向企业提供资金后要求企业按期偿还本金，并按相关规定支付利息；另一类是所有者（业主），所有者对企业的投资常见形式有货币、设备、材料等各类资产，伴随此类投资，所有者通常要求参与企业经营管理，并按投资比例获取收益。第一类形成的是需要企业偿还的债务，是债权人权益，会计上称为负债。第二类投资形成的是不需要企业偿还、在经营期间可以长期使用的资金，会计上称为所有者权益（业主权益）。负债和业主权益统称为权益。

（2）会计对象的动态表现就是企业所拥有的资金的循环和周转过程。企业是以盈利为目的的，而要获取盈利，就需要运用举债以及吸收所有者投资获取的资金而形成资产，进而创造经济利益。在这个过程中，资金在生产经营各个阶段就会不断转变形态，具体表现为收入、费用和利润，对应的具体项目反映在利润表中。

企业获取盈利首先要有经济利益的流入。会计上将能用货币反映的经济利益的流入称为收入。形成收入的常见经济活动有：销售商品、提供劳务等。在形成收入的同时，企业需要发生一定的支出，而支出会导致经济利益的流出，如销售人员的工资，销售商品的成本，提供劳务的人、财、物、力成本等。会计上将这些能用货币反映的经济利益的流出称为费用。企业经营活动引起的经济利益的流入扣除经济利益的流出即是企业通过经营活动形成的盈利，也就是利润。

1.3 会计要素与会计等式

1.3.1 会计要素

对会计的核算对象所做的基本分类就是财务会计报告要素，即会计要素。它是用于反映企业财务状况、确定经营成果的基本单位。会计要素是从会计的角度解释构成企业经济活动的必要因素。《企业会计准则》将会计要素分为六类，分别为资产、负债、所有者权益、收入、费用及利润。如前所述，会计对象有静态表现和动态表现，与此相对应，会计要素可以分为两类：一类是静态的，反映企业财务状况的，包括资产、负债、所有者权益，是资产负债表的基本项目；另一类是动态的，反映企业经营成果的，包括收入、费用和利润，构成了利润表的基本项目。

1. 静态会计要素

（1）资产。资产是指企业过去的交易或者事项形成的、由企业拥有或者控制的、预期会给企业带来经济利益的资源。如企业拥有的现金、银行存款、原材料、生产完工的产品、用于生产的机器设备等都属于企业的资产。

根据资产的定义，资产应具备以下基本特征。

① 企业过去的交易或者事项形成的。一项资源要成为企业的资产，必须是现实的而不是预期的，即企业预期在未来购入、生产的资源都不属于企业的资产。比如，企业打算在下个月购入一批原材料就不属于企业的资产。

② 企业现在所拥有或者控制的资源。拥有是指拥有所有权。一项资源是否属于企业，通常看其所有权的归属。需要注意，是否拥有所有权并不是唯一的标准。有些情况，企业虽然不拥有资源的所有权，但是企业却实际控制该项资源，则该项资源也要确认为企业的资产。所谓的控制是指虽然从法律形式上看不拥有所有权，但却有支配使用权，也就是说，企业对该项资源具有实际经营管理权，能够自主地运用它从事经营活动，谋求经济利益，从实质上看企业享有与该项资源的所有权有关的经济利益，并承担着相应的风险。

③ 预期会给企业带来经济利益。这是资产最本质的特征，是指此资源应该能直接或者间接导致经济利益流入企业，如企业销售出其生产的产品可以直接取得经济利益、购买债券持有期间可以获得利息。如果预期不能带来经济利益则不能确认为资产，比如变质的商品、报废的机器设备就要终止确认为资产。

在符合上述特征的同时，还要满足以下条件的资源才能确认为资产。

① 与该资源有关的经济利益很可能流入企业。能给企业带来经济利益是资产的一个本质属性。在实际的经济活动中，与资源相关的经济利益能否流入企业以及流入多少具有一定的不确定性。当与企业的资源有关的经济利益很可能流入企业时就应将其作为资产予以确认。当经过判断与企业的资源有关的经济利益很可能部分或者全部不能流入企业时，表明该资源的部分或全部已经不符合资产的确认条件，应计提减值准备，相应减少资产的价值或终止确认资产。

② 该资源的成本或价值能够可靠地计量。这是所有会计要素得以确认的重要前提。只有当资源的成本或者价值能够可靠地计量时，资产才能予以确认。实务中，企业取得资产都要发生成本，如购入存货、购置厂房或设备等。这些资源的成本都能够可靠计量，也就符合了资产确认的可计量条件。

企业进行正常的生产经营活动，首先要拥有一定数量和结构的资产。通常将企业的资产按其流动性分为流动资产与非流动资产两大类。流动资产是指那些可以合理地预期将在一年内转换为现金或被销售、耗用的资产，主要包括货币资金、应收票据、应收账款和存货等。除流动资产以外的所有其他资产统称为非流动资产，包括持有至到期投资、长期股权投资、固定资产、无形资产等。

（2）负债。负债是指企业过去的交易或者事项形成的、预期会导致经济利益流出企业的现时义务。如企业从银行筹资形成的长期借款和短期借款、企业对外发行债券形成的债务、企业赊购时形成的应付款项等都属于负债。

根据负债的定义，负债应具备以下基本特征。

① 企业过去的交易或者事项形成的。只有过去的交易或事项才能形成负债，企业将来发生的承诺、签订的合同等交易或事项不形成负债。

② 企业的现时义务。负债是现实需要偿还的债务，如企业购入商品形成的应付未付的货款，企业向银行贷款形成的借款。潜在的义务不能确认为负债，未来的经济业务可能导致的经济责任也不是会计上的负债，如企业决定在三个月后向银行借入借款，并不会产生现时的义务，不能确认为企业的负债。

③ 预期会导致经济利益流出企业。这是负债的一个本质特征。企业履行偿债义务时，会有经济利益的流出，如支付现金、提供劳务、提供产品、转让其他财产等。

符合准则规定的负债定义的义务，在同时满足以下条件时，确认为负债。

① 与该义务有关的经济利益很可能流出企业。预期会导致经济利益流出企业是负债的一个本质特征。实务活动中，履行偿债义务所需流出的经济利益带有不确定性，当有确凿证据表明与现时义务有关的经济利益很可能流出企业，就应将其作为负债予以确认。反之，如果企业承担的现时义务导致企业经济利益流出的可能性很小，就不符合负债的确认条件，不能将其确认为负债。

② 未来流出的经济利益的金额能够可靠地计量。对于与法定义务有关的经济利益流出金额，通常可以根据合同或法律规定的金额予以确定。对于经济利益的流出在未来期间甚至在未来较长期间的情况，有关金额的确定需要考虑货币时间价值等因素的影响。

负债按偿还期限的长短，分为流动负债和非流动负债。流动负债是指预期在 1 年或长于 1 年的一个经营周期内到期的债务，主要包括短期借款、应付票据、应付账款、应付职工薪酬、应交税费、应付股利、其他应付款等。非流动负债是指偿还期限在长于 1 年或长于 1 年的一个经营周期以上的债务，主要包括长期借款、应付债券和长期应付款等。

（3）所有者权益。所有者权益又称为股东权益，是指企业资产扣除负债后，由所有者享有的剩余权益，其金额取决于资产和负债的计量。所有者权益是所有者对企业资产的剩余索取权，通常由实收资本、资本公积、盈余公积以及未分配利润构成。

所有者权益的来源包括所有者投入的资本、直接计入所有者权益的利得和损失及留存收益，通常由实收资本（股本）、资本公积（包括资本溢价或股本溢价、其他资本公积）、盈余公积和未分配利润构成。

所有者投入的资本是指所有者所有投入企业的资本部分，既包括构成企业注册资本或者股本部分的金额，也包括投入资本超过注册资本或者股本部分的金额，即资本溢价或者股本溢价。

直接计入所有者权益的利得和损失，是指由企业非日常活动所发生、不应计入当期损益、会导致所有者权益发生增减变动的、与所有者投入资本或者向所有者分配利润无关的利得或损失。利得是与所有者投入资本无关的、会引起所有者权益增加的经济利益流入。损失是与所有者利润分配无关的、会引起所有者权益减少的经济利益流出。直接计入所有者权益的利得和损失主要包括可供出售金融资产的公允价值变动额、现金流量套期中套期工具公允价值变动额等。

留存收益是企业历年实现的净利润留存于企业的部分，主要包括累计计提的盈余公积和未分配利润。

由于所有者权益体现的是所有者在企业中的剩余权益，所以所有者权益的确认主要依赖于其他会计要素，尤其是资产和负债的确认。在金额上，所有者权益=资产-负债。

那么，所有者权益与负债有什么区别和联系呢？

二者的区别主要体现在以下几个方面。

① 资金提供者在企业中享有的权利不同。所有者享有企业经营决策权和剩余分配权，能够分享利润。债权人没有企业经营决策权和剩余分配权，只有按期收回本金和利息的权利。

② 行使权利的优先次序不同。债权人对企业资产的要求权优先于投资人的要求权。企业破产清算时，负债一般优先得到清偿，只有在清偿所有的负债之后剩余的权益才返还给所有者。

③ 资金可使用期限不同。在企业持续经营的情况下，所有者除了可以按法律程序减资外，一般不能提前撤回投资，也没有约定的偿还期。而债权人提供的资金一般都有规定的偿还期限，必须按期归还。

二者之间的联系体现在以下两个方面。

① 二者都是企业经营所需资金的来源。

② 二者都属于权益，其中，所有者权益是投资人（所有者）的权益，负债是债权人的权益。

2．动态会计要素

（1）收入

收入是与费用是相对应的一个特定的会计概念，不是所有经济利益的流入都可以称为收入。会计要素中的收入是指企业在日常活动中形成的、会导致所有者权益增加的、与所有者投入资本无关的经济利益的总流入。例如，工业企业制造并销售产品、商业企业销售商品、租赁公司出租资产均属于企业日常活动，形成的利益的流入都属于收入。

根据收入的定义，收入具有如下特征。

① 是在日常活动中形成的。所谓日常活动是指企业为完成其经营目标所从事的经常性的活动，以及与其相关的活动。例如，会计师事务所提供审计咨询服务、运输公司提供运输服务、租赁企业让渡资产使用权等。显然，不同类型企业的日常活动内容是有差异的。

② 是与所有者投入资本无关的经济利益的总流入。收入会导致经济利益的流入，但是经济利益的流入不都属于收入，投资者投入资本会导致经济利益流入，但是此项经济利益的流入不能确认为收入，而是属于所有者权益。

③ 会导致所有者权益增加。与收入相关的经济利益的流入应当会导致所有者权益的增加，不导致所有者权益增加的经济利益的流入不应确认为收入。例如，企业发行债券会有经济利益的流入，但是同时也导致企业承担的债务增加，并没有导致所有者权益的增加，因此，这种经济利益的流入不能确认为收入。

收入在确认时除了应当符合收入定义外，还应当满足严格的确认条件。收入的确认至少应当符合以下条件。

① 与收入相关的经济利益应当很可能流入企业。

② 经济利益流入企业的结果会导致企业资产的增加或者负债的减少。

③ 经济利益的流入额能够可靠地计量。

（2）费用

费用是与收入是相对应的一个特定的会计概念，不是所有经济利益的流出都是费用。会计要素中的费用是指企业在日常活动中发生的、会导致所有者权益减少的、与向所有者分配利润无关的经济利益的总流出。费用有多种表现形式，但其本质都是资产的转化形式，是企业资产的耗费。例如，企业发生的广告费支出、销售人员的工资薪金支出均属于企业日常活动形成的利益的流出，都属于费用。

根据费用的定义，费用具有如下特征。

① 日常活动中发生。费用必须是企业在日常活动中所形成的。这里的“日常活动”的界定与收入定义中的“日常活动”是一致的。常见的费用的发生形式包括营业成本、办公费用、广告费、固定资产的折旧、无形资产的摊销等。

② 会导致所有者权益减少。与费用相关的经济利益的流出应当会导致所有者权益的减少，不导致所有者权益减少的经济利益的流出不符合费用的定义，不应确认为费用。比如，企业用银行存款偿还银行借款，经济利益流出企业，资产减少，并不会导致所有者权益的减少，而是使负债减少，因此这项经济利益的流出不能确认为费用。

③ 向所有者分配利润无关的经济利益的总流出。向所有者分配利润也会导致经济利益流出企业，但是这种形式的经济利益的流出不属于费用的核算范围。

费用的确认除了应当符合费用定义外，还应当满足严格的条件。费用的确认至少应当符合以下条件。

① 与费用相关的经济利益应当很可能流出企业。

② 经济利益流出企业的结果会导致资产的减少或者负债的增加。

③ 经济利益的流出额能够可靠计量。

（3）利润

利润是指企业在一定会计期间的经营成果，反映的是企业的经营业绩情况，是业绩考核的重要指标。企业实现的利润归所有者享有，因此当企业实现利润时会导致所有者权益的增加，而企业发生亏损时（即利润为负），则会导致所有者权益的减少。利润的来源包括收入减去费用后的净额、直接计入当期利润的利得和损失等。收入减去费用后的净额反映的是企业日常活动的业绩，而直接计入当期利润的利得和损失反映的是企业非日常活动的业绩。直接计入利润的利得和损失是指应计入当期损益、会导致所有者权益增减变动的、与所有者投入资本或者向所有者分配利润无关的利得和损失。利得包括非流动资产处置利得、非货币性资产交换利得、债务重组利得、盘盈利得、捐赠利得等。损失包括非流动资产处置损失、非货币性资产交换损失、债务重组损失、公益性捐赠支出、非常损失。

在利润表中列示的利润分为营业利润、利润总额和净利润。

① 营业利润指营业收入减去营业成本、营业税金及附加、销售费用、管理费用、财务费用、资产减值损失，并加上投资收益（或减去投资损失）后的金额。

② 利润总额指营业利润加上营业外收入，减去营业外支出后的金额。

③ 净利润指利润总额减去所得税费用后的金额。

由于利润包括收入减去费用后的净额、直接计入当期利润的利得和损失等，因此利润的确认依赖于收入、费用以及利得和损失的确认，其金额的确定则取决于收入、费用以及利得和损失金额的计量。

1.3.2 会计等式

六项会计要素反映了资金运动的静态和动态两个方面，具有紧密的相关性，在数量上存在着特定的平衡关系。这种平衡关系用公式来表示，就是通常所说的会计等式。会计等式是反映会计要素之间平衡关系的计算公式，是各种会计核算方法的理论基础。目前，我们会计核算使用到的会计等式有以下几种。

1．会计等式一：资产=负债+所有者权益

对于企业而言，存在“资金的占用=资金的来源”这个恒等式。企业对资金的占用形成了各种形态的经济资源，即资产。资金的来源有两种，一是投资者投入的资本，二是企业向债权人借款形成的。资产是由于过去的交易或事项所引起，能为企业带来经济利益的资源。形成资产的资金来源于债权人借入的资金和所有者投入的资本及企业在生产经营中实现的利润的积累，分别归属于债权人和所有者。归属于债权人的部分形成债权人权益，即企业的负债，归属于所有者的部分形成企业的所有者权益。因此，恒等式可表示为资产=负债+所有者权益。

资产和权益（包括所有者权益和债权人权益）实际是企业所拥有的经济资源在同一时点所表现的不同形式。资产表明的是资源在企业存在、分布的形态，而权益则表明了资源取得和形成的渠道。资产来源于权益，资产与权益必然相等。这一会计等式是进行复式记账和编制资产负债表的理论基础。

【例 1-1】小董和小王毕业后合伙创业开办一家公司。现小董出资 15 000 元，小李出资 10 000 元，为满足资金的需求，又从银行借入长期借款 8 000 元。两人商议之后购买了一台生产用设备价值 17 000 元，购买了一批生产用的原材料价值 10 000 元。为了便于平时的零星开销留存现金 1 500 元，剩余资金 4 500 元，存入银行。

分析：小董和小王新创办企业的资金来源为 33 000 元，资金的占用也为 33 000 元，资金平衡关系成立，如表 1-1 所示。

表 1-1　　资金平衡关系表　　单位：元

资产	金额	负债与所有者权益	金额
设备	17 000	长期借款	8 000
材料	10 000	投资人投入资金	25 000
银行存款	4 500		
现金	1 500		
合计	33 000	合计	33 000

2．会计等式二：收入-费用=利润

企业经营的目的是获取收入，进而实现盈利。企业在取得收入的同时，也必然要发生相应的费用。通过收入与费用的比较，才能确定企业一定时期的经营成果。对于此等式，若利润为正，则企业盈利；若利润为负，则企业亏损。

从广义上来讲，企业一定时期所获得收入扣除所发生的各项费用后的余额即表现为利润。在实际工作中，由于狭义的收入不包括处置固定资产净收益、固定资产盘盈、出售无形资产收益等，狭义的费用也不包括处置固定资产净损失、自然灾害损失等，所以，收入减去费用，并经过调整后，才能得到企业实际的利润，即（收入-费用）+（利得-损失）=利润。

收入、费用和利润之间的上述关系，是编制利润表的基础。

3．会计等式三：资产+费用=负债+所有者权益+收入

企业取得的利润归所有者享有，因此利润的实现会导致所有者权益的增加，用等式表示如下。

资产=负债+（所有者权益+利润）
=负债+所有者权益+收入-费用

将费用移至等号的左边即得如下等式。

资产+费用=负债+所有者权益+收入

上述等式动态地反映了会计几个要素之间的相互关系。

综上所述，会计等式是各会计要素之间的关系表达式，是复式记账、试算平衡及编制会计报表的重要依据。通过会计等式，可以反映企业的财务状况和经营业绩，揭示各会计要素之间的内在联系。

1.3.3 经济业务对会计等式的影响

经济业务的发生引起等式两边会计要素变动的方式可以总结归纳为以下四种类型。

第一类，经济业务的发生引起等式两边金额同时增加，增加金额相等，变动后等式仍然保持平衡。

【例 1-2】企业从银行借入短期借款，金额 10 万元，存入企业银行账户。

这笔业务使企业的资产——银行存款增加 10 万元，同时企业的负债——短期借款增加 10 万元，此项业务活动的发生使会计等式一的等式两边金额均增加 10 万元，等式仍然平衡。

第二类，经济业务的发生引起等式两边金额同时减少，减少金额相等，变动后等式仍然保持平衡。

【例 1-3】企业用银行存款偿还其前欠货款 5 万元。

这笔业务使企业的资产——银行存款减少 5 万元，同时企业的负债——应付账款减少 5 万元。此项业务活动的发生使会计等式一的两边金额均减少 5 万元，等式仍然平衡。

第三类，经济业务的发生引起等式左边即资产内部的项目此增彼减，增减的金额相同，变动后资产的总额不变，等式仍保持平衡。

【例 1-4】企业从银行提取现金 1 万元。

这笔业务使企业的资产——银行存款减少 1 万元，同时企业的另一项资产——库存现金增加 1 万元，此项业务活动的发生使会计等式一左边的资产内部金额一增一减，增减金额均为 1 万元，等式仍然平衡。

第四类，经济业务的发生引起等式右边负债内部项目此增彼减，或所有者权益内部项目此增彼减，或负债与所有者权益项目之间的此增彼减，增减的金额相同，变动后等式右边总额不变，等式仍保持平衡。

【例 1-5】经企业管理层研究决定，并报有关部门批准，企业用资本公积转增资本，金额为 20 万元。

这笔业务使企业的所有者权益——实收资本增加 20 万元，同时企业的另一项所有者权益——资本公积减少 20 万元，此项业务活动的发生使会计等式一的右边所有者权益的金额一增一减，增减金额均为 20 万元，等式仍然平衡。

经济业务引起会计要素增减变动的四种类型可以进一步细分为九类，如表 1-2 所示。

表 1-2　会计要素增减变动类型汇总表

序号	资产		负债		所有者权益	
1	增加		增加			
2	减少		减少			
3	增加				增加	
4	减少				减少	
5			减少		增加	
6			增加		减少	
7	一项增加	一项减少				
8			一项增加	一项减少		
9					一项增加	一项减少

本章小结

本章主要介绍了会计的发展历程、会计的含义与特点、会计的职能、会计的目标、会计工作应遵循的规范体系、会计的对象、会计要素以及会计等式等内容。会计的发展经历了漫长的历程，可以分为古代会计阶段、近代会计阶段和现代会计阶段，且现代会计的发展出现了前所未有的繁荣，相关体系也有了进一步的发展。

对现代会计的含义的理解，可以包含两个方面。一方面，会计是一种以货币为主要计量单位，以提高经济效益为主要目标，运用专门方法对企业、机关、事业单位和其他组织的经济活动进行全面、综合、连续、系统地核算和监督，是提供会计信息的信息系统。另一方面，随着社会经济的日益发展，会计已逐步成为开展预测、决策、控制和分析的一种经济管理活动，是经济管理活动的重要组成部分。会计的职能是指会计作用经济管理活动所能够发挥的作用。会计的基本职能是进行会计核算，并实行会计监督。会计工作主要是以财务会计报告的形式提供会计信息，会计的目标也可以称为财务会计报告的目标。

目前，我国形成了一套比较完整的会计规范体系。按照各法规之间的相互关系，可以分为会计法律、会计准则、会计制度三个层次。会计的对象即会计核算和监督的内容，也就是引起资金运动的经济业务活动。对会计的核算对象所做的基本分类就是财务会计报告要素即会计要素。会计要素可以分为两类。一类是静态的，反映企业财务状况的，包括资产、负债、所有者权益，是资产负债表的基本项目。另一类是动态的，反映企业经营成果的，包括收入、费用和利润，构成了利润表的基本项目。六项会计要素反映了资金运动的静态和动态两个方面，具有紧密的相关性，在数量上存在着特定的平衡关系。这种平衡关系用公式来表示，就是通常所说的会计等式。会计等式是反映会计要素之间平衡关系的计算公式，是各种会计核算方法的理论基础，主要需要掌握三个会计等式：资产=负债+所有者权益；收入-费用=利润；资产+费用=负债+所有者权益+收入。

练习题

1. 单选题

（1）某企业2006年9月资产增加200万元，负债减少100万元，其他因素忽略不计，则该企业的权益将（　　）。

A. 增加100万元　　B. 减少100万元　　C. 增加300万元　　D. 减少300万元

（2）企业购入原材料一批价值1 1700元，款项尚未支付，这项经济业务引起会计恒等式中会计要素是变化是（　　）。

A. 负债项目一增一减　　B. 一项资产增加，一项负债增加

C. 资产项目一增一减　　D. 一项资产增加，一项所有者权益增加

（3）会计的基本职能是（　　）。

A. 反映和考核　　B. 核算和监督　　C. 预测和决策　　D. 分析和管理

（4）下列不属于流动负债的是（　　）。

A. 应付账款　　B. 预收账款　　C. 预付账款　　D. 应付职工薪酬

（5）下列不属于反映财务状况的会计要素是（　　）。

A. 资产　　B. 所有者权益　　C. 费用　　D. 负债

（6）下列各项中，符合资产定义的是（　　）。

A. 购入某项专利权　　B. 经营租入的设备

C. 待处理财产损失　　D. 计划购入的某项设备

（7）负债的形成一定是由于（　　）。

A. 过去的交易、事项形成的现时义务　　B. 现在的交易、事项形成的未来义务

C. 过去的交易、事项形成的未来义务　　D. 未来的交易、事项形成的未来义务

（8）下列项目中，不属于资产范围的有（　　）。

A. 经营租入的设备　　B. 融资租入的设备

C. 存货　　D. 在建工程

（9）企业为取得收入而耗费资产的货币金额，称为（　　）。

A. 所有者权益　　B. 资产　　C. 收入　　D. 费用

（10）企业日常的经营收入不包括（　　）。

A. 销售商品收入　　B. 提供劳务收入

C. 让渡资产使用权取得的收入　　D. 出售固定资产取得的收入

2. 多选题

（1）资产的基本特征包括（　　）。

A. 资产应为企业拥有或控制的资源

B. 资产预计会给企业带来经济利益

C. 资产是由企业过去的交易或者事项形成的

D. 资产是由企业将要发生的交易或者事项形成的

（2）企业的收入可能会导致（　　）。

A. 库存现金的增加　　B. 银行存款的增加

C. 企业其他资产的增加　　D. 企业负债的减少

（3）企业的所有者权益包括所有者投入的资本、直接计入所有者权益的利得和损失、留存收益等，留存收益是指下列项目中的（　　）。

A. 本年利润　　B. 资本公积　　C. 未分配利润　　D. 盈余公积

（4）反映企业财务状况的会计要素是（　　）。

A. 资产　　B. 负债　　C. 所有者权益　　D. 利润

（5）企业资金来源分为（　　）。

A. 所有者投入资金　　B. 债权人投入资金　　C. 销售产品收入　　D. 提供劳务收入

3. 判断题

（1）如果某项资产不能再为企业带来经济利益，即使是由企业拥有或控制的，也不能作为企业的资产在企业资产负债表中列示。（　　）

（2）企业的所有者权益包括所有的利得和损失。（　　）

（3）企业日常活动形成的经济利益的总流入称为收入，包括与所有者投入资本有关的经济利益的流入。（　　）

（4）企业用银行存款偿还短期借款，该项业务会引起企业资产和负债的同时减少。（　　）

（5）企业处置固定资产发生的净损失应确认为企业的费用。（　　）

思考题

1. 会计的含义是什么？会计有什么特征？如何理解这些特征？
2. 会计要素包括哪几项？各要素的定义及确认条件是什么？
3. 会计的基本职能是什么？如何理解各职能之间的关系？
4. 会计等式的内容是什么？

5. 经济业务的发生会对会计等式产生什么影响？请举例进行分析。

6. 我国的会计法规体系是怎样的？

案例分析

宏远公司发生以下几笔业务，试分析每笔经济业务对会计等式的影响。

（1）用银行存款 5 000 元购入办公设备一台。

（2）从银行提取现金 2 000 元。

（3）用银行存款偿还短期借款 20 000 元。

（4）接受投资者投入的银行存款 50 000 元。

（5）收取了客户预付购货款 8 000 元，已存入银行。

第 2 章　会计核算基本理论与方法

本章主要介绍会计的基本假设、会计基础、会计信息质量要求、会计计量属性以及会计核算方法等内容。

学习目标

- 理解并掌握会计假设的内容及作用。
- 理解并掌握会计基础。
- 理解并掌握各个会计信息质量要求的含义。
- 理解并掌握五个会计计量属性的含义。
- 理解会计的核算方法。

【课前思考】

（1）计算机专业毕业的小王，响应国家号召，自主创业。为开办一家电脑维修店，小王预先支付 2 年租金（共计 2 万元）租用了一间门店，购买维修工具花费 1 200 元，为妹妹买学习资料支付现金 260 元。那么，小王的维修店在进行会计核算时，要对哪些事项予以反映，是否需要核算为妹妹买学习资料支付的现金 260 元？

（2）某企业 12 月 20 日销售商品 25 万元，货款在第二年的 1 月 10 日收到，请问 25 万元的销售额应确认为 12 月的收入，还是 1 月的收入？哪种更能准确反映企业当月的经营成果？如果 11 月 5 日预收了货款，12 月 20 日才发货，企业应该在什么时候确认收入？

（3）某上市公司 2013、2014 年连续两年亏损，交易所对公司股票特别处理（Special Treatment, ST），如果出现 2015 年继续亏损从而达到连续 3 年亏损限制的，则进行特别转让（Particular Transfer, PT）处理，暂停上市。为了避免被 PT 处理，该公司考虑到在 2016 年春节前后大幅度地提高销售量。为此，公司提前预计库存商品销售，在 2015 年年末制作了若干存货出库凭证，并确认销售收入实现，使 2015 年的经营业绩实现了扭亏为盈。那么，该公司的这种做法是否符合相关法律法规的规定？

2.1　会计假设

在进行会计核算前会遇到一些问题，如会计核算的范围？哪些活动要进行核算反映，哪些不需要？企业要多久报一次账？企业进行核算时选用什么核算单位？

为了解决会计核算时遇到的上述问题，需要以一定的假设为前提条件。这些前提条件是对会计所处时间和空间环境所作的合理的假定，是全部会计工作的基础，具有非常重要的作用。目前，在理论界和实务界大多数人公认的会计基本假设，包括会计主体、持续经营、会计分期和货币计量。

2.1.1　会计主体

会计主体又称为会计实体，是会计为之服务的特定单位，是企业会计确认、计量和报告的空间范围。会计主体为了向财务信息使用者反映企业的财务状况、经营成果和现金流量，提供与其决策有用的信息。会计应集中反映特定对象的经营活动。我国《企业会计准则——基本准则》第五条明确规定："企业应当对其本身发生的交易或者事项进行会计确认、计量和报告。"企业进行会计核算时应该对其本身发生的交易或事项进行确认、计量、记录和报告，反映其本身从事的经营活动。不影响企业本身经济利益的各项交易或事项，不能加以确认、计量、记录和报告；明确了会计主体，才能划分清楚会计所要予以确认、计量、记录和报告的各类交易或事项的范围。例如，李某投资建立一家企业，企业所发生的日常经济交易或事项属于企业这个会计主体发生的，应纳入会计核算当中；而李某购买家庭用品、为子女交学费等活动，属于企业所有者发生的企业之外的交易事项，不属于企业发生的交易事项，不能纳入企业的会计核算中。

在理解会计主体这个概念时，要区分会计主体与法律主体，会计主体是会计信息反映的特定单位或者组织。法律主体是法律上承认的可以独立承担义务和享受权利的个体，也可以称为法人。一般法律主体必然是会计主体，但是会计主体不一定是法律主体，因此一般认为会计主体比法律主体的范围更大，例如，企业集团（多个法律主体构成）、独立核算部门（法律主体的某个构成部分）等可以作为会计主体。再如，由企业管理的一些投资基金，虽然在法律意义上不属于法律主体，但由于核算管理的需要，各项投资基金均属于会计主体，应当对每一项基金进行会计确认、计量和报告。

2.1.2 持续经营

我国《企业会计准则——基本准则》第六条明确规定："企业会计确认、计量和报告应当以持续经营为前提。"持续经营是指在可以预见的将来，如果没有明显证据表明企业不能继续经营下去，则认为企业不会停业也不会大规模削减业务，将会按照既定目标持续不断地经营下去，企业所拥有的资产将能按照既定用途创造经济利益，企业所负担的债务将能够正常偿还。

【小提示】

在实际经济活动中，企业在生产经营过程中也存在缩减经营规模乃至停业的可能性。因此，往往要求定期对企业能否持续经营做出分析和判断。企业是否能够持续经营，在会计原则、会计方法的选择上会有很大差别。一旦判定企业不符合持续经营前提，就应当改变会计核算的方法，并在企业财务会计报告中做出相应的披露，以达到如实反映企业实际情况的目的。

2.1.3 会计分期

会计分期（也有称为会计期间）是指将企业持续经营的生产经营活动划分为一个个连续的、长短相同的期间。分期目的在于将持续经营的生产经营活动划分为连续、相等的期间，据以结算盈亏，按期编报财务报告，从而能够及时向财务报告使用者提供有关企业财务状况、经营成果和现金流量的信息。正是由于会计分期，才产生了当期与以前期间、当期与以后期间的差别，从而出现了权责发生制与收付实现制的区别，才有了收入、费用归属期的划分问题，以及应收、应付、预收、预付、折旧、摊销等会计处理的方法。

会计期间一般按照公历时间划分。会计准则明确规定，采取公历年度，一个完整的会计年度自每年 1 月 1 日起至 12 月 31 日止。此外，国际上会计期间可以按实际的经济活动周期来划分，其周期或长或短于公历年度。我国会计期间分为年度和中期，中期是指短于一个会计年度的报告期，如半年度、季度和月度。

2.1.4 货币计量

会计主体在财务会计确认、计量和报告时以货币作为计量单位，反映会计主体的生产经营活动。

《企业会计准则》规定，我国的会计核算要用人民币作为记账本位币。考虑到现实中有些企业业务收支以人民币以外的货币为主，也允许这些企业选定某种外币作为记账本位币进行会计核算，但对外提供财务报表时，需要折算为人民币。

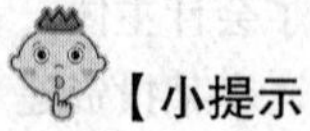

【小提示】

“货币计量”这个假设本身还隐含了另外一个前提：币值稳定。在通货膨胀或者通货紧缩时，采用历史成本的货币价值并不能如实反映各项目的真实价值。同时，货币计量也使会计信息存在一些局限性：某些影响企业财务状况和经营成果的因素，如企业经营战略、研发能力、市场竞争力等，往往难以用货币来计量，但是这些信息对于使用者而言在决策时也很重要。为了弥补货币计量的局限性，要求企业采用一些非货币指标作为会计报表的补充，通常体现在会计报表附注中。

2.2 会计基础：权责发生制

会计核算基础是指会计确认、计量和报告的基础。企业基本准则规定“企业应当以权责发生制为基础进行会计确认、计量和报告”。

【思考】

（1）甲公司于 2015 年 1 月 1 日预交未来两年的办公楼租用费 24 万元。这项支出应该全额在支付当期确认为费用还是在受益期间逐期分摊确认费用？

（2）甲公司 2015 年 10 月销售一批商品给乙公司，货物已经发出，货款共计 60 万元，收到 30 万元货款存入银行，2016 年 2 月收到余款 30 万元。这项销售活动形成的收入应该在何时予以确认？

由于会计基本前提中有会计分期这个假设，因而就需要确定收入、费用的归属期间。会计基本准则中规定权责发生制这个核算基础，就是为了明确实务中确定企业交易或事项的发生时间与相关货币收支时间不完全一致等情况下收入、费用的归属期间。

权责发生制又称为应收应付制，其确认收入、费用归属期的标准实质上就是根据交易或事项是否影响各个会计期间的经营成果和受益情况。权责发生制要求凡是企业当期已经实现的收入和已经发生或应当承担的费用，无论款项是否收付，都应当作为当期的收入和费用计入利润表；凡是不属于当期的收入和费用，即使款项已在当期收付，也不应当作为当期的收入和费用。简单来说，权责发生制在确认收入、费用的发生时不以款项的实际收支作为判断标准，而是根据经济业务活动涉及事项是否符合收入、费用的确认条件为标准。根据权责发生制，上述第一种情形预交两年的办公楼租用费并不能在支付当期全部确认为费用，而应该在受益的两年内逐月分摊并确认为费用；第二种情形，虽然销售商品时没有全额收到货款，但是销售活动已经完成，根据收入的确认条件，应于销售活动完成时即 2015 年 10 月确认收入的实现。又如，企业在预收客户货款时，并不能确认收入，而应该在向客户提供了货物满足收入确认条件时才能确认收入。

权责发生制的规定使企业能够正确地反映各个会计期间实现的收入和为实现收入所负担的费用，而收入和费用又会引起资产、负债的变化，因此权责发生制能否准确地运用会直接影响企业资产、负债、收入和费用的确认，进而会影响企业的财务状况、经营成果等相关信息。

与权责发生制相对的是另一种会计核算基础——收付实现制，也称为现金制或现收现付制。它以实际收到或付出款项作为确认收入或费用的依据。在收付实现制的基础上，凡在本期实际以现款支付的款项，不论其是否应该在本期收入中获得补偿，均作为本期费用处理；凡在本期实际收到的现款，不论其是否属于本期，均应作为本期的收入处理。

【小提示】

收付实现制主要适用于政府、行政单位以及事业单位等组织的非营利活动的会计核算，对于事业单位的营利活动要采用权责发生制作为记账基础。

【例 2-1】某公司 4 月发生如下经济业务。

（1）销售商品一批，售价 20 000 元，货款尚未收到。

（2）预先收取购货单位购货款 10 000 元，下月供货。

（3）收到客户偿还前欠货款 20 000 元。

（4）计提本月应负担利息费用 1 000 元。

（5）销售商品一批，价款 30 000 元，货款已收到。

分别根据权责发生制和收付实现制确定本月的收入和费用，如表 2-1 所示。

表 2-1　收入和费用计算表　单位：元

业务序号	权责发生制		收付实现制	
	收入	费用	收入	费用
（1）	20 000		0	
（2）	0		10 000	
（3）	0		20 000	
（4）		1 000		0
（5）	30 000		30 000	
合计	50 000	1 000	60 000	0

2.3　会计信息质量要求

财政部颁布的《企业会计准则——基本准则》第二章规定了企业提供的会计信息质量应满足的基本要求，包括可靠性、相关性、可理解性、可比性、实质重于形式、重要性、谨慎性、及时性。这些要求都是为了保证会计信息的质量而提出，是会计确认、计量和报告质量的保证。

2.3.1　可靠性

可靠性也称为真实性，指企业应当以实际发生的交易或者事项为依据进行会计确认、计量和报告，如实反映符合确认和计量要求的各项会计要素及其他相关信息，保证会计信息真实可靠、内容完整。这是对会计工作的基本要求。

会计信息要有用，必须以可靠为基础。如果财务报告所提供的会计信息是不可靠的，就会对投资者等使用者的决策产生误导甚至带来损失。为了贯彻可靠性要求，企业应当做到以下几个方面。

（1）以实际发生的交易或者事项为依据进行确认、计量，将符合会计要素定义及其确认条件的资产、负债、所有者权益、收入、费用和利润等如实反映在财务报表中，不能以虚构的交易或事项为依据进行会计处理。

（2）在符合重要性和成本效益原则的前提下，保证会计信息的完整性，其中包括应当编报的报表及其附注内容等应当保持完整，不能随意遗漏或者减少应予披露的信息，与使用者决策相关的有用信息都应当充分予以披露。

（3）包括在财务报告中的会计信息应当是中立的、无偏的。如果企业在财务报告中为了达到事先设定的结果或效果，通过选择或列示有关会计信息以影响决策和判断的，这样的财务报告信息就不是中立的。

2.3.2 相关性

相关性是指企业所提供的会计信息应与财务会计报告使用者的经济决策相关，有助于财务会计报告使用者对企业过去、现在或者未来的情况做出评价或预测。这里所说的相关，是指与决策相关，有助于决策或者提高决策水平。如果会计信息提供后，不能帮助会计信息使用者进行经济决策，就不具有相关性，会计工作就不能完成会计所需达到的会计目标。

相关性要求在收集、记录、处理和提供会计信息过程中能充分考虑各方面会计信息使用者决策的需要，满足各方面具有共性的信息需求。对于特定用途的信息，不一定都通过财务报告来提供，而可以采取其他形式加以提供。

此外，会计信息质量的相关性要求，需要企业在确认、计量和报告会计信息的过程中，充分考虑使用者的决策模式和信息需要。但是，相关性是以可靠性为基础的，两者之间并不是对立关系。会计信息在可靠性前提下，应尽可能地做到相关，以满足投资者等财务报告使用者的决策需要。

2.3.3 可理解性

可理解性也称为明晰性，是指企业提供的会计信息应当清晰明了，便于财务会计报告使用者理解和使用。会计信息的价值在于对决策有用，明晰性是会计信息有用的一个必要条件。会计核算所提供的信息应清晰、简明、易懂，数字记录和文字说明应能简单明了地反映企业的财务状况、经营成果和现金流量，使会计信息的使用者理解每一项会计信息的含义和用途，并懂得如何加以利用。

此外，需要注意的是，毕竟会计信息是一种专业性较强的信息，在强调会计信息的可理解性要求的同时，会计信息的使用者也应具有一定的有关企业经营管理和会计方面的知识。对于一些复杂但是与使用者的经济决策相关的信息，企业应当在财务报告中充分解释说明。

2.3.4 可比性

可比性是指企业提供的会计信息应当具有可对比性。这包括两个方面的质量要求。

（1）信息的横向可比，即企业之间的会计信息口径一致，相互可比。企业可能处于不同行业、不同地区，经济业务发生的地点不同，为了保证会计信息满足经济决策的需要，便于比较不同企业的财务状况和经营成果，不同企业发生相同的或者相似的交易或事项，应当采用国家统一规定的会计方法和程序。

（2）信息的纵向可比，即同一企业不同时期发生的相同或相似的交易或事项，应当采用一致的会计政策，不得随意改变，便于对不同时期的各项指标进行纵向比较。

在此要求下，企业不得随意改变目前所使用的会计方法和程序，但是并不表明企业不得变更会计政策。如果按照规定或者会计政策变更后能提供更可靠、更相关的会计信息，则企业可以变更会计政策。如果确有必要变更，应当将变更情况、变更原因及其对企业财务状况和经营成果的影响在财务会计报告附注中说明。

2.3.5 实质重于形式

实质重于形式是指企业应当按照交易或事项的经济实质进行会计确认、计量和报告，而不应仅以交易或事项的法律形式为依据。这里所讲的形式是指法律形式，实质指经济实质。

有时，经济业务的外在法律形式并不能真实反映其实质内容。为了真实反映企业的财务状况和经营成果，就不能仅仅根据经济业务的外在表现形式来进行核算，而要反映其经济实质。例如，售后回购这类销售业务，卖方在销售商品的同时，与购货方签订合同，规定日后按照合同条款（如回购价格等内容），将售出的商品重新买回。虽然从法律形式上看属于销售活动，但是从经济实质来看，所售商品所有权上的主要风险和报酬没有从销售方转移到购货方，因此在会计实务中，对售后回购业务引起的经济利益的流入不应该确认收入，而应该确认为销售方的一项债务。再如，融资租赁业务，虽然从法律形式来讲承租方并不拥有其所有权，但是由于租赁合同中规定的租赁期相当长，接近于该资产的使用寿命，且租赁期结束时承租企业有优先购买该资产的选择权，同时在租赁期内承租企业有权支配资产并从中受益等，所以，从其经济实质来看，企业能够控制融资租入资产所创造的未来经济利益，在会计确认、计量和报告上就应当将以融资租赁方式租入的资产视为承租企业的资产，列入承租企业的资产负债表。

2.3.6 重要性

重要性要求企业提供的会计信息应当全面反映企业的财务状况、经营成果和现金流量等有关的所有重要交易或事项。在实务中，如果会计信息的省略或者错报会影响投资者等财务报告使用者据此做出决策的，该信息就具有重要性。

在评价某些项目是否具有重要性时，很大程度上取决于会计人员的职业判断。一般来说，应当从质和量两个方面来进行分析。从性质来说，当某一事项有可能对决策产生一定影响时，就属于重要项目。从数量方面来说，当某一项目的数量达到一定规模时，就可能对决策产生影响，就具有了重要性。具体来说，在此质量要求下，企业选择会计方法和程序时，要考虑经济业务本身的性质和规模，根据特定的经济业务决策影响的大小，来选择合适的会计方法和程序。如果一笔经济业务的性质比较特殊，不单独反映就有可能遗漏一个重要事实，不利于所有者以及其他各方全面掌握这个企业的情况，就应当严格核算，单独反映。如果一笔经济业务与通常发生的经济业务没有特殊之处，不单独反映，也不会隐瞒什么事实，就不需要单独反映和提示。如果一笔经济业务的金额在收入、费用或资产总额中所占的比重很小，就可以采用较为简单的方法和程序进行核算，甚至不一定严格采用规定的会计方法和程序。如果金额在收入、费用或资产总额中所占的比重较大，就应当严格按照规定的会计方法和程序进行。

2.3.7 谨慎性

谨慎性也称稳健性，要求对交易或者事项进行会计确认、计量和报告时应当保持应有的谨慎，不高估资产、不低估负债、不预计利润、充分预计损失。

在市场经济环境下，企业的生产经营活动面临着许多风险和不确定性，如应收款项等债权性质资产的可收回性、固定资产的使用寿命、无形资产的使用寿命、售出存货可能发生的退货或者返修等。基于谨慎性的要求，企业需要对可能发生的资产减值损失计提资产减值准备、对售出商品可能发生的保修义务等确认预计负债等。当然，谨慎性并不意味着可以任意提取各种准备，否则，就属于谨慎性原则的滥用。

2.3.8 及时性

企业对于已经发生的交易或者事项，应当及时进行会计确认、计量和报告，不得提前或者延后。由于人为的进行会计分期，若企业提供的会计信息不及时，即使是可靠相关的信息，也会失去时效性，起不到应有的作用。因此，为了保证会计信息的及时性，企业就要及时收集、处理会计凭证，及时按规定的方法程序进行会计处理，及时传递会计信息。

2.4 会计计量属性

计量属性是指被计量客体的特性或外在表现形式，指被计量某一要素的特性方面，如河流的长度、煤矿的重量、水的体积等。会计计量是为了将符合确认条件的会计要素登记入账并列报于财务报表而确定其金额的过程。企业在将符合确认条件的会计要素登记入账并列报于会计报表及其附注时，应当按照规定的会计计量属性进行计量，确定其金额。会计计量属性也可以称为计量基础，是指所用量度的经济属性，即按什么标准、什么角度来计量，是从不同的会计角度反映会计要素金额的确认基础，是资产、负债、收入、费用等要素可以用货币进行量化表述的方面。我国基本会计准则提出了五种计量属性。

2.4.1 历史成本

历史成本又称实际成本。采用历史成本计量时，资产按照购置时支付的现金或者现金等价物的金额，或者按照购置资产时所付出的对价的公允价值计量。负债按照因承担现时义务而实际收到的款项或者资产的金额，或者承担现时义务的合同金额，或者按照日常活动中为偿还负债预期需要支付的现金或者现金等价物的金额计量。

历史成本这种计量属性具有可靠、简便、容易采集数据、符合会计核算真实性等优点。但是，当物价发生变动时，除国家另有规定外，不得调整账面价值，这就导致它有一定的局限，在物价变动明显时，会计要素的真实价值就得不到准确反映，信息使用者的决策可能会因此而受到影响。

2.4.2 重置成本

重置成本又称现行成本。在重置成本计量下，资产按照现在购买相同或者相似资产所需支付的现金或者现金等价物的金额计量。负债按照现在偿付该项债务所需支付的现金或者现金等价物的金额计量。此种计量属性可以反映现在形成某一会计要素应付出的代价，但这种计价的可操作性比较差。

2.4.3 可变现净值

在可变现净值计量下，资产按照其正常对外销售所能收到现金或者现金等价物的金额扣减该资产至完工时估计将要发生的成本、估计的销售费用以及相关税费后的金额计量。该属性主要用于期末判断存货是否发生减值。可变现净值在操作上有一定的难度，但是能够真实反映资产的价值。

【例 2-2】某奶瓶生产企业生产了奶瓶的瓶身，瓶盖和奶嘴还没有生产，经过市场调查发现这个奶瓶的预计售价为 120 元，销售奶瓶的费用为 5 元，相关税费为 3 元，若该企业生产瓶盖和奶嘴还要发生 30 元的成本，则这个已经生产出来的瓶身可变现净值为多少？

根据已有信息资料确定其价值应选用可变现净值这种计量属性，计算可知则该奶瓶瓶身价值 82 元（120-5-3-30=82）。

2.4.4 现值

运用现值计量属性时，资产按照预计从其持续使用和最终处置中所产生的未来净现金流入量的折现金额计量。负债按照预计期限内需要偿还的未来净现金流出量的折现金额计量。现值在确定过程中需要预计未来各期的现金流量并选定折现率，因此，会受到较多的主观因素的影响。

2.4.5 公允价值

在公允价值计量下，资产和负债按照市场参与者在计量日发生的有序交易中，出售资产所能收到或者转移负债所需支付的价格计量。

企业以公允价值计量相关资产或负债，应当考虑该资产或负债的特征。

相关资产或负债的特征是指市场参与者在计量日对该资产或负债进行定价时考虑的特征，包括资产状况及所在位置、对资产出售或者使用的限制等。企业应当根据交易性质和相关资产或负债的特征等，判断初始确认时的公允价值是否与其交易价格相等。

在企业取得资产或者承担负债的交易中，交易价格是取得该项资产所支付或者承担该项负债所收到的价格（即进入价格）。公允价值是出售该项资产所能收到或者转移该项负债所需支付的价格（即脱手价格）。

我国引入公允价值是适度、谨慎和有条件的。因为我国尚属新兴的市场经济国家，如果不加限制地引入公允价值，有可能出现公允价值计量不可靠，甚至企业借此操纵利润的现象。

我国基本会计准则规定，企业在对会计要素进行计量时，一般应当采用历史成本，采用重置成本、可变现净值、现值、公允价值计量的，应当保证所确定的会计要素金额能够取得并可靠计量。

2.5 会计核算方法

会计核算的方法，是对会计对象进行连续、系统、全面地核算和监督所应用的方法。企业在日常经营活动中发生的每一项经济业务，都要按规定使用会计科目，通过复式记账，填制和审核凭证，并登记有关账簿，计算相关成本，最后通过财产清查加以核对，在账实相符的基础上，根据账簿记录，定期编制会计报表，并对报表提供的会计信息进行分析利用。这个过程就体现了会计核算的基本方法。具体表现为下列各种方法。

2.5.1 设置会计科目和账户

设置会计科目及账户是对会计对象具体内容进行分类反映和监督的方法。会计对象包含的内容纷繁复杂，设置会计科目及账户就是根据会计对象具体内容的不同特点和经济管理的不同要求，选择一定的标准进行分类，并事先规定分类核算项目，在账簿中开设相应的账户，以取得所需要的核算指标。企业在进行会计核算前，首先要结合企业经营业务的特点及实际需要设置好会计科目及账户，进而建立账簿。这是企业进行会计核算的基础。

2.5.2 复式记账

复式记账是指对发生的任何一项经济业务，都必须用相等的金额在两个或两个以上的账户中相互联系的进行登记，以反映会计对象具体内容增减变化的一种记账方式。复式记账一方面能全面地、系统地反映经济业务引起资金运动增减变化的来龙去脉，另一方面通过账户之间的一种平衡关系，检查会计记录的正确性。例如，企业从银行提取现金这项业务，会使企业的银行存款减少，同时现金增加。这样就能在账户中全面核算并监督会计对象。

2.5.3 填制和审核会计凭证

填制和审核凭证是为了正确反映经济业务的执行和完成情况，发挥会计工作的监督作用，保证登记账簿记录正确、完整而采用的一种方法。会计凭证是记录经济业务和明确经济责任的书面证明，是登记账簿的依据，分为原始凭证和记账凭证。企业发生的每一笔经济业务都应该认真进行审核，只有依据审核无误的原始凭证，运用复式记账法将经济业务反映在记账凭证上，才能作为登记账簿的依据。

2.5.4 登记账簿

会计账簿是由一定格式账页组成的，以经过审核的会计凭证为依据，全面、系统、连续地记录各项经济业务的簿记。登记账簿就是根据填制和审核无误的记账凭证，按经济业务发生的时间顺序，在账簿上进行全面连续、系统记录的方法。通过账簿记录，将会计凭证记录的经济业务做进一步的分类和汇总，使信息能更好地适应经营管理的需要。账簿记录的各种数据资料是编制财务报表的重要依据。

2.5.5 成本计算

成本计算就是将经营过程中发生的全部费用，按照一定对象进行归集、计算，借以明确各核算对象的总成本和单位成本的专门方法。通过成本计算，可以考核各企业的物化劳动和和活劳动的耗费程度，进而为成本控制、价格决策等经营管理活动和经营成果的确定提供有用资料。

2.5.6 财产清查

财产清查是指定期或不定期地对财产物资、货币资金、往来结算款项进行清查盘点，以查明其实存数额和账面数额是否相符的一种专门方法。在财产清查时，若发现账实不符，应及时调整账簿记录使账实相符，并查明账实不符的原因，明确经济责任，进而进行后续账务处理。通过财产清查，可以保证账实相符，从而确保财务会计报告的数据真实可靠。同时，财产清查也是加强财产物资管理，充分挖掘财产物资潜力，明确经济责任，强化会计监督的重要手段。

2.5.7 编制财务报表

编制财务会计报告是根据账簿记录的数据资料，概括、综合地反映各单位在一定时期经济活动情况及其结果的一种书面报告。财务会计报告由会计报表、会计报表附注、和财务情况说明书组成。编制财务会计报告是对日常核算的总结，是在账簿记录基础上对会计核算资料的进一步加工整理，也是进行会计分析、会计检查、会计预测和会计决算的重要依据。

以上这些会计核算方法反映了会计核算过程。当会计主体（企业）的经济业务发生后，首先，要填制或取得并审核原始凭证，按照设置的会计科目和账户，运用复式记账法，编制记账凭证；其次，要根据会计凭证登记会计账簿，然后根据会计账簿资料和有关资料，对生产经营过程中发生的各项费用进行成本计算，并依据财产清查的方法对账簿的记录加以核实；最后，在账实相符的基础上，根据会计账簿资料编制会计报表。在会计核算过程中，填制和审核会计凭证是开始环节，登记会计账簿是中间环节，编制会计报表是终结环节。

本章小结

本章主要介绍会计的基本假设、会计基础、会计信息质量要求、会计计量属性以及会计核算方法等内容。

为了解决会计核算时遇到的问题，需要以一定的假设为前提条件。这些前提条件是对会计所处时间和空间环境所作的合理的假定，是全部会计工作的基础，具有非常重要的作用。目前，在理论界和实务界大多数人公认的会计基本假设包括会计主体、持续经营、会计分期和货币计量。会计核算基础是指会计确认、计量和报告的基础。企业基本准则规定“企业应当以权责发生制为基础进行会计确认、计量和报告”。

企业提供的会计信息质量应满足的基本要求，包括可靠性、相关性、可理解性、可比性、实质重于形式、重要性、谨慎性、及时性。这些要求都是为了保证会计信息的质量而提出，是会计确认、计量和报告质量的保证。

会计计量属性也可以称为计量基础，是指所用量度的经济属性，即按什么标准、什么角度来计量，是从不同的会计角度反映会计要素金额的确认基础，是资产、负债、收入、费用等要素可以用货币进行量化表述的方面。我国基本会计准则提出了五种计量属性，包括历史成本、重置成本、可变现净值、现值、公允价值。会计核算的方法是对会计对象进行连续、系统、全面地核算和监督所应用的方法，具体表现为：设置会计科目和账户、复式记账、填制和审核会计凭证、登记账簿、成本计算、财产清查、编制财务报表。

练习题

1. 单选题

（1）企业会计的确认、计量和报告应以（　　）为记账基础。

A. 持续经营　B. 重要性　C. 权责发生制　D. 收付实现制

（2）下列各项中，在权责发生制下，属于当期收入的是（　　）。

A. 预收下期产品的销售货款　B. 本期的销售货款尚未收到

C. 预付下期商品货款　D. 本期收到上期的销售货款

（3）在会计核算的基本前提中，界定了会计核算空间范围的是（　　）。

A. 会计主体　B. 持续经营　C. 货币计量　D. 会计期间

（4）下列经济业务事项中，不需要进行会计核算的是（　　）。

A. 从银行提取现金　B. 收取销售定金

C. 结算销售货款　D. 签订销售合同

（5）由于（　　）产生了权责发生制和收付实现制不同的会计基础。

A. 会计主体　B. 持续经营　C. 会计分期　D. 货币计量

（6）按照谨慎性的要求，企业在对交易或事项进行会计确认，计量和报告时，不应（　　）。

A. 低估资产　B. 高估负债　C. 高估收益　D. 高估费用

（7）由于（　　）产生了权责发生制和收付实现制不同的会计基础。

A. 会计主体　B. 持续经营　C. 会计分期　D. 货币计量

（8）资产和负债，按照在公平交易中熟悉情况的交易双方自愿进行资产交换或者债务清偿的金额计量，其会计计量属性是（　　）。

A. 历史成本　B. 公允价值　C. 现值　D. 可变现净值

（9）下列各项不属于体现会计信息质量要求的是（　　）。

A. 会计核算方法一旦确定不得随意变更

B. 会计核算应注重交易或事项的实质

C. 会计核算应当以实际发生的交易或事项为依据

D. 会计核算要以权责发生制为基础

（10）目前我国行政单位会计采用的会计基础主要是（　　）。

A. 权责发生制　B. 收付实现制　C. 应收应付制　D. 统收统支制

（11）采购人员预借差旅费，以库存现金支付，应借记（　　）。

A. 管理费用　　B. 制造费用　　C. 其他应收款　　D. 其他应付款

2. 多选题

（1）会计信息的质量要求包括（　　）等。

A. 权责发生制　　B. 可靠性　　C. 可比性　　D. 历史成本

（2）下列各项，体现谨慎性原则的有（　　）。

A. 对应收账款计提坏账准备

B. 在物价上涨时对发出存货采用加权平均法

C. 对固定资产采用加速折旧法

D. 在物价上涨时对发出存货采用先进先出法计价

（3）下列各项中，属于会计核算方法的有（　　）。

A. 会计分析　　B. 填制和审核会计凭证

C. 财产清查　　D. 复式记账

（4）下列说法中，符合会计信息质量基本要求的有（　　）。

A. 企业提供的会计信息应当清晰明了，便于理解

B. 对于相似的交易或事项，不同企业应当采用一致的会计政策

C. 会计信息根据交易或事项的实质和经济现实进行确认、计量和报告

D. 企业可以通过设置秘密准备来规避估计到的各种风险和损失

（5）以下对会计分期说法正确的是（　　）。

A. 会计分期是对会计主体活动的时间范围上的限定

B. 会计期间分为年度、半年度、季度和月度

C. 会计年度、半年度、季度、月度均按公历起讫日期确定

D. 会计分期是对会计主体活动的空间范围上的限定

3. 判断题

（1）法律主体一般可作为会计主体，会计主体不一定是法律主体。（　　）

（2）会计核算的基本前提之所以又称为会计假设，是由于其缺乏客观性及人们无法对其进行证明。（　　）

（3）在历史成本计量下，资产按照购置时支付的现金或者现金等价物的金额，或者按照购置资产时所付出的对价的公允价值计量。（　　）

（4）在权责发生制原则下，收到款项就意味着收入增加。（　　）

（5）根据谨慎原则，不预计任何可能的收益，但如有合理的基础可以估计时，应预计可能发生的损失或费用。（　　）

（6）按照权责发生制的要求，本年度末以银行存款支付下年度的财产保险费不应当计为本年度的费用开支。（　　）

（7）企业在对会计要素进行计量时，应当严格按照规定选择相应的计量属性。一般情况下，对会计要素的计量应当采用重置成本计量属性。（　　）

思考题

1. 会计基本假设的内容是什么？为什么要设定这些假设？
2. 会计信息质量要求有哪些？这些要求在实务中如何运用？
3. 会计计量属性有哪几种？目前我国会计准则对会计计量属性的选择运用是如何规定的？

4. 企业进行会计处理时划分收入与费用归属期的会计基础是什么？如何理解与运用？

案例分析

嘉华源公司本月发生如下经济业务。

（1）销售商品一批，售价50 000元，货款尚未收到。

（2）预先收取购货单位购货款30 000元，下月供货。

（3）预付从本月开始租用的办公室两年租金12 000元。

（4）计提本月应负担利息费用3 000元。

（5）销售商品一批，价款30 000元，货款已收到。

分别根据权责发生制和收付实现制确定本月的收入和费用，填在表格对应位置。

单位：元

业务序号	权责发生制		收付实现制	
	收入	费用	收入	费用
（1）				
（2）				
（3）				
（4）				
（5）				
合计				

第3章　会计科目、会计账户及复式记账法

本章主要介绍了会计科目的概念、会计科目的分类、会计账户的概念及分类、会计账户的结构以及复式记账法的基本原理等内容。

学习目标

- 理解会计科目的概念、掌握会计科目的分类。
- 熟悉各类会计科目的名称。
- 熟悉会计账户的概念及分类。
- 理解会计科目与会计账户之间的区别与联系。
- 掌握会计账户的结构。
- 理解并掌握复式记账法的原理。
- 掌握会计分录的编制方法。
- 掌握试算平衡的原理及方法。

【课前思考】

在人们的传统印象中，会计人员主要的工作内容就是记账算账报账，那么，在记账过程中，对于企业出纳保管的现金、存在银行的存款、厂房、生产的产品、购入的商品、从银行借入的借款、投资者投入的资本、销售过程中形成的收入、发生的成本支出等不同的事项分别要用什么名称来反映？在记账时要遵循什么规则？如何记录相关事项的增减变动及结余情况？对于企业发生的经济业务会计人员要采用什么方法、什么形式来予以记录和反映？

3.1　会计科目

3.1.1　会计科目的概念

会计科目是为了满足会计确认、计量、报告的要求，适应企业内部经营管理和外部信息的需要，对会计要素的具体内容进行分类的项目。会计科目是对各项交易或者事项进行会计记录并及时提供会计信息的基础，在会计核算和管理中具有十分重要的意义。

1．会计科目是复式记账的基础

复式记账要对每一笔交易或者事项在两个或者两个以上相互联系的账户中进行登记，以反映资金运动的来龙去脉。这就需要企业首先按照国家法规制度的规定结合企业实际情况选择相应的会计科目，设置对应的账户。

2．会计科目是编制记账凭证的基础

记账凭证是确定所发生的交易或者事项应记入何种科目以及分门别类进行账簿登记的凭据。如果没有会计科目，就无法编制会计分录填制记账凭证，记账凭证也无法发挥其应有功能。

3．会计科目为成本计算与财产清查提供了载体和依据

通过会计科目的设置，有助于成本核算，使各种成本计算成为可能。通过账面记录与实际结存的核对，又为财产清查、保证账实相符提供了重要条件。

4．会计科目为会计确认、计量与报告之间架起了桥梁

会计确认、计量的最终目的是编制财务报告，向会计信息使用者提供决策有用的信息，而沟通会计确认、计量与报告之间的重要桥梁便是会计科目，因为财务报表项目与会计科目是直接或间接相关的，而且是根据会计科目期末余额或当期发生额填列的，附注的许多信息也来自于会计科目的金额。

3.1.2 设置会计科目的原则

作为体现会计要素的构成并反映会计要素增减变动情况的会计科目，是会计信息记录、生成、归类、传输的重要手段。因此，会计科目的设置应当努力做到科学、合理、适用。会计科目的设置一般应遵循以下基本原则。

1．合法性原则

会计科目的设置应当与会计准则的要求相一致，当国家法规制度规定有统一的会计科目时，会计主体应尽量使用该会计科目，只有当已有会计科目不能满足企业实际需要时才可以适当增加会计科目。

2．完整独立原则

会计科目作为对会计要素具体内容进行分类核算的项目，其设置应能保证对各会计要素做出全面地反映，形成一个完整的、科学的体系。具体地说，会计科目应该包括资产、负债、所有者权益、收入、费用和利润这六大会计要素涵盖的所有经济业务，要覆盖全部核算内容，不能有任何遗漏。同时，每一个会计科目都应有特定的核算内容，要有明确的涵义和界限，核算内容不能交叉重叠，不能含糊不清。各个会计科目之间既要有一定的对应关系，又要各自独立。

3．满足实际需要原则

会计科目的设置为提供有关各方所需要的会计信息服务，应该既能够满足企业内部管理的需要，又要满足企业外部信息使用者对会计信息的需要。

4．经济效益原则

会计核算的目标就是向各方使用者提供有用的会计信息，以满足他们的判断、决策需要。不同的信息使用者，如国家宏观调控部门、企业内部管理部门、投资者、债权人、公众等对会计信息的需求不尽相同，会计科目设置既要兼顾不同信息使用者的需要，又要考虑提供会计信息的成本。因此，会计科目设置应简单明了、通俗易懂，要突出重点，对不重要的信息要合并或删减，要尽量使报表阅读者一目了然，易于理解。总的来说，企业应该在满足经济管理所需信息的前提下，尽量简化明确，以提高会计核算的效率，降低会计核算的工作成本。

5．相对稳定原则

为了保证会计信息的连贯性、可比性，便于在不同时期、不同行业间的会计核算指标的分析和比较，提高会计信息的有效性，会计科目的设置应在一定时期内保持稳定，不宜经常变更。值得注意的是，强调会计科目的稳定性，并非要求会计科目绝对不能变更，当会计环境发生变化时，会计科目也应随之作相应的调整，以及时全面地反映经济活动。

3.1.3 会计科目的名称与编码

财政部 2006 年颁布的《企业会计准则——应用指南》中，对会计科目做出了明确规定，将会计

科目分为资产类、负债类、所有者权益类、成本类、共同类和损益类六大类。上市公司常用的会计科目见本书附录 D。此外，针对符合《中小企业划型标准规定》所规定的小型企业标准的企业，财政部于 2011 年颁布了自 2013 年 1 月 1 日起施行的《小企业会计准则》，其附录《小企业会计准则——会计科目、主要账务和财务报表》中，将会计科目分为资产类、负债类、所有者权益类、成本类和损益类五大类。

为了明确会计科目的性质、类别和位置，便于制证、记账以及能够正确、迅速地在财务软件中输入和输出会计科目，我国财政部对会计科目进行了统一的四位数码编号，第一位数字（即千位）表示会计科目的类别，其中，1 表示资产类，2 表示负债类，3 表示共同类类，4 表示所有者权益类，5 为成本类，6 表示损益类；第二位数字（即百位）可以划分大类下面的小类；剩余两码为流水号。为便于会计科目的增减，一般情况下，编码要考虑到未来的扩展性，需在编码间留有一定的间隔。二级会计科目一般采用六位编码，其中，前四位为一级科目的代码，后两位为流水号，如银行存款（编码为 1002）总账科目下根据银行的不同，设置多个二级别科目，诸如“中国建设银行”“招商银行”“浦发银行”等，则可分别编码为 100201 中国建设银行、100202 招商银行、100203 浦发银行。

【小提示】

一般情况下，二级科目都是根据企业的需要来设置。但无论一级科目、二级科目如何设置，其前提都必须要保证编码的唯一性。

3.1.4 会计科目的分类

对会计科目进行分类可以有多种标准，常见的分类有以下三种。

1. 按会计科目核算的经济内容分类

会计科目用于核算不同经济内容，属于不同的会计要素，因此，会计科目分为资产类、负债类、所有者权益类、损益类、成本类和共同类等六类。资产类科目按资产的流动性分为反映流动资产的科目，如“库存现金”“银行存款”“应收账款”“库存商品”“预付账款”等，以及反映非流动资产的科目，如“固定资产”“无形资产”“长期股权投资”等。负债类科目按负债的偿还期限分为反映流动负债的科目，如“短期借款”“应付账款”“应付票据”“应交税费”“应付职工薪酬”“预收账款”等，以及反映长期负债的科目，如“长期借款”“长期应付款”等。所有者权益类科目包括“实收资本”“资本公积”“盈余公积”“本年利润”以及“利润分配”。损益类科目又可以分为反映广义收入的会计科目，如“主营业务收入”“其他业务收入”“营业外收入”等，以及反映广义费用支出的会计科目，如“主营业务成本”“其他业务成本”“营业外支出”“管理费用”“销售费用”“财务费用”“营业税金及附加”等。成本类会计科目用于核算正在生产、加工的在产品的成本、提供劳务发生的成本、研究与开发无形资产过程中发生的各项支出等，如“生产成本”“制造费用”“研发支出”“劳务成本”等，从性质上来看与资产类相似。共同类科目用来核算余额的借贷方向不固定的资产或负债项目，金融机构一般用共同类科目核算金融往来等业务。

2. 按提供信息的详细程度分类

会计科目按其所提供信息的详细程度及其统驭关系不同，可分为总分类科目和明细分类科目。前者是对会计要素具体内容进行总括分类、提供总括信息的会计科目，如“应收账款”“应付账款”“原材料”等。后者是对总分类科目做进一步分类，提供更详细、更具体会计信息的科目，如“应收账款”科目按债务人名称或姓名设置明细科目，进行明细核算，反映应收账款的具体对象；“应付账款”科目按债权人名称或姓名设置明细科目，进行明细核算，反映应付账款的具体对象；

"原材料"科目按存放地点、材料品种等设置明细科目，进行明细核算，反映原材料的具体构成情况。

3．按经济用途分类

经济用途指的是会计科目能够提供什么经济指标。会计科目按照经济用途可以分为盘存类科目、结算类科目、跨期摊配类科目、资本类科目、调整类科目、集合分配类科目、成本计算类科目、损益计算类科目和财务成果类科目等。

3.2 会计账户

3.2.1 会计账户的概念

会计科目只是对各个会计要素的具体内容进行分类核算的项目，而要对经济业务进行分类、系统、连续地记录，提供各种会计信息，就需要根据会计科目开设账户。会计账户是根据会计科目设置的，具有一定格式和结构，用于分类反映会计要素增减变动情况及其结果的载体。

会计账户是对会计要素的内容所作的科学再分类。会计科目与账户是两个既相区别，又有联系的不同概念。它们的区别是：会计科目只是对会计要素具体内容的分类，本身没有结构；会计账户则有相应的结构，是一种核算方法，能对企业发生和完成的经济业务进行分类、系统、连续地记录，可以提供各会计科目所反映的经济项目的增减变动及余额等情况。它们之间的联系在于：会计科目是设置会计账户的依据，是会计账户的名称，会计账户是会计科目的具体运用，会计科目所反映的经济内容，就是会计账户所要登记的内容。

3.2.2 会计账户的分类

与会计科目的分类相似，会计账户也可以按照核算反映的经济内容、详细程度以及经济用途进行分类。

1．按会计账户核算反映的经济内容分类

账户反映的经济内容即账户所核算和监督的会计对象的具体内容。账户按经济内容分类是对账户最基本的分类，企业会计对象的具体内容可以归结为资产、负债、所有者权益、收入、费用和利润等六项会计要素。企业在一定会计期间发生的费用和实现的收入都会体现在当期损益中，所以费用和收入账户归结为损益类账户。对于工业企业，需要专门设置进行产品成本核算的账户。因此，账户按经济内容分类，可以分为资产类账户、负债类账户、所有者权益账户、成本类账户和损益类账户等五大类。

2．按照账户的详细程度分类

账户按照提供指标的详细程度分为总分类账户和明细分类账户。总分类账户是指对会计要素的具体内容进行总括反映的账户。总分类账户是根据总分类科目开设的账户，又称"总账账户"或"一级账户"，简称"总账"，如"库存商品""应收账款""应付账款"等。明细分类账户是根据明细分类科目设置的、用来对会计要素具体内容进行明细分类核算的账户，简称"明细账"。例如，"库存商品"下属的"A 商品""B 商品"，"应收账款"下属的"甲公司""乙公司"，"应付账款"下属的"丙公司""丁公司"都是明细分类账户。

3．按照账户的经济用途和结构分类

账户按经济内容分类是最基本的、主要的分类。账户按经济用途和结构的分类是在经济内容分类的基础上进一步分类，是对账户按经济内容分类的必要补充。账户按照核算内容的经济用途和结构可以分为以下几类。

（1）盘存类账户。盘存类账户是指可以通过实物盘点进行核算和监督的各种资产类账户，用来核算和监督企业各种物资和货币资金增减变动及其结存情况，主要有库存现金、银行存款、原材料、库存商品、固定资产等。盘存类账户期初如果有余额，余额在借方，本期发生额的增加数在借方，本期发生额的减少数在贷方，期末若有余额在借方。

（2）结算类账户。结算类账户是指用来核算和监督一个经济组织与其他经济组织或个人以及经济组织内部各单位之间债权债务往来结算关系的账户。按照结算性质的不同，它可以分为债权结算账户、债务结算账户和债权债务结算账户三种。债权结算账户主要有应收账款、应收票据、其他应收款等，债权结算账户的基本格式及运用同盘存类账户，即：期初如果有余额在借方，本期发生额的增加数在借方，本期发生额的减少数在贷方，期末有余额在借方。债务结算账户主要有应付账款、应付票据、其他应付款、应交税费、应付职工薪酬等。债务结算账户的期初如果有余额，余额应该在贷方，本期发生额的增加数在贷方，本期发生额的减少数在借方，期末若有余额，余额应该在贷方。债权债务结算账户是一类比较特殊的结算类账户，是用于反映和监督会计单位与单位间或与个人间债权、债务往来结算业务的账户。当企业的预收、预付款业务不多时，常不单独设置“预收账款”和“预付账款”账户，而是通过“应收账款”和“应付账款”账户核算预收、预付款业务。这样，应收账款与应付账款账户就成为债权债务结算账户，其借方登记会计单位债权的增加和债务的减少，贷方登记会计单位债务的增加和债权的减少。这时，期末余额可能在借方也可能在贷方，在借方时表示单位拥有的该项债权，属资产性质，在贷方时表示单位拥有的该项债务，则具有负债性质。

（3）调整类账户。调整类账户是指用来调节和整理相关账户的账面金额并反映出被调整账户实际余额的账户。调整类账户按照对被调整账户调整方式的不同可以分为备抵调整账户、附加调整账户和备抵附加调整账户等三类。

备抵调整账户是指用来抵减被调整账户余额，以取得被调整账户实际余额的账户。调整方式为：被调整账户余额-备抵账户余额=被调整账户实际余额。属于备抵账户的有“坏账准备”“存货跌价准备”“累计折旧”“累计摊销”“固定资产减值准备”等。资产类备抵调整账户与其被调整的资产类账户的运用方向相反，而与负债类账户方向相同。

附加调整账户是指用来增加被调整账户余额的账户。由于在现实中这类账户已经很少使用，因此有关它的运用不再介绍。

备抵附加调整账户是指既具有备抵又具有附加调整功能的账户。当余额所在方向与被调整账户余额方向相同时就具有附加功能，当余额所在方向与被调整账户余额方向相反时就具有备抵功能。比较典型的备抵附加账户是“材料成本差异”“商品进销差价”账户。

（4）集合分配类账户。集合分配类账户是指用来归集和分配经济组织经营过程中某个阶段如生产或提供劳务过程中所发生的相关费用的账户，属于此类账户的有“制造费用”。集合分配类账户的结构和运用方法基本同于盘存类账户，借方登记费用的发生额，贷方登记按照一定的分配标准分配记入各个成本核算对象的费用分配数额，区别在于它所记录的费用属于当期的开支，应当在当期分配完毕。因此，这类账户没有期末和期初余额。

（5）成本计算类账户。成本计算类账户是指用来归集经营过程中某个阶段所发生的全部费用，并据以计算和确定出相应核算对象实际成本的账户，主要有“生产成本”“在途物资”“在建工程”等。成本计算类账户借方登记应计入某一成本计算对象的全部费用数额，贷方登记转出的、已经完成某一采购、生产或建造等过程的成本计算对象的实际成本，期末借方余额反映尚未完成某个阶段的成本核算对象的实际成本。

（6）跨期摊配类账户。跨期摊配类账户是指用来核算和监督在某个会计期间一次支付费用，但是应由若干个会计期间共同负担的账户，主要有资产类跨期待摊配账户和负债类跨期待摊配账户。资产类跨期待摊配账户包括“待摊费用”和“长期待摊费用”账户。这些账户都是用来核算和监督某些已经发生的或支付的，但应由本期或以后各期分摊费用的账户。负债类跨期待摊配账户典型的是“预提费用”账户。该账户是用来核算和监督根据规定已预先从成本或有关损益中提取，但尚未实际支付或发生的各项费用。

【小提示】

在现行的会计准则中，“待摊费用”和“预提费用”账户已取消。

“长期待摊费用”账户的格式和运用方法同盘存类账户，即：期初若有余额在借方，本期发生额的增加数在借方，本期发生额的减少数在贷方，期末如果有余额在借方。

（7）计价对比账户。计价对比账户又称为财务成果账户，是指用来核算和监督经济组织在一定时期内财务成果形成，并确定最终成果的账户。典型的财务成果类账户是“本年利润”。该账户的贷方登记各项收入，借方登记各项费用和成本，将借、贷方发生额进行对比即可确定本期的经营成果。该账户只提供价值指标，年终结转后，该账户没有余额。

（8）损益类账户。损益类账户是指用来核算和监督经济组织在一定期间内财务成果形成过程中发生的收益或损失的账户。损益类账户主要有“主营业务收入”“其他业务收入”“营业外收入”“投资收益”“主营业务成本”“其他业务成本”“营业外支出”“销售费用”“管理费用”“财务费用”“营业税金及附加”“所得税费用”等。

3.2.3 会计账户的结构

会计账户的结构是指账户的格式。账户的基本结构具体包括账户名称（会计科目）、记录经济业务的日期、所依据记账凭证的种类和编号、经济业务摘要、增减金额、余额等。在实际工作中，账户通常采用左右结构，将账户分为左右两方，一方记录增加额，另一方记录减少额。在复式记账法下，账户的左方被命名为“借方”，账户的右方被命名为“贷方”。账户的两方分别用来记录增加数与减少数，具体到每个账户是借方表示增加还是贷方表示增加，取决于账户的性质。教学中，账户的基本结构通常用简化的形式即“丁字形”账户（或称“T”型账）表示，如图 3-1 所示。

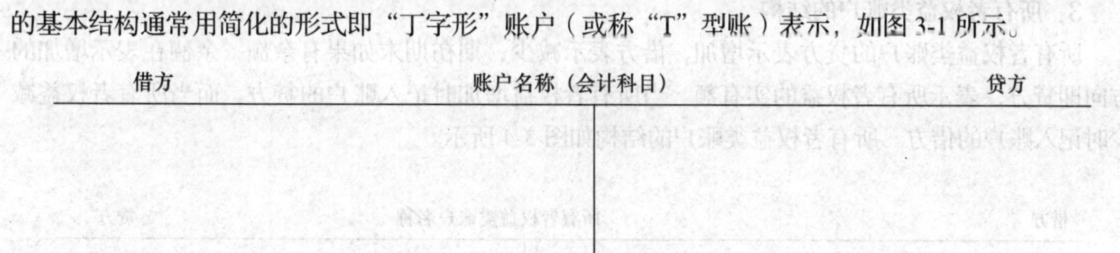

图 3-1 简化“丁字账”账户结构图

通过账户记录的金额可以提供期初余额、本期增加额、本期减少额和期末余额四个会计核算指标。本期增加额与本期减少额相抵以后的差额，再加上期初余额，得到期末余额，用等式表示为如下关系：

本期期初余额+本期增加额-本期减少额=本期期末余额。

【小提示】

因为上一期期末的结余数即为本期期初的余额，因此，对于有余额的账户而言，必然存在上期期末余额等于本期期初余额的等量关系。

在复式记账法下，不同性质的账户其结构内容是有差别的。

1．资产类账户的结构

资产类账户的借方表示增加，贷方表示减少，期初期末如果有余额，余额一般在表示增加的方向即借方，表示资产的实有额。当资产增加时记入账户的借方，当资产减少时记入账户的贷方。资产类账户的结构如图3-2所示。

资产类账户名称

借方	贷方
期初余额	
资产增加额	资产减少额
本期借方发生额合计	本期贷方发生额合计
期末余额：资产余额	

图3-2　资产类账户结构图

2．负债类账户的结构

负债类账户的贷方表示增加，借方表示减少，期初期末如果有余额，余额一般在表示增加的方向即贷方，表示负债的实有额。当负债增加时记入账户的贷方，而当负债减少时记入账户的借方。负债类账户的结构如图3-3所示。

负债类账户名称

借方	贷方
	期初余额
负债减少额	负债增加额
本期借方发生额合计	本期贷方发生额合计
	期末余额：负债余额

图3-3　负债类账户结构图

3．所有者权益类账户的结构

所有者权益类账户的贷方表示增加，借方表示减少，期初期末如果有余额，余额在表示增加的方向即贷方，表示所有者权益的实有额。当所有者权益增加时记入账户的贷方，而当所有者权益减少时记入账户的借方。所有者权益类账户的结构如图3-4所示。

所有者权益类账户名称

借方	贷方
	期初余额
所有者权益减少额	所有者权益增加额
本期借方发生额合计	本期贷方发生额合计
	期末余额：所有者权益余额

图3-4　所有者权益类账户结构图

4．收入类账户的结构

此类账户的贷方表示增加，借方表示减少或转销，期末进行收入结转前余额在表示增加的方向即贷方，期末进行收入结转后此账户无余额。当收入增加时记入账户的贷方，而当收入减少时记入账户的借方。收入类账户的结构如图3-5所示。

借方	收入类账户名称 贷方
收入减少额或转销额	收入增加额
本期借方发生额合计	本期贷方发生额合计
	结转后一般无余额

图 3-5　收入类账户结构图

5．费用（成本）类账户的结构

费用（成本）类账户的借方表示增加，贷方表示减少或转销，期末进行费用结转前余额在表示增加的方向即借方，期末进行费用结转后此账户无余额，部分成本类账户可能会有余额。当费用（或成本）增加时记入账户的借方，而当费用（或成本）减少时记入账户的贷方。费用（或成本）类账户的结构如图 3-6 所示。

借方	费用（或成本）类账户名称 贷方
费用（或成本）增加额	费用（或成本）减少额或转销额
本期借方发生额合计	本期贷方发生额合计
结转后一般无余额	

图 3-6　费用（或成本）类账户结构图

6．账户结构总结

对于收入、费用类账户，在期末结账后一般无余额。而对于有余额的账户而言，一般情况下，期初余额与期末余额的方向应相同，都在表示增加的一方，若期初余额与期末余额的方向相反，则说明账户的性质发生了改变。例如，“预付账款”属于资产类账户，正常情况下，余额在借方，表示企业实际预付的款项，如果余额出现在贷方，则反映企业尚未补付的款项，此时则有了负债的性质。与此类似的还有“应收账款”“应付账款”“预收账款”等反映往来款项的账户。

【小提示】

在学习时可结合会计等式“资产+费用=负债+所有者权益+收入”来记忆各类别账户的结构。属于等式等号左边会计要素类的账户，借方表示增加，贷方表示减少或转销，而相应的属于等号右边会计要素的账户贷方表示增加，借方表示减少或转销，具体如图 3-7 所示。

借方	账户名称 贷方
借： 资产增加 费用成本增加 负债及所有者权益减少 收益结转	贷： 资产减少 费用成本结转 负债及所有者权益增加 收益增加
期末余额：资产（或成本）余额	期末余额：负债及所有者权益余额

图 3-7　各类账户结构总结图

3.3　复式记账法

复式记账法是以会计等式“资产=负债+所有者权益”为理论依据，以“借”和“贷”为记账符号，以“有借必有贷，借贷必相等”为记账规则的一种复式记账法。

3.3.1 复式记账原理

会计的记账方法有两类，一类是单式记账法，另一类是复式记账法。单式记账法在记录经济业务时，一般只对经济业务中更关注的事项的变化予以记录，而另一方面即其他事项的变化则没有进行记录。例如，企业用现金 1 000 元购买原材料这项经济业务发生之后，只在账户记录现金的减少，而对原材料的增加不予记录。可见，单式记账法在描述经济业务时只记录了经济业务的一个方面，至少遗漏了 50%的信息，不能提供有关经济业务的完整信息。而复式记账法就是为了弥补单式记账法会遗漏信息的缺点而产生和发展的。复式记账法对应于会计复式簿记系统，是指对发生的任何一项经济业务，都必须用相等的金额在经济业务涉及的两个或两个以上的账户中相互联系的进行登记，以反映会计对象具体内容增减变化的一种记账方式。

复式记账法是以会计等式为依据建立的一种方法，其特点如下。

（1）对于发生的任何一项经济业务，都在两个或两个以上相互关联的账户中进行记录。不仅可以全面、清晰地反映出经济业务的来龙去脉，还能够全面、系统地反映经济活动的过程和结果。

（2）由于每项经济业务发生后，都是以相等的金额在有关账户中进行记录，因而可据此进行试算平衡，以检查账户记录是否正确。

3.3.2 复式记账法的基本原理

复式记账法是以“借”和“贷”作为记账符号，以会计等式为理论依据，对每项经济业务都同时在两个或两个以上相互联系的账户中按照借、贷相等的金额进行反映。复式记账法的特点主要体现在记账符号、账户设置、记账规则和试算平衡等方面。

1. 记账符号

复式记账法中的“借”“贷”两字，最初是按照其本来的字面含义记账的，反映的是“债权”和“债务”的关系。随着经济社会的发展，复式记账法也在不断发展和完善，“借”“贷”两个字也逐渐失去其最初的含义，变成了纯粹的记账符号，分别代表账户的左方和右方，至于“借”表示增加还是“贷”表示增加，则取决于账户的性质和结构。

2. 记账规则

复式记账法的规则可以概括为一句话，即“有借必有贷，借贷必相等”。这一记账规则是由复式记账法的原理和账户结构确定的。根据复式记账法的原理，对于任何一项经济业务都必须以相等的金额在两个或两个以上相互联系的账户中予以登记。根据账户的结构，对每一项经济业务都需要做借贷相反的记录。具体来说，若在一个账户中登记借方，则需同时在另外一个或几个账户中登记贷方；或者在一个账户中登记贷方，必须同时在另外一个或几个账户中登记借方，最终记入借方的总额与记入贷方的总额必须相等。

记账规则的具体应用之一就是编制会计分录。会计分录是依据复式记账法的记账规则，明确经济业务所涉及的账户名称、借贷方向和入账金额的一种书面记录。编制会计分录的基本步骤如下。

① 分析发生的经济业务以确定所涉及的要素、会计科目及对应的账户。

② 确定所涉及项目金额的增减变化情况。

③ 根据前两步的分析，确定应记入相关账户的借方或贷方，以及相应的金额。

一笔完整的分录应包括的内容如下。

① 账户名称即会计科目。

② 记账的方向即借与贷。

③ 记录的金额。

会计分录的书写格式习惯如下。

① 先借后贷，借方记录在上行贷方记录在下行。

② 贷方记录右错两格，尤其金额要错开，不要交叉，在一借多贷或者多借一贷的情况下，有多个会计科目的一方，要分别占一行，不能写在同一行，各个科目名称首字应对齐，金额也应对齐。

③ 账户名称即会计科目不能简写，要完整。

④ 每笔会计分录应写摘要，以简要说明分录所反映的经济业务内容（实务处理时，摘要应填在记账凭证“摘要”一栏）。

【例 3-1】明光公司购入新机器设备 10 台，共计 38 000 元，已安装完毕，价款已开支票付讫。

分析：购入设备会导致固定资产（资产）增加；支付设备款导致货币资金减少，即资产减少。所涉及的都是资产类会计要素，增加记入借方，减少记入贷方。因此，借方登记固定资产，贷方登记银行存款，金额均为 38 000 元。应编制的会计分录如下。

借：固定资产　　　　38 000

　　贷：银行存款　　　　38 000

（摘要：购入机器设备 10 台价值 38 000 元）

【例 3-2】明光公司用银行存款 20 000 元，归还短期银行借款。

分析：偿还借款会导致短期借款减少，即负债减少；同时，偿还借款，会导致企业所拥有的银行存款减少，即资产减少。负债减少应记入借方，资产减少应记入贷方。因此，借方登记短期借款，贷方登记银行存款，金额均为 20 000 元。应编制的会计分录如下。

借：短期借款　　　　20 000

　　贷：银行存款　　　　20 000

（摘要：偿还短期借款 20 000 元）

【例 3-3】明光公司销售产品取得销售收入 95 000 元，款项已经全部存入银行（不考虑相关税费）。

分析：收到货款已存入银行，会导致银行存款这项资产增加，同时，销售实现，导致收入增加。资产类增加记入借方，收入类增加记入贷方。此处，反映销售收入的会计科目为“主营业务收入”，因此，借方登记银行存款，贷方登记主营业务收入，金额均为 95 000 元。应编制的会计分录如下。

借：银行存款　　　　95 000

　　贷：主营业务收入　　　　95 000

（摘要：销售产品实现收入 95 000 元）

【例 3-4】明光公司从银行提取 1 000 元现金用于公司的日常零星开支。

分析：提取现金导致企业的库存现金这项资产增加，同时企业银行账户中的银行存款这项资产减少。资产增加记入借方，资产减少记入贷方。因此，借方登记库存现金，贷方登记银行存款，金额均为 1 000 元。应编制的会计分录如下。

借：库存现金　　　　1 000

　　贷：银行存款　　　　1 000

（摘要：从银行提取现金 1 000 元）

【例 3-5】明光公司收到股东投入机器设备一台，价值 30 000 元。

分析：企业收到投资者投入的机器设备，导致企业的机器设备这项资产增加，同时股东享有的所有者权益增加。资产增加记入借方，所有者权益增加记入贷方。因此，借方登记固定资产，贷方登记实收资本，金额均为 30 000 元。应编制的会计分录如下。

借：固定资产　　　　30 000

　　贷：实收资本　　　　30 000

（摘要：收到股东投入机器设备价值 30 000 元）

3．复式记账法的试算平衡

试算平衡是根据会计等式资产=负债+所有者权益的平衡关系，按照“有借必有贷，借贷必相等”记账规则的要求，通过汇总计算和比较，来检查记录的正确性、完整性的一种方法。所谓的平衡，包括期初、期末余额试算平衡和本期借贷方发生额试算平衡。因此，进行试算平衡时主要检查相关记录是否满足以下三个平衡关系。

（1）期初借方余额合计数=期初贷方余额合计数

（2）本期借方发生额合计数=本期贷方发生额合计数

（3）期末借方余额合计数=期末贷方余额合计数

试算平衡可根据需要在一个会计期间的任何一个时点进行，月末结账前必须进行。试算平衡的工作通过编制试算平衡表来进行。常见的试算平衡表的格式有三种：发生额试算平衡表、余额试算平衡表、发生额和余额试算平衡表，分别如表3-1～表3-3所示。

表3-1　X公司总账账户本期发生额试算平衡表

年　月　日

账户名称	借方发生额	贷方发生额
合计		

表3-2　X公司总账账户余额试算平衡表

年　月　日

账户名称	借方期末余额	贷方期末余额
合计		

表3-3　X公司总账账户本期发生额及余额试算平衡表

年　月　日

账户名称	期初余额		本期发生额		期末余额	
	借方	贷方	借方	贷方	借方	贷方
合计						

试算平衡表的编制分为以下几个步骤。

（1）将总分类账户中所使用的账户，按其在账簿中的编制顺序，依次填入试算平衡表的“账户名称”。

（2）将总分类账户的期初余额、本期发生额及期末余额依次填入试算平衡表相应栏目中。

（3）计算出借方、贷方金额合计，检查双方是否平衡。

（4）在表头处填上日期，此日期指表内所反映的总分类账户记录的截止日期或会计期间。

【小提示】

在编制试算平衡表时，应注意以下几点。

（1）必须保证所有账户的余额均已记入试算平衡表。

（2）如果试算平衡表借贷不相等，有可能是账户记录出现错误，应认真查找，直到实现试算平衡为止。

（3）即使实现了有关三栏的平衡关系，并不能说明账户记录绝对正确，因为有些错误并不会影响借贷双方的平衡关系。例如，借方或贷方发生额中，多记少记并相互抵销、漏记某项经济业务、重复登记某项经济业务、某项经济业务入错有关账户但是借贷金额相等、某项经济业务在账户记录时颠倒了记账方向等错误发生时借贷仍然平衡。因此，仅仅通过试算平衡并不能检查出所有的记账错误。为了检查出上述情况所产生的错误还需要进行“对账”这项工作，对账的内容与方法将在会计账簿的相关内容予以说明。

3.3.3 会计循环

企业在一个会计期间内，从发生经济业务、编制会计分录开始，到编成会计报表为止，要连续、完整、全面、综合地进行会计处理。由于这些程序和步骤在企业经济活动中周而复始的进行，因此，称为“会计循环”。一般认为，会计循环具体包括以下几个步骤。

（1）发生经济业务，取得或编制原始凭证。

（2）分析、编制会计分录，填制记账凭证，将企业发生的经济业务用会计语言予以表达和记录。

（3）根据会计凭证登记总账、明细账，将会计信息予以分类整理。

（4）编制调账前试算平衡表，检查上述会计工作是否存在差错。

（5）编制期末账项调整分录并登账。

（6）编制调账后试算平衡表。

（7）编制结账分录，结转损益类科目，据以登账。

（8）编制结账后试算平衡表。

（9）依据各个账户的发生额以及余额信息编制会计报表。

【小提示】

前三个步骤是随着企业发生经济业务而随时进行的，是企业会计日常的主要工作，后边几个步骤通常是在期末进行。

本章小结

本章主要介绍了会计科目的概念、会计科目的分类、会计账户的概念及分类、会计账户的结构以及复式记账法的基本原理等内容。

会计科目是为了满足会计确认、计量、报告的要求，适应企业内部经营管理和外部信息需要，对会计要素的具体内容进行分类的项目。会计科目的设置一般应遵循合法性原则、完整独立原则、满足实际需要原则、经济效益原则、相对稳定原则等。会计科目分为资产类、负债类、所有者权益类、成本类、共同类和损益类等六大类。我国财政部对会计科目进行了统一的四位数码编号。对会计科目进行分类可以有多种标准进行分类：按会计科目核算的经济内容、按提供信息的详细程度、按其经济用途等。

会计账户是根据会计科目设置的，具有一定格式和结构，用于分类反映会计要素增减变动情况及其结果的载体。复式记账法下，会计账户结构总结如下。

（1）资产类、负债类、所有者权益类账户期初、期末一般有余额，其中，资产类账户余额在借方，负债类、所有者权益类余额在贷方。收入类、费用类账户期初、期末一般无余额。

（2）一般情况下，本期增加额的方向与余额的方向一致。资产类账户增加额在借方，负债、所有者权益类增加额在贷方。收入类账户增加额在贷方，费用类账户增加额在借方。

（3）成本类账户期初余额一般在借方，本期增加额在借方。

复式记账法是以会计等式资产=负债+所有者权益为理论依据，以“借”和“贷”为记账符号，以“有借必有贷，借贷必相等”为记账规则的一种记账法。记账规则的具体应用之一就是编制会计分录。编制会计分录的基本步骤如下。

（1）分析发生的经济业务以确定所涉及的要素、会计科目及对应的账户。

（2）确定所涉及项目金额的增减变化情况。

（3）根据前两步的分析，确定应计入相关账户的借方或贷方以及相应的金额。

练习题

1. 单选题

（1）下列各项中，按会计要素分类，不属于损益类科目的是（　　）。

A. 制造费用　　B. 财务费用　　C. 管理费用　　D. 销售费用

（2）账户是根据（　　）设置的，具有一定的格式和结构，用于分类反映会计要素增减变动情况及其结果的载体。

A. 会计对象　　B. 会计要素　　C. 会计科目　　D. 会计账簿

（3）对会计要素的具体内容进行会计分类核算的项目是（　　）。

A. 会计对象　　B. 账簿名称　　C. 会计本质　　D. 会计科目

（4）商品流通企业可以不设置的账户是（　　）。

A. 管理费用　　B. 制造费用　　C. 财务费用　　D. 销售费用

（5）下列各项中，属于损益类账户的是（　　）。

A. 实收资本　　B. 利润分配　　C. 制造费用　　D. 主营业务收入

（6）在复式记账法下，所有账户的结构均分为两个部分，即（　　）。

A. 本期发生额和期末余额　　B. 期初余额和期末余额

C. 借方余额和贷方余额　　D. 借方和贷方

（7）下列各项中，能通过试算平衡查找的记账错误是（　　）。

A. 某项经济业务未入账　　B. 应借应贷账户中借贷方向颠倒

C. 某项业务借贷金额登记不等　　D. 某项经济业务重复记账

（8）下列各项中，不符合复式记账法记账规则的是（　　）。

A. 成本、费用数额的增加记在贷方

B. 所有者权益、负债数额的增加记在贷方

C. 收入数额的减少记在借方

D. 资产数额的增加记在借方

（9）某企业“应付账款”账户期末贷方余额为460 000元，本月借方发生额为300 000元，贷方发生额为580 000元，则期初余额为（　　）。

A. 1 600 000元　　B. 180 000元　　C. 280 000元　　D. 120 000元

（10）关于试算平衡表说法正确的是（　　）。

A. 试算平衡表如果不平衡，说明账户记录有错误

B. 试算平衡表如果平衡，说明账户记录肯定无错误

C. 试算平衡表是检查账户记录的唯一方法

D. 试算平衡表通过试算，可以检查账户记录的各种错误

（11）“留存收益”是指（　　）和未分配利润两部分。

A. 资本公积　　B. 盈余公积　　C. 净利润　　D. 营业利润

（12）应收账款账户期初借方余额为 260 000 元，本期借方发生额为 150 000 元，本期贷方发生额为 120 000 元，该账户期末余额为（　　）元。

A. 借 230 000　　B. 借 290 000　　C. 贷 230 000　　D. 贷 290 000

2. 多选题

（1）下列账户中属于资产类账户的有（　　）。

A. “库存商品”账户　　B. “应收票据”账户

C. “预收账款”账户　　D. “管理费用”账户

（2）下列各项中，期末余额一定在借方的账户有（　　）。

A. 应收账款　　B. 原材料　　C. 销售费用　　D. 无形资产

（3）复式记账法下，可以在账户借方登记的是（　　）。

A. 资产的增加　　B. 负债的减少　　C. 收入的减少　　D. 费用的减少

（4）下列经济业务会引起资产总额增加的是（　　）。

A. 以银行存款偿还借款　　B. 购入商品 50 000 元，货款未付

C. 投资者投入生产设备一台　　D. 以银行存款归还前欠货款

（5）试算平衡表中，试算平衡的公式有（　　）。

A. 借方科目金额=贷方科目金额

B. 借方期末余额=借方期初余额+本期借方发生额—本期贷方发生额

C. 全部账户借方发生额合计=全部账户贷方发生额合计

D. 全部账户的借方余额合计=全部账户的贷方余额合计

（6）以下是损益类账户的是（　　）。

A. 反映收益的账户　　B. 反映生产成本类账户

C. 反映销售成本类账户　　D. 反映期间费用的账户

（7）收入是企业在日常活动中产生的经济利益的总流入。下列各项中，属于工业企业其他业务收入的有（　　）。

A. 销售产品收入　　B. 以商品进行投资

C. 销售原材料收入　　D. 出租固定资产收入

3. 判断题

（1）一般而言，费用（成本）类账户结构与权益类账户相同，收入（利润）类账户结构与资产类账户相同。（　　）

（2）通过试算平衡检查账簿记录后，如果左右平衡就可以肯定记账没有错误。（　　）

（3）收入类账户的增加额记在账户的贷方，减少额记入账户的借方，平时的余额记在账户的贷方，期末结账后一般无余额。（　　）

（4）累计折旧账户属于资产类账户，所以其期末余额在借方。（　　）

（5）由于余额试算平衡法的理论依据是资产=负债+所有者权益这一基本会计等式，所以它只能用来检验有余额的账户登记是否正确。（　　）

思考题

1. 什么是会计科目、会计账户？两者有哪些区别与联系？
2. 会计账户的结构有哪些类型？分别适用于核算哪些项目？
3. 如何理解运用复式记账原理？
4. 复式记账法的记账规则是什么？
5. 编制会计分录的分析步骤包括什么？
6. 收入类账户与费用类账户有什么区别？
7. 会计账户按照用途和结构可以分为哪些类别？

案例分析

通宇公司本年4月发生了以下业务。

（1）从银行提取现金1 000元。

（2）从银行借入短期借款50 000元。

（3）用现金发放员工工资30 000元。

（4）用银行存款从某公司购入原材料一批，价款为6 000元。

（5）用银行存款支付广告费5 000元。

（6）用银行存款从某公司购入生产设备一台，价款为30 000元。

（7）月末计提管理部门使用固定资产的折旧，金额为3 000元。

要求：运用复式记账法练习编制相关会计分录（提示：不考虑相关税费，会计科目的选择可以预习第4章内容或者参照附录）。

第 4 章 常用会计科目及其在借贷复式记账法中的应用

本章重点对《企业会计准则——应用指南》规定的常用会计科目的核算内容及核算方法进行介绍。

学习目标

- 理解会计科目的分类。
- 掌握常用会计科目的名称及核算内容。
- 掌握常用会计科目在经济业务中的应用。

【课前思考】

会计要将企业发生的引起资金运动的经济业务转化成会计的语言——会计分录来予以反映。在编制会计分录时，不同的项目要用不同的会计科目来反映。

思考：根据附录常用会计科目表所列科目，企业的下列项目要用什么科目来反映？

（1）由出纳保管的现金。

（2）企业存在银行的款项。

（3）企业销售商品后尚未收回的销货款。

（4）企业购入的等待加工的原料。

（5）企业为满足日常运营需要从银行借入的期限为半年的款项。

（6）企业为扩大生产规模扩建厂房而从银行借入的期限为十年的款项。

4.1 资产类会计科目及核算

资产类会计科目核算的内容按各资源的具体形态可以分为货币形态的货币资金、债权形态的应收款项、实物形态的存货和固定资产、知识权力形态的无形资产以及对外权益形态的对外投资。

资产类会计科目用来反映企业资产的增减变动及其结存情况，相应核算项目增加时记入账户的借方，减少时记入账户的贷方，一般余额在借方，反映该项资产的结存情况。按照资产流动性和经营管理核算的需要，资产类会计科目分为反映流动资产和非流动资产的科目。

4.1.1 货币资金类科目

货币资金是以货币形态存在的资产，是企业流动性最强的资产。依据存放地点以及用途的不同，货币资金分为库存现金、银行存款和其他货币资金。

1. 库存现金

库存现金包括人民币和外币，一般指存放在企业财务部门的货币资金，存放于企业其他部门的现金，一般作为备用金处理。为改善现金管理，促进商品生产和流通，加强对社会经济活动的监督，国务院制订了《中华人民共和国现金管理暂行条例》。根据《现金管理暂行条例》的规定，现金管理制度主要有以下几种。

（1）现金的适用范围。现金的适用范围包括以下几个方面。

① 职工工资、津贴。

② 个人劳务报酬。

③ 根据国家规定颁发给个人的科学技术、文化艺术、体育等各种奖金。

④ 各种劳保、福利费用以及国家规定的对个人的其他支出。

⑤ 向个人收购农副产品和其他物资的价款。

⑥ 出差人员必须随身携带的差旅费。

⑦ 结算起点以下的零星支出，结算起点定为 1 000 元。结算起点的调整，由中国人民银行确定，报国务院备案。

⑧ 中国人民银行确定需要支付现金的其他支出。

（2）库存现金限额。开户银行应当根据实际需要，核定开户单位 3 天至 5 天的日常零星开支所需的库存现金限额。边远地区和交通不便地区的开户单位的库存现金限额，可以多于 5 天，但不得超过 15 天的日常零星开支。经核定的库存现金限额，开户单位必须严格遵守。需要增加或者减少库存现金限额的，应当向开户银行提出申请，由开户银行核定。

（3）现金日常收支管理。开户单位现金收支应当依照下列规定办理。

① 开户单位现金收入应当于当日送存开户银行。当日送存确有困难的，由开户银行确定送存时间。

② 开户单位支付现金，可以从本单位库存现金限额中支付或者从开户银行提取，不得从本单位的现金收入中直接支付（即坐支）。因特殊情况需要坐支现金的，应当事先报经开户银行审查批准，由开户银行核定坐支范围和限额。坐支单位应当定期向开户银行报送坐支金额和使用情况。

③ 从开户银行提取现金，应当写明用途，由本单位财会部门负责人签字盖章，经开户银行审核后，予以支付现金。

④ 因采购地点不固定，交通不便，生产或者市场急需，抢险救灾以及其他特殊情况必须使用现金的，开户单位应当向开户银行提出申请，由本单位财会部门负责人签字盖章，经开户银行审核后，予以支付现金。

此外，开户单位应当建立健全现金账目，逐笔记载现金支付。账目应当日清月结，账款相符。

【小提示】

日清月结是出纳员办理现金出纳工作的基本原则和要求，也是避免出现现金长短款的重要措施。所谓日清月结就是出纳员办理现金出纳业务，必须做到按日清理，按月结账。这里所说的按日清理是指出纳员应对当日的经济业务进行清理，全部登记日记账，结出库存现金账面余额，并与库存现金实地盘点数核对相符。

在进行会计核算时，企业需要设置“库存现金”账户来反映企业现金的收付和结存情况。收到现金时借记“库存现金”，贷记相关科目。支付现金时借记相关科目，贷记“库存现金”。常见涉及库存现金的业务活动：从银行提取现金，职工事先向财务部门借差旅费，小额现金收款、付款，现金送存银行，支付职工工资，报销购买的办公用品等。对这些业务进行核算时，涉及的会计科目有银行存款、应付职工薪酬、其他应收款、管理费用等。

【例 4-1】企业办公室职员报销购买办公用品款 350 元，以现金支付，所购办公用品已经交付使用。应编制会计分录如下。

借：管理费用　　350

　　贷：库存现金　　350

【例 4-2】办公室管理人员张某出差预借差旅费 2 000 元，以现金支付。应编制会计分录如下。

借：其他应收款——张某　　2 000

　　贷：库存现金　　2 000

【例 4-3】企业将销售取得的现金 5 000 元存入银行。应编制会计分录如下。

借：银行存款　　5 000

　　贷：库存现金　　5 000

2．银行存款

银行存款是指企业存在银行或其他金融机构的各种款项，依据开户银行的名称、货币种类、存款种类进行明细核算。

【小提示】

根据《银行账户管理办法》的规定，企业的存款账户分为基本存款账户、一般存款账户、临时存款账户和专用存款账户。基本存款账户是存款人办理日常转账结算和现金收付的账户。凡是具有民事权利能力和民事行为能力，并依法独立享有民事权利和承担民事义务的法人和其他组织，均可以开立基本存款账户。同时，有些单位虽然不是法人组织，但具有独立核算资格，有自主办理资金结算的需要，包括非法人企业、外国驻华机构、个体工商户、单位设立的独立核算的附属机构等，也可以开立基本存款账户。存款人的工资、奖金等现金的支取，只能通过该账户办理。存款人只能在银行开立一个基本存款账户。一般存款账户是存款人在基本存款账户以外的银行借款转存、与基本存款账户的存款人不在同一地点的附属非独立核算单位开立的账户，可以通过该账户办理转账结算和现金缴存，但不能办理现金支取。临时存款账户是存款人因临时经营活动需要开立的账户，可以通过该账户办理转账结算和根据国家现金管理的规定办理现金收付。专用存款账户是存款人因特定的用途需要开立的账户。存款人在其账户内应有足够资金保证支付。

在进行会计核算时，企业通过设置“银行存款”来总括反映银行存款的收付和结存情况。收到银行存款时，借记“银行存款”，贷记相关科目。支付银行存款时借记相关科目，贷记“银行存款”。常见的涉及银行存款的业务活动：从银行提取现金，把现金存入银行，通过银行转账支付货款，通过银行转账支付职工工资，收到采购方汇入货款，用银行存款偿还银行借款等。对这些业务进行核算时，涉及的会计科目有库存现金、原材料、库存商品、应付职工薪酬、主营业务收入、应收账款、短期借款等。

【例 4-4】企业通过银行转账支付上月应付职工工资，金额共计 95 000 元。应编制会计分录如下。

借：应付职工薪酬　　95 000

　　贷：银行存款　　95 000

【例 4-5】企业销售商品一批，收到对方汇入货款 50 000 元，不考虑相关税费。应编制会计分录如下。

借：银行存款　　50 000

　　贷：主营业务收入　　50 000

【例 4-6】企业购入原材料一批，价值 20 000 元，货款已通过银行转账支付给供货方，材料已经验收入库，不考虑相关税费。应编制会计分录如下。

借：原材料　　20 000

　　贷：银行存款　　20 000

3. 其他货币资金

其他货币资金是指企业除了银行存款和库存现金以外的其他各种货币资金，包括银行汇票存款、银行本票存款、信用卡存款、信用证保证金存款、存出投资款、外埠存款等其他货币资金。为了反映和核算其他货币资金的收支和结存情况，单位应当设置“其他货币资金”科目，并按其他货币资金的种类设置明细科目进行明细核算。

银行汇票是指由出票银行签发的，由其在见票时按照实际结算金额无条件付给收款人或者持票人的票据。银行汇票的出票银行为银行汇票的付款人。银行汇票存款是指企业为取得银行汇票，按照规定存入银行的款项。

银行本票是申请人将款项交存银行，由银行签发的承诺自己在见票时无条件支付确定的金额给收款人或者持票人的票据。银行本票存款是指企业为取得银行本票，按照规定存入银行的款项。

信用卡存款是指企业为取得信用卡按照规定存入银行的款项。

信用证保证金存款是指企业为取得信用证按规定存入银行的保证金。

存出投资款是指企业已经存入证券公司但尚未进行交易性投资的现金。

外埠存款是指企业到外地进行临时和零星采购时，汇往采购地银行开立采购专户存款的款项。

4.1.2 应收款项类科目

应收款项是企业在生产经营等过程中所形成的各项债权，主要包括：销售商品或提供劳务过程中形成的“应收账款”“应收票据”；按照购货合同规定预先支付给供应商货款形成的“预付账款”；企业因进行股权投资而应收取的现金股利和应收取其他单位分配利润形成的“应收股利”；企业因发放贷款或持有债券应定期收取利息而形成的“应收利息”；企业除应收账款、应收票据和预付账款等经营活动之外的其他应收、暂付款项形成的“其他应收款”。

1. 应收账款

应收账款科目核算企业因销售商品、提供劳务等经营活动应收取的款项。本科目应当按照债务人进行明细核算，如“应收账款——甲公司”“应收账款——樱花公司”分别表示本企业因为销售商品、产品、提供劳务等经营活动应向甲公司、樱花公司收取的款项。

企业发生应收账款时，按应收金额，借记本科目，按实现的营业收入，贷记“主营业务收入”“其他业务收入”等科目，对于增值税一般纳税人还需要按增值税专用发票上注明的增值税额，贷记“应交税费——应交增值税（销项税额）”科目。收回应收账款时，借记“银行存款”等科目，贷记本科目。替购货单位垫付的包装费、运杂费，借记本科目，贷记“银行存款”等科目。收回代垫费用时，借记“银行存款”科目，贷记本科目。本科目期末借方余额，反映企业尚未收回的应收账款；期末如为贷方余额，反映企业预收的账款。

2. 应收票据

应收票据科目核算企业因销售商品、产品、提供劳务等而收到的商业汇票，包括银行承兑汇票和商业承兑汇票。企业应当按照开出、承兑商业汇票的单位进行明细核算。企业因销售商品、提供劳务等而收到的商业汇票，按商业汇票的票面金额，借记本科目；按实现的营业收入，贷记“主营业务收入”等科目；按增值税专用发票上注明的增值税额，贷记“应交税费——应交增值税（销项税额）”科目。

企业持未到期的应收票据向银行贴现，应按实际收到的金额（即减去贴现息后的净额），借记“银行存款”科目，按贴现息部分，借记“财务费用”等科目；按商业汇票的票面金额，贷记本科目（适用满足金融资产转移准则规定的金融资产终止确认条件的情形）或“短期借款”科目（适用不满足金融资产转移准则规定的金融资产终止确认条件的情形）。商业汇票到期，应按实际收到的金额，借记“银行存款”科目，按商业汇票的票面金额，贷记本科目。

【小提示】

关于应收票据贴现的处理了解即可，具体内容将在后续课程中学到。

因付款人无力支付票款，收到银行退回的商业承兑汇票、委托收款凭证、未付票款通知书或拒绝付款证明等，按商业汇票的票面金额，借记“应收账款”科目，贷记本科目。

【例 4-7】企业收到 B 公司寄来的一张 3 个月到期的商业承兑汇票，金额 11 700 元，抵偿之前欠本公司的产品货款。应编制会计分录如下。

借：应收票据——B 公司　　11 700

　　贷：应收账款——B 公司　　11 700

3．预付账款

预付账款科目核算企业按照购货合同规定预付给供应单位的款项。预付款项情况不多的，也可以不设置本科目，将预付的款项直接记入“应付账款”科目的借方。本科目期末借方余额，反映企业预付的款项；期末如为贷方余额，则具有负债的性质，反映企业尚未补付的款项。本科目应当按照供应单位进行明细核算，如“预付账款——长河公司”“预付账款——樱花公司”，分别表示本公司按照购货合同规定预付给长河公司、樱花公司的款项。

企业因购货而预付款项时，借记本科目，贷记“银行存款”等科目。收到所购物资时，按应计入购入物资成本的金额，借记“在途物资”或“原材料”“库存商品”等科目；按可抵扣的增值税额，借记“应交税费——应交增值税（进项税额）”科目；按应付金额，贷记本科目。补付的款项，借记本科目，贷记“银行存款”等科目；退回多付的款项，借记“银行存款”等科目，贷记本科目。

4．应收股利

应收股利科目核算企业应收取的现金股利和应收取其他单位分配的利润。核算时应当按照被投资单位进行明细设置。具体涉及的账务处理有以下几种情况。

（1）企业取得交易性金融资产时，按其公允价值（不含支付的价款中所包含的、已到付息期但尚未领取的利息或已宣告但尚未发放的现金股利），借记“交易性金融资产”科目；按发生的交易费用，借记“投资收益”科目；按已到付息期但尚未领取的利息或已宣告但尚未发放的现金股利，借记“应收利息”科目或本科目；按实际支付的金额，贷记“银行存款”等科目。交易性金融资产持有期间被投资单位宣告发放现金股利，应借记本科目，贷记“投资收益”科目。

（2）取得长期股权投资时，按根据长期股权投资准则确定的长期股权投资的成本，借记“长期股权投资——成本”科目；按实际支付的价款中包含的已宣告但尚未发放的现金股利或利润，借记本科目，贷记“银行存款”等科目。被投资单位宣告发放现金股利或利润的，按应享有的份额，借记本科目，贷记“投资收益”“长期股权投资——损益调整”科目。

（3）企业取得可供出售金融资产时，按其公允价值（不含支付的价款中所包含的、已到付息期但尚未领取的利息或已宣告但尚未发放的现金股利）与交易费用之和，借记“可供出售金融资产——成本”科目；按已到付息期但尚未领取的利息或已宣告但尚未发放的现金股利，借记“应收利息”科目或本科目；按实际支付的金额，贷记“银行存款”等科目。实际收到现金股利或利润时，借记“银行存款”等科目，贷记本科目。本科目期末借方余额，反映企业尚未收回的现金股利或利润。

【小提示】

上述有关应收股利的账务处理简单了解即可，属于财务会计重点学习的内容。

5．应收利息

应收利息科目核算企业发放贷款、持有至到期投资、可供出售金融资产等应收取的利息。企业购入的一次还本付息的持有至到期投资持有期间取得的利息，在“持有至到期投资”科目核算，不在本科目核算。核算时应当按照借款人或被投资单位进行明细设置。

应收利息的主要账务处理有以下几种情况。

（1）企业取得的持有至到期投资，应按其公允价值（不含支付的价款中所包含的、已到付息期但尚未领取的利息）与交易费用之和，借记“持有至到期投资——成本”科目；按已到付息期但尚未领取的利息，借记本科目，贷记“银行存款”等科目；按其差额，借记或贷记“持有至到期投资——利息调整”科目。

（2）未发生减值的持有至到期投资如为分期付息、一次还本债券投资，应于资产负债日按票面利率计算确定的应收未收利息，借记本科目；按持有至到期投资摊余成本和实际利率计算确定的利息收入，贷记“投资收益”科目；按其差额，借记或贷记“持有至到期投资——利息调整”科目。

企业实际收到利息时，借记“银行存款”等科目，贷记本科目。 本科目期末借方余额，反映企业尚未收回的利息。

6．其他应收款

其他应收款科目核算企业除应收票据、应收账款、预付账款、应收股利、应收利息、长期应收款等以外的其他各种应收、暂付的款项，包括应收取的各种赔款、罚款、租金、应向职工收取的各种垫付款项、一般企业存出保证金等。本科目应当按照其他应收款的项目和对方单位（或个人）进行明细核算。企业发生其他各种应收、暂付款项时，借记本科目，贷记有关科目；收回或转销各种款项时，借记“库存现金”“银行存款”等科目，贷记本科目。若本科目期末借方余额，反映企业尚未收回的其他应收款；期末如为贷方余额。

【例 4-8】企业管理部门职工王强因出差预借差旅费 2 000 元。应编制会计分录如下。

借：其他应收款——王强　　2 000
　　贷：库存现金　　2 000

3 天后，王强持各种费用凭证报销差旅费 1 600 元，应编制会计分录如下。

借：管理费用　　1 600
　　库存现金　　400
　　贷：其他应收款——王强　　2 000

【小提示】

若王强持各种费用凭证报销差旅费 2 800 元，应编制会计分录如下。

借：管理费用　　2 800
　　贷：其他应收款——王强　　2 000
　　　　库存现金　　800

【例 4-9】本企业租入包装物时向 A 企业用现金支付了 1 000 元包装物押金。应编制会计分录如下。

借：其他应收款——A 企业　　1 000
　　贷：库存现金　　1 000

此外，应收款项性质的还有“长期应收款”，用于核算企业一个会计年度以上的其他各项应收款项，包括融资租赁产生的应收款项、采用递延方式具有融资性质的销售商品和提供劳务等产生的应收款项。

4.1.3 存货类会计科目

存货是指以实物形态存在的生产经营对象和其他待消耗的物料等，具体包括企业在日常活动中持有以备出售的产品或商品、正在生产过程中的在产品、在生产过程或提供劳务过程中耗用的材料和物料等，包括各类材料、在产品、半成品、产成品、商品以及包装物、低值易耗品、委托加工物资等。常用的存货类会计科目如下。

1．在途物资

本科目核算企业采用实际成本（或进价）进行材料（或商品）日常核算时，货款已付尚未验收入库的购入材料或商品的采购成本。此科目可以按照物资品种进行明细核算。企业购入材料、商品，按应计入材料、商品采购成本的金额，借记本科目；按可抵扣的增值税额，借记“应交税费——应交增值税（进项税额）”科目；按实际支付或应付的款项，贷记“银行存款”“应付账款”等科目。所购材料、商品到达验收入库，借记“原材料”“库存商品”等科目，贷记本科目。本科目期末有借方余额时，反映企业已付款或已开出、承兑商业汇票，但尚未到达或尚未验收入库的在途材料、商品的采购成本。

【例 4-10】企业采用实际成本进行材料的日常核算。5 月 7 日，向乙企业购买一批原材料，材料价格为 50 000 元（不含增值税），增值税税率为 17%，货款已用银行存款支付，但材料尚未验收入库。5 月 15 日，材料经验收合格，办理完入库手续。应编制的会计分录如下。

（1）5 月 7 日，支付货款时

借：在途物资	50 000	
应交税费——应交增值税（进项税额）	8 500	
贷：银行存款		58 500

（2）5 月 15 日，材料经验收合格，办理完入库手续时

借：原材料	50 000	
贷：在途物资		50 000

2．原材料

本科目核算企业库存的各种材料，包括原料及主要材料、辅助材料、外购半成品（外购件）、修理用备件（备品备件）、包装材料、燃料等的计划成本或实际成本。收到来料加工装配业务的原料、零件等，应当设置备查簿进行登记。

本科目应当按照材料的保管地点（仓库）、材料的类别、品种和规格等进行明细核算。

原材料的主要账务处理有以下几种情况。

（1）购入并已验收入库的原材料，按计划成本或实际成本，借记本科目；按实际成本贷记“材料采购”或“在途物资”科目；按计划成本与实际成本的差异，借记或贷记“材料成本差异”科目。自制并已验收入库的原材料，按计划成本或实际成本，借记本科目，按实际成本贷记“生产成本”等科目；按计划成本与实际成本的差异，借记或贷记“材料成本差异”科目。

（2）使用原材料时，生产车间领用材料主要用于产品生产，此外也用于一般性消耗，应区分材料的不同用途，借记“生产成本”“制造费用”科目，贷记本科目。其他部门领用材料，如行政管理部门领用材料用于零星修理，销售部门领用材料用于销售产品，应分别计入“管理费用”“销售费用”。发出委托外单位加工的原材料，借记“委托加工物资”科目，贷记本科目。销售多余材料，企业处理积压或多余材料所取得的收入，属于非主业收入，分别按收到或应收价款，借记“银行存款”或“应收账款”等科目；按实现的营业收入，贷记“其他业务收入”科目；按应交的增值税额，贷记“应交税费——应交增值税（销项税额）”科目。结转出售材料的实际成本时，借记“其他

业务成本”科目，贷记本科目。

【例 4-11】公司购入 A 材料一批，货款 100 000 元，增值税 17 000 元，发票账单已收到，全部款项以银行存款支付，材料已验收入库。应编制的会计分录如下。

借：原材料——A 材料　　100 000
　　应交税费——应交增值税（进项税额）　　17 000
　　贷：银行存款　　117 000

【例 4-12】公司购入 B 材料一批，货款 20 000 元，增值税 3 400 元，全部货款以银行存款支付，材料尚未到达。应编制的会计分录如下。

借：在途物资——B 材料　　20 000
　　应交税费——应交增值税（进项税额）　　3 400
　　贷：银行存款　　23 400

【例 4-13】公司购入的 B 材料验收入库。应编制会计分录如下。

借：原材料——B 材料　　20 000
　　贷：在途物资——B 材料　　20 000

【例 4-14】公司生产甲产品领用 A 材料 40 000 元，生产车间领用 A 材料 100 元，行政部门领用 B 材料 700 元。应编制的会计分录如下。

借：生产成本——甲产品　　40 000
　　制造费用　　100
　　管理费用　　700
　　贷：原材料——A 材料　　40 100
　　　　　　　——B 材料　　700

3．库存商品

本科目核算企业库存的各种商品的实际成本（或进价）或计划成本（或售价），包括库存产成品、外购商品以及存放在门市部准备出售的商品等。本科目可按库存商品的种类、品种和规格等进行明细核算。

库存商品的主要账务处理有以下几种情况。

（1）企业生产的产成品一般应按实际成本核算，产成品的入库和出库，平时只记数量不记金额，期（月）末计算入库产成品的实际成本。生产完成验收入库的产成品，按其实际成本，借记本科目，贷记“生产成本”等科目。

（2）产成品种类较多的，也可按计划成本进行日常核算，其实际成本与计划成本的差异，可以单独设置“产品成本差异”科目，比照“材料成本差异”科目核算。

（3）采用实际成本进行产成品日常核算的，发出产成品的实际成本，可以采用先进先出法、加权平均法或个别认定法计算确定。

（4）对外销售产成品（包括采用分期收款方式销售产成品），结转销售成本时，借记“主营业务成本”科目，贷记本科目。

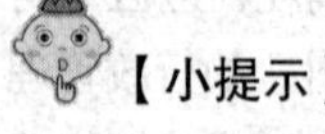

【小提示】

本阶段只要求掌握采用实际成本法计价的相关账务处理即可。

4．存货发出的计价方法

企业发出的存货，可以按实际成本核算，也可以按计划成本核算。如采用计划成本核算，会计期末应调整为实际成本。在实际成本核算方式下，企业可以采用的发出存货成本的计价方法包括个别计价法、先进先出法、月末一次加权平均法、移动加权平均法等。

（1）个别计价法也称个别认定法、具体辨认法，其假设存货具体项目的实物流转与成本流转相一致，按照各种存货逐一辨认各批发出存货和期末存货所属的购进批别或生产批别，分别按其购入或生产时所确定的单位成本计算各批发出存货和期末存货成本的方法。此种方法是把每一种存货的实际成本作为计算发出存货成本和期末存货成本的基础。

（2）先进先出法是指以先购入的存货应先发出（销售或耗用）这样一种存货实物流转假设为前提，对发出存货进行计价的一种方法。采用这种方法，先购入的存货成本在后购入存货成本之前转出，据此确定发出存货和期末存货的成本，具体方法是：收入存货时，逐笔登记收入存货的数量、单价和金额；发出存货时，按照先进先出的原则逐笔登记存货的发出成本和结存金额。

先进先出法可以随时结转存货发出成本，但较烦琐。如果存货收发业务较多、且存货单价不稳定时，该方法的工作量较大。在物价持续上升时，期末存货成本接近于市价，而发出成本偏低，会高估企业当期利润和库存存货价值；反之，会低估企业存货价值和当期利润。

【例4-15】企业采用先进先出法计算发出原材料的成本。9月1日，甲材料结存200千克，每千克实际成本为300元；9月7日购入甲材料350千克，每千克实际成本为320元；9月21日购入甲材料400千克，每千克实际成本为290元；9月28日发出甲材料500千克。经计算，9月甲材料发出成本为156 000元。甲材料明细账如表4-1所示。

表4-1 甲材料明细账（先进先出法）

日期		摘要	收入			发出			结存		
月	日		数量	单价	金额	数量	单价	金额	数量	单价	金额
9	1	期初结存							200	300	60 000
9	7	购入	350	320	112 000				200 350	300 320	60 000 112 000
9	21	购入	400	290	116 000				200 350 400	300 320 290	60 000 112 000 116 000
9	28	发出				200 300	300 320	60 000 96 000	50 400	320 290	16 000 116 000
9	30	本月合计及结存	750		228 000	500		156 000	50 400	320 290	16 000 116 000

（3）月末一次加权平均法是指以本月全部进货数量加上月初存货数量作为权数，去除本月全部进货成本加上月初存货成本，计算出存货的加权平均单位成本，以此为基础计算本月发出存货的成本和期末存货的成本的一种方法。计算公式如下。

存货单位成本=[月初库存存货+∑（本月各批进货的实际单位成本×本月各批进货的数量）]÷（月初库存存货的数量+本月各批进货数量之和） 式（4-1）

本月发出存货的成本=本月发出存货的数量×存货单位成本 式（4-2）

本月月末库存存货的成本=月末库存存货的数量×存货单位成本 式（4-3）

或

本月月末库存存货的成本=月初库存存货的实际成本+本月收入存货的实际成本−本月发出存货的实际成本 式（4-4）

【例 4-16】接【例 4-15】，企业采用月末一次加权平均法计算发出原材料的成本。经计算，9 月份甲材料发出成本为 151 580 元，计算结果如表 4-2 所示。

表 4-2　甲材料明细账（月末一次加权平均法）

日期		摘要	收入			发出			结存		
月	日		数量	单价	金额	数量	单价	金额	数量	单价	金额
9	1	期初结存							200	300	60 000
9	7	购入	350	320	112 000				550		
9	21	购入	400	290	116 000				950		
9	28	发出				500			450		
9	30	本月合计及结存	750		228 000	500	303.16	151 580	450	303.16	136 420

存货单位成本=（60 000+228 000）÷（200+750）=303.16（元/千克）

本月发出存货的成本=500×303.16=151 580（元）

本月月末库存存货的成本=60 000+228 000−151 580=136 420（元）

【小提示】

对于本月月末库存存货的成本也可以采用本月月末库存存货成本=450×303.16=136 422（元）。因为存货单位成本计算的值保留两位小数存在误差，所以结存栏的金额采用倒挤方法计算，得到金额为 136 420（元）。

（4）移动加权平均法是指以每次进货的成本加上原有库存存货的成本，除以每次进货数量加上原有库存存货的数量，据以计算加权平均单位成本，作为在下次进货前计算各次发出存货成本依据的一种方法。计算公式如下。

存货单位成本=（库存原有存货的实际成本+本次进货的实际成本）/（库存原有存货数量+本次进货数量）　式（4-5）

本次发出存货的成本=本次发出存货数量×本次发货前存货的单位成本　式（4-6）

【例 4-17】企业采用移动加权平均法计算发出原材料的成本。接【例 4-15】，假设企业 9 月 10 日领用甲材料 260 千克经计算，其他条件不变，计算结果如表 4-3 所示。

表 4-3　甲材料明细账（移动加权平均法）

日期		摘要	收入			发出			结存		
月	日		数量	单价	金额	数量	单价	金额	数量	单价	金额
9	1	期初结存							200	300	60 000
9	7	购入	350	320	112 000				550	312.73	172 000
9	10	发出				260	312.73	81 309.82	290	312.73	90 690.2
9	21	购入	400	290	116 000				690	299.55	206 690.2
9	28	发出				500	299.55	149 775	190	299.55	56 915.2
9	30	本月合计及结存	750		228 000	760		231 084.82	190	299.55	56 915.2

9 月 7 日，企业购入材料后，计算

存货单位成本=（200×300+350×320）÷（200+350）=312.73（元/千克）

9月10日，发出存货，计算

发出存货的成本=260×312.73=81 309.8（元）

发出后库存存货成本=172 000−81 309.8=90 690.2（元）

9月21日，企业购入材料后，计算

存货单位成本=（90 690.2+400×290）÷（290+400）=299.55（元/千克）

9月28日

发出存货的成本=500×299.55=149 775（元）

发出后库存存货成本=206 690.2−149 775=56 915.2（元）

4.1.4 固定资产核算相关会计科目

固定资产是以实物形态存在的生产经营设备和建筑物等，通常同时具有的特征：为生产商品、提供劳务、出租或经营管理而持有；使用寿命超过一个会计年度。这里的固定资产主要有房屋及建筑物（生产车间、电厂的发电车间、公司的办公楼）、生产设备、运输设备、工具器具等。

在对企业拥有的固定资产进行核算时常涉及的会计科目有固定资产、累计折旧、在建工程、工程物资、固定资产清理等。

1．固定资产增加的核算

固定资产反映固定资产的原值。此科目可以根据固定资产的类别或项目进行明细核算。

【例 4-18】公司购入一台不需要安装的设备 100 万元，款项全部付清，假定不考虑其他税费。应编制的会计分录如下。

借：固定资产　　1 000 000

　　贷：银行存款　　1 000 000

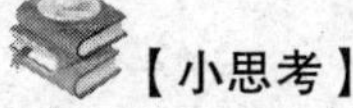
【小思考】

若购入的机器设备等需要进行安装调试才能投入使用，那购入的机器设备在安装调试完毕之前要用什么科目进行核算呢？

这时需要用到“在建工程”科目。在建工程反映企业正在进行基建、更新改造的工程以及需要安装尚未安装完毕的设备的价值。企业自营的在建工程领用工程物资、本企业原材料或库存商品时，借记本科目，贷记“工程物资”“原材料”“库存商品”等科目。在建工程发生应负担的职工薪酬时，借记本科目，贷记“应付职工薪酬”科目。本科目的期末借方余额，反映企业尚未达到预定可使用状态的在建工程的成本。

核算企业为在建工程准备的各种物资时，则需要用到“工程物资”科目。购入为工程准备的物资时，借记本科目，贷记“银行存款”“其他应付款”等科目。领用工程物资时，借记“在建工程”科目，贷记本科目。本科目期末借方余额，反映企业为在建工程准备的各种物资的成本。

【例 4-19】公司于7月5日购入一台需要安装的机器设备，价值500 000元，已支付，7月8日安装设备时，领用工程物资一批价值5 000元，7月10日安装完毕投入使用，不考虑相关税费。应编制的会计分录如下。

（1）7月5日，支付设备价款时

借：在建工程　　500 000

　　贷：银行存款　　500 000

（2）7月8日，安装领用工程物资时

借：在建工程　　5 000

　　贷：工程物资　　5 000

（3）7 月 10 日，安装完毕达到可使用状态时

借：固定资产　　505 000

　　贷：在建工程　　505 000

2．固定资产折旧的核算

累计折旧反映固定资产已经累计计提的折旧额。企业按月计提固定资产折旧，根据固定资产使用部门或者用途的不同分别借记“制造费用”“销售费用”“管理费用”“其他业务成本”“研发支出”等科目，贷记本科目。本科目期末贷方余额，反映企业固定资产累计折旧额。此科目可以根据固定资产的类别或项目进行明细核算。

【小提示】

与固定资产相关的价值主要包括账面余额、账面净值及账面价值。这三种价值的计算公式如下。

账面余额 = 固定资产的账面原价

账面净值 = 固定资产原价 − 计提的累计折旧

账面价值 = 固定资产的原价 − 计提的累计折旧 − 计提的减值准备。

固定资产折旧的账务处理，参见 5.1.2 节生产过程核算的有关内容。

我国会计准则中可选用的固定资产折旧方法包括平均年限法、工作量法、双倍余额递减法和年数总合法。固定资产的折旧方法一经确定，不得随意变更。

（1）平均年限法又称直线法，是最简单并且常用的一种方法。此法是以固定资产的原值减去预计净残值除以预计使用年限，求得每年的折旧额。净残值，是指预计固定资产清理报废时可收回的残值扣除清理费用后的数额。企业应根据固定资产的性质和使用方式，合理估计固定资产的净残值。计算公式如下。

年折旧额=（固定资产原值-预计净残值）÷预计使用年限　　式（4-7）

月折旧额=年折旧额÷12　　式（4-8）

或者

年折旧率=（1-预计净残值率）÷预计使用年限×100%　　式（4-9）

月折旧额=固定资产原值×年折旧率÷12　　式（4-10）

平均年限法最大的优点是简单明了，易于掌握，简化了会计核算，因此在实际工作中得到了广泛的应用。但该方法也有其缺点。

① 固定资产在使用前期操作效能高，使用资产所获得收入比较高。根据收入与费用配比的原则，前期应提的折旧额应该相应的较多。

② 固定资产使用的总费用包括折旧费和修理费两部分。通常在固定资产使用后期的修理费会逐渐增加。而平均年限法的折旧费用在各期是不变的。这造成了总费用逐渐增加，不符合配比的原则。

③ 平均年限法未考虑固定资产的利用程度和强度，忽视了固定资产使用磨损程度的差异及工作效能的差异。

④ 平均年限法没有考虑到无形损耗对固定资产的影响。

（2）工作量法是以固定资产在各个会计期间所完成的实际工作量为依据，计算应计提折旧额的一种方法。计算公式如下。

单位工作量折旧额=固定资产原值×（1-预计净残值率）/预计总工作量

=（固定资产原值-预计净残值）/预计总工作量　　式（4-11）

某项固定资产月折旧额=该项固定资产当月工作量×单位工作量折旧额　　式（4-12）

工作量法的缺点主要表现在以下几方面。

① 同平均年限法一样，未能考虑到修理费用递增以及操作效能或收入递减等因素。

② 资产所能提供的服务数量也难于准确的估计。

③ 工作量法忽视了无形损耗对资产的影响。

工作量法的优点主要表现在：由于工作量法自身的特点，在有些情况下使用工作量法反而比较合理。当有形损耗比无形损耗更重要，或在各个期间资产使用不均衡，不经常使用时，其使用程度主要与产品的生产工作量有关。在这些条件下，可以选择工作量法。

因此，工作量法适用于运输企业和其他的专业车队和客货汽车。某些价值大而又不经常使用或季节性使用的大型机器设备，可以用工作量法来计提折旧。

【例 4-20】企业一辆卡车原价 60 000 元，预计总里程为 500 000 千米，预计净残值率为 5%，本月行驶 400 千米，计算当月应提的折旧额。

单位工作量折旧额=60 000×（1-5%）÷500 000=0.114（元）

当月折旧额=0.114×400=45.6（元）

（3）双倍余额递减法是指在不考虑固定资产预计净残值的情况下，根据每期期初固定资产原值减去累计折旧后的金额（即固定资产净值）和双倍的直线法折旧率计算固定资产折旧的一种方法。计算公式如下。

年折旧率=2÷预计使用年限×100%　　式（4-13）

年折旧额=固定资产期初账面净值×年折旧率÷12　　式（4-14）

月折旧额=年折旧额÷12　　式（4-15）

由于每年年初固定资产账面价值没有扣除预计净残值，因而，在双倍余额递减法下，通常在其折旧年限到期前两年内，将固定资产净值扣除预计净残值后的余额平均摊销。

（4）年数总和法是将固定资产的原值减去预计净残值的余额乘以一个固定资产尚可使用寿命为分子、以预计使用寿命逐年数字之和为分母的逐年递减的年折旧率计算每年的折旧额。计算公式如下。

年折旧率=尚可使用年限/预计使用年限的年数总和×100%　　式（4-16）

年折旧额=（固定资产原值-预计净残值）×年折旧率　　式（4-17）

月折旧额=年折旧额÷12

例如，某设备预计使用 5 年，则预计使用寿命的年数总和为 15（5+4+3+2+1）。第 2 年时，尚可使用年限为 4，此年的年折旧率为 4/15。

【例 4-21】企业有一台设备，原价为 905 000 元，预计使用 5 年，报废时预计净残值为 5 000。要求：分别采用平均年限法、双倍余额递减法、年数总和法计算固定资产各年应计提的折旧额。

（1）平均年限法

年折旧额=（固定资产原值-预计净残值）÷预计使用年限

=（905 000-5 000）÷5

=180 000（元）

（2）双倍余额递减法

年折旧率=2÷预计使用年限×100%=2÷5×100%=40%

第 1 年折旧额=905 000×40%=362 000（元）

第 2 年折旧额=543 000×40%=217 200（元）

第 3 年折旧额=325 800×40%=130 320（元）

第 4、5 年折旧额=（195 480-5 000）÷2=95 240（元）

计算过程如表 4-4 所示。

表4-4　双倍余额递减法计算表

各年末	折旧率①	年折旧额② =期初④×①	累计折旧额③	账面价值④ =905 000−③
0				905 000
1	40%	362 000	362 000	543 000
2	40%	217 200	579 200	325 800
3	40%	130 320	709 520	195 480
4	—	95 240	804 760	100 240
5	—	95 240	900 000	5 000

（3）年数总和法：

预计使用年限的年数总和为15（5+4+3+2+1），计算过程如表4-5所示。

表4-5　年数总和法计算表

各年末	折旧率①	年折旧额=①× （805 000−5 000）	累计折旧额③	账面价值④
0				905 000
1	5/15	300 000	300 000	605 000
2	4/15	240 000	540 000	365 000
3	3/15	180 000	720 000	185 000
4	2/15	120 000	840 000	65 000
5	1/15	60 000	900 000	5 000

3．固定资产清理的核算

固定资产的清理是指固定资产的报废和出售以及因各种不可抗力的自然灾害而遭到损坏和损失的固定资产所进行的清理工作。

“固定资产清理”是资产类账户，用来核算企业因出售、报废和毁损等原因转入清理的固定资产净值以及在清理过程中所发生的清理费用和清理收入。“固定资产清理”账目中，借方登记固定资产转入清理的净值和清理过程中发生的费用；贷方登记出售固定资产的取得的价款、残料价值和变价收入；贷方余额表示清理后的净收益；借方余额表示清理后的净损失。清理完毕后，净收益转入“营业外收入”账户；净损失转入“营业外支出”账户。

固定资产清理的账务处理如下。

（1）出售、报废和毁损的固定资产转入清理时，应编制会计分录如下。

借：固定资产清理（转入清理的固定资产账面价值）

　　累计折旧（已计提的折旧）

　　固定资产减值准备（已计提的减值准备）

　　贷：固定资产（固定资产的账面原值）

（2）发生清理费用时，应编制会计分录如下。

借：固定资产清理

　　贷：银行存款

（3）计算应缴纳营业税时，企业销售房屋、建筑物等不动产，按照税法的有关规定，应按其销售额计算交纳营业税，应编制会计分录如下。

借：固定资产清理

　　贷：应交税费——应交营业税

（4）收回出售固定资产的价款、残料价值和变价收入等时，应编制会计分录如下。

借：银行存款等

　　贷：固定资产清理

（5）应由保险公司或过失人赔偿时，应编制会计分录如下。

借：其他应收款

　　贷：固定资产清理

（6）确认固定资产清理后的净收益时，应编制会计分录如下。

借：固定资产清理

　　贷：营业外收入

（7）发生净损失时，确认固定资产清理后的净损失，应编制会计分录如下。

借：营业外支出

　　贷：固定资产清理

4.1.5 无形资产核算相关的会计科目

无形资产指的是企业拥有的不具有实物形态的知识或权利，包括专利权、非专利技术、商标权、著作权、土地使用权等。

无形资产按取得方式可以分为：外部取得的，如企业外购、投资者投入、非货币性资产交换、债务重组、企业合并、政府授予、接受捐赠的无形资产；内部自创的，即企业自行研究与开发的无形资产，如企业自行研究与开发并按法律程序申请取得的专利权、商标权。

无形资产按照使用寿命是否确定又可以分为：使用寿命有限的无形资产，指能够合理确定为企业带来经济利益期限的无形资产，如专利权、商标权、特许权；使用寿命不确定的无形资产，即无法合理确定为企业带来经济利益期限的无形资产，如专利技术。

对无形资产进行相关核算时，要用到的会计科目主要涉及“无形资产”“累计摊销”以及“研发支出”。

无形资产用于核算企业持有的无形资产的成本。外购无形资产的成本，包括购买价款、相关税费以及直接归属于使该项资产达到预定用途所发生的其他支出。企业外购取得无形资产时，按应计入无形资产成本的金额，借记本科目，贷记“银行存款”等科目。自行开发取得无形资产时，按应予以资本化的支出，借记本科目，贷记“研发支出”科目。

累计摊销是指对企业使用寿命有限的无形资产计提的累计摊销。

企业按期（月）计提摊销时，借记“管理费用”“其他业务成本”等科目，贷记本科目。

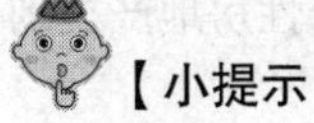

【小提示】

2006 年新会计准则对于不同性质的无形资产的摊销方法做出了不同的规定：使用寿命有限的无形资产，其应摊销金额应当在使用寿命内系统合理摊销；使用寿命不确定的无形资产不应摊销。

研发支出是指企业进行研究与开发无形资产过程中发生的各项支出。该科目可按研究开发项目，分别“费用化支出”“资本化支出”进行明细核算。对于处于研究阶段（具有探索性，能否形成成果有很大的不确定性）的支出，确认为“研发支出——费用化支出”，期末转入“管理费用”；对处于开发阶段（具有针对性、形成成果的可能性较大）的支出，确认为“研发支出——资本化支出”，项目结束后转入“无形资产”。

【例 4-22】甲公司从外部购入一项专利技术，支付银行存款 300 000 元，不考虑相关税费。应编制的会计分录如下。

（1）不考虑相关税费时

借：无形资产——专利权　　300 000

　　贷：银行存款　　300 000

（2）考虑相关税费的情况

假设在购入专利权的过程中支付的相关税费为 10 000 元，专业服务费用为 50 000 元。

借：无形资产——专利权　　360 000

　　贷：银行存款　　360 000

【小提示】

“研发支出”科目在业务处理时的应用重点在中级财务会计中学习。

4.1.6 其他资产类科目

企业在对发生的经济业务活动进行核算时还可能用到一些其他的资产类会计科目，包括以下几类。

1．“交易性金融资产”“可供出售金融资产”“持有至到期投资”以及“长期股权投资”属于金融资产类的会计科目

“交易性金融资产”核算企业为交易目的持有的债券投资、股票投资、基金投资等交易性金融资产的公允价值。

“可供出售金融资产”核算企业持有的可供出售金融资产的价值，包括划分为可供出售的股票投资、债券投资等金融资产。本科目应当按照可供出售金融资产类别和品种，分别“成本”“利息调整”“应计利息”等进行明细核算。

“持有至到期投资”核算企业持有至到期投资的价值。本科目应当按照持有至到期投资的类别和品种，分别“成本”“利息调整”“应计利息”等进行明细核算。

“长期股权投资”核算企业持有的采用成本法和权益法核算的长期股权投资，应当按照被投资单位进行明细核算。

2．“投资性房地产”“长期应收款”“长期待摊费用”等属于非流动资产类的会计科目

“投资性房地产”核算投资性房地产的价值，包括采用成本模式计量的投资性房地产和采用公允价值模式计量的投资性房地产。投资性房地产采用成本模式计量的，企业应当按照投资性房地产类别和项目进行明细核算。投资性房地产采用公允价值模式计量的，企业应当按照投资性房地产类别和项目分别“成本”和“公允价值变动”进行明细核算。

“长期应收款”核算企业融资租赁产生的应收款项和采用递延方式分期收款、实质上具有融资性质的销售商品和提供劳务等经营活动产生的应收款项，应当按照承租人或购货单位（接受劳务单位）等进行明细核算。

“长期待摊费用”核算已经发生（支付）但应由本期和以后各期负担的摊销期限在一年以上的各种费用。例如，企业以经营租赁方式租入的固定资产进行改良时所发生的各项支出；企业发生的除租入固定资产改良支出之外，摊销期限在一年以上的各项摊销费用。长期待摊费用实质上是企业发生的摊销期限在 1 年以上的各种预付费用的集合。该科目借方登记企业实际发生的各项长期待摊费用，贷方登记按受益期限分期平均摊销的各项长期待摊费用，以及冲销的不能使企业在以后会计期间受益的长期待摊费用。

【例 4-23】公司在本年 1 月初将租用的办公室进行了装修，改良支出通过转账支付 120 000 元，该办公室的租赁期 5 年。应编制的会计分录如下。

支付装修款时的会计处理：

借：长期待摊费用　　120 000

　　贷：银行存款　　120 000

月末计算本月应承担的装修费，作为管理费用：

120 000÷（12×5）=2 000（元）

借：管理费用　　2 000

　　贷：长期待摊费用　　2 000

3．“待处理财产损溢”属于盘亏和盘盈等待处理类的会计科目

“待处理财产损溢”核算企业在清查财产过程中发现的各种财产盘盈、盘亏和毁损的价值。物资在运输途中发生的非正常的短缺与损耗也通过本科目核算。本科目可按盘盈、盘亏的资产种类和项目进行明细核算。

4．“坏账准备”“存货跌价准备”“固定资产减值准备”“无形资产减值准备”等属于期末价值调整类的会计科目

“坏账准备”是应收款项的抵减调整科目，核算企业为应收款项计提的坏账准备。

“存货跌价准备”核算企业存货的跌价准备。资产负债表日，存货发生减值的，按存货可变现净值低于成本的差额，借记“资产减值损失”科目，贷记本科目。

“固定资产减值准备”核算企业计提的固定资产的减值准备。在期末，企业应对固定资产进行减值测试，固定资产由于损坏、技术陈旧或其他经济原因，导致可收回金额低于其账面价值，称之为固定资产减值。固定资产发生减值的，按应减记的金额，借记“资产减值损失”科目，贷记本科目。

“无形资产减值准备”核算企业计提的无形资产的减值准备。无形资产发生减值的，按应减记的金额，借记“资产减值损失”科目，贷记本科目。

4.2 负债类会计科目及核算

企业债务按照形成的具体方式，可以分为五类：向银行或金融机构借入的资金，如短期借款、长期借款；定期结算形成的负债，如应付职工薪酬、应交税费；购销过程形成的负债，如应付票据、应付账款、预收账款；债权和股权融资定期结算中形成的负债，如应付利息、应付股利；其他活动形成的负债。

按照偿还期限的长短，负债又可以分为流动负债和非流动负债（又称为长期负债）。

4.2.1 流动负债类

流动负债是指将在 1 年（含 1 年）或者超过 1 年的一个营业周期内偿还的债务。流动负债项目包括短期借款、交易性金融负债、应付票据、应付账款、预收账款、应付职工薪酬、应交税费、应付利息、应付股利、其他应付款、一年内到期的非流动负债等。

1．短期借款

短期借款是指企业用来维持正常的生产经营所需的资金向银行或其他金融机构等单位借入的、还款期限在一年（含一年）或超过一年的一个经营周期以内的各种借款。借方登记借款的偿还减少数，贷方登记借入借款的增加数，期末贷方余额，表示尚未偿还的短期借款余额。

2．应付账款

应付账款用来核算企业因购买材料、商品和接受劳务供应等而应付给供应单位的款项。该科目贷方登记因购买材料、商品和接受劳务供应等而应付未付的款项；借方登记已经支付或已经开出承兑商业汇票抵付的应付款项；期末贷方余额，表示尚未支付的应付账款。

3．应付票据

应付票据是指企业为购买材料、商品和接受劳务供应等而开出、承兑的商业汇票，包括商业承兑汇票和银行承兑汇票。该科目贷方登记企业已经开出、承兑的汇票或以承兑汇票抵付的货款；借方登记收到银行付款通知后实际支付的款项；期末贷方余额，表示尚未到期的商业汇票的票面余额。

【例 4-24】企业购入材料一批，已经验收入库，增值税专用发票注明材料价款 20 000 元，增值税额为 3 400 元，同时开出并承兑一张面值为 23 400 元，期限为 3 个月的商业承兑汇票。应编制的会计分录如下。

（1）购入材料时：

借：原材料　　20 000

　　应交税费——应交增值税（进项税额）　　3 400

　　贷：应付票据　　23 400

（2）三个月后汇票到期：

借：应付票据　　23 400

　　贷：银行存款　　23 400

4．预收账款

预收账款用来核算企业按照合同规定向购货单位预收的款项。该科目贷方登记预收购货单位的款项和购货单位补付的款项；借方登记向购货单位发出商品实现销售的货款和退回多付的款项；期末余额一般在贷方，表示预收购货单位的款项。企业预收购货单位的款项或者购货单位补付款项时，借记“银行存款”科目，贷记“预收账款”科目；向对方提供商品或者劳务确认收入时，借记“预收账款”科目，贷记“主营业务收入”“应交税费——应交增值税（销项税额）”；退回购货方多付的款项时，借记“预收账款”科目，贷记“银行存款”科目。

5．应付职工薪酬

应付职工薪酬是企业根据有关规定应付给职工的各种薪酬，包括工资、奖金、津贴和补贴、职工福利费、社会保险费、住房公积金、工会经费、职工教育经费、非货币性福利等因职工提供服务而产生的义务。该科目按照工资，奖金，津贴，补贴、职工福利、社会保险费、住房公积金、工会经费、职工教育经费、解除职工劳动关系补偿、非货币性福利、其他与获得职工提供的服务相关的支出等项目进行明细核算。期末企业计提应付工资时，根据员工所处部门或职能的不同，借记的科目有“管理费用”“销售费用”“生产成本”“制造费用”“在建工程”等，贷记“应付职工薪酬”；实际发放工资时，借记“应付职工薪酬”，贷记“银行存款”“库存现金”等科目。

6．应交税费

应交税费是指企业根据在一定时期内取得的营业收入、实现的利润等，按照现行税法规定，采用一定的计税方法计提的应缴纳的各种税费。

应交税费包括企业应依法缴纳的增值税、消费税、营业税、所得税、资源税、土地增值税、城市维护建设税、房产税、土地使用税、车船税、教育费附加、矿产资源补偿费以及在上缴国家之前由企业代扣代缴的个人所得税等。根据税费的不同性质，在计提应缴纳税费时，借方的会计科目有“营业税金及附加”“管理费用”“应付职工薪酬”等科目，贷记“应交税费”科目。

7．应付利息

应付利息反映企业按照合同规定应当支付的利息，包括分期付息到期还本的长期借款、吸收存款、企业发行的企业债券应支付的利息。本科目可以按照存款人或债权人进行明细核算。对于短期借款月（期）末计提利息支出时，借记“财务费用”，贷记本科目，支付利息时借记本科目，贷记“银行存款”等科目。

【例 4-25】企业于 1 月 1 日借款 150 000 元，期限 6 个月，年利率 8%，借款到期一次还本，利息分月计提，按季支付。应编制的会计分录如下。

（1）1 月 1 日，借入借款，应做如下分录。

借：银行存款　　150 000

　　贷：短期借款　　150 000

（2）1 月末，预提当期应计利息费用会计分录如下。

150 000×8%÷12=1 000（元）

借：财务费用　　1 000

　　贷：应付利息　　1 000

8．其他流动负债类科目

除了上述会计科目外，企业较常用到的流动负债类科目还有“应付股利”和“其他应付款”。

应付股利是指企业股东大会或者类似机构审议批准的利润分配方案、宣告分派的现金股利或利润，在实际支付之前，形成企业的负债。其他应付款指除去前述应付科目之外的其他各项应付、暂收的款项，比如，应付租入固定资产和包装物的租金，存入保证金、职工未按期领取的工资，应付、暂收所属单位、个人的款项等。

4.2.2　非流动负债

非流动负债通常包括长期借款、应付债券、长期应付款等。

长期借款核算企业向银行或其他金融机构借入的期限在 1 年以上（不含 1 年）的各项借款，可按贷款单位和贷款种类，分别设置“本金”“利息调整”等进行明细核算。

应付债券核算企业为筹集（长期）资金而发行债券的本金和利息，可按“面值”“利息调整”“应计利息”等进行明细核算。

长期应付款核算除了长期借款和应付债券以外的其他多种长期应付款，主要有以分期付款购入固定资产等发生的应付款项和应付融资租入固定资产租赁费等。

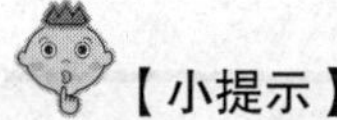

【小提示】

非流动负债涉及的账务处理较为复杂，为中级财务会计重点学习内容之一。

4.3　所有者权益类会计科目及核算

所有者权益是企业资产扣除负债后，由所有者享有的权益，又称为股东权益，按照来源渠道的不同可以分为两大类：投资形成的如“实收资本”“资本公积”；经营活动产生的如“盈余公积”和“未分配利润”，两者统称为“留存收益”。

4.3.1　实收资本

实收资本核算的是企业实际收到的投资者（所有者）投入的资本，是投资者按照企业章程或者合同、协议的规定实际投入企业的资本。企业收到投资者投入不同类型的资产，相应的要借记不同的资产类目，如“银行存款”“固定资产”“无形资产”“库存商品”等，贷记“实收资本”，若有超出其在企业注册资本中所占份额的部分，则超出部分应贷记“资本公积”。

4.3.2　资本公积

资本公积核算的是企业收到投资者超出其在企业注册资本中所占份额的投资以及直接计入所有者权益的利得和损失等，包括资本溢价（股本溢价）、直接计入所有者权益的利得和损失。资本溢价（股本溢价）指企业收到投资者超出其在企业注册资本（或股本）所占份额的投资，形成原因有溢价发行和投资者超额缴入资本等。直接计入所有者权益的利得和损失是指不应记入当期损益、会导致所有者权益发生变化的、与所有者投入资本或者向所有者分配利润无关的利得或损失。

【例 4-26】本公司收到丙公司作为资本投入的专利权一项，双方经协商约定价值为 20 万元。应编制的会计分录如下。

借：无形资产——专利权　　200 000

　　贷：实收资本——丙公司　　200 000

【例 4-27】本公司收到乙公司作为资本投入的不需要安装的机器设备一台，双方协议约定价值为 300 000 元。应编制的会计分录如下。

借：固定资产　　300 000

　　贷：实收资本——乙公司　　300 000

4.3.3　留存收益

经营活动形成的所有者权益可以统称为留存收益，包括盈余公积和未分配利润。

盈余公积是指企业根据国家规定从税后利润中提取的具有特定用途的积累资金，即核算企业从净利润中提取的盈余公积，具体有“法定盈余公积”“任意盈余公积”。

利润分配核算企业利润分配的情况，据具体用途进行明细核算。未分配利润是指企业净利润分配以后，尚未指定用途的部分。

【例 4-28】企业用法定盈余公积转增资本 200 000 元。应编制的会计分录如下。

借：盈余公积——法定盈余公积　　200 000

　　贷：实收资本　　200 000

4.4　成本类会计科目及核算

“生产成本”账户的借方登记为进行产品生产而发生的各项成本、费用；贷方登记已经生产完成、验收入库的产成品实际成本，余额一般在借方，反映尚未完工的在产品成本。“生产成本”账户应按产品类别设置明细分类账户，分别计算每种产品的总成本和单位成本。

“制造费用”账户是反映为生产产品和提供劳务而发生的各项间接费用的账户。它的借方登记发生的全部“制造费用”，如车间管理人员工资、车间房屋折旧费、工具修理费、照明费以及其他不能直接记入产品成本的费用，如机器设备折旧等费用；贷方登记转入“生产成本”账户借方的由各种产品成本负担的制造费用；月（期）末终一般没有余额。制造费用需按车间分别设置明细分类账户，以反映和监督各个车间制造费用的发生和分配情况。

4.5　损益类会计科目

损益类科目主要核算影响企业利润的各项因素，分为收入类、费用类。

4.5.1 收入类

企业经营活动形成的收入按对企业的重要程度，分为基本业务收入和附营业务收入。

主营业务收入用于核算基本业务收入，是企业为完成其经营目标所从事的经常性的活动实现的收入。不同行业的企业形成收入的业务也有所不同，通常有销售商品、提供劳务、让渡资产使用权等几种途径。

其他业务收入用于核算附营业务收入，即主营业务以外的与经常性活动相关的其他活动所取得的收入，如生产企业销售材料、出租包装物、转让无形资产使用权所获得的收入，一般占企业收入的比重较小。

营业外收入用于核算企业发生的营业外的收入，主要包括非流动资产处置利得、非货币性资产交换利得、债务重组利得、政府补贴、盘盈利得、捐赠利得等。

此外，投资收益科目核算企业在一定的会计期间对外投资所形成的投资收益或投资损失，包括对外投资所分得的股利和收到的债券利息。

公允价值变动损益科目核算企业交易性金融资产、交易性金融负债以及采用公允价值模式计量的投资性房地产、衍生工具、套期保值业务等公允价值变动形成的应计入当期损益的利得或损失。

4.5.2 费用类

主营业务成本核算企业确认主营业务活动所发生的支出时，应结转的成本。

其他业务成本核算企业确认的除主营业务外的经营活动所发生的支出，主要包括销售材料的成本、出租固定资产的折旧、出租无形资产的摊销额、出租包装物的成本或摊销额等。

营业税金及附加核算企业经营活动发生的营业税、消费税、城市维护建设税、资源税和教育费附加等相关税费（不含增值税）。

所得税费用核算企业确认的应从当期利润总额中扣除的所得税费用。

销售费用核算企业销售商品和材料、提供劳务的过程中发生的各种费用，包括保险费、包装费、展览费、广告费、商品维修费、预计产品质量保证损失、运输费、装卸费以及专设销售机构的职工薪酬、业务费、折旧费、业务宣传费等经营费用。

管理费用核算企业为组织和管理企业生产经营所发生的管理费用，包括筹建期间发生的开办费、公司经费、工会经费、业务招待费、咨询费、诉讼费、技术转让费、研究费用、排污费用车船使用税、房产税、土地使用税、印花税。

财务费用指企业为筹集生产经营所需资金等发生的筹资费用，如利息支出、汇兑损益、手续费等。

资产减值损失科目核算企业计提的各种资产减值准备所形成的损失。

营业外支出核算企业发生的各项营业外支出，包括非流动资产处置损失、非货币性资产交换损失、债务重组损失、公益性捐赠支出、非常损失、盘亏损失等。

此外，还有以前年度损益调整科目用于核算企业本年发生的调整以前年度损益的事项以及本年度发现的重要前期差错更正涉及调整以前年度损益的事项。资产负债表日至财务报告批准报出日之间发生的需要调整报告年度损益的事项也可以通过此科目核算。

本章小结

会计要将企业发生的引起资金运动的经济业务转化成会计的语言——会计分录来予以反映。在编制会计分录时，不同的项目要用不同的会计科目来反映。本章重点对《企业会计准则——应用指南》规定的常用会计科目的核算内容及核算方法进行介绍。

资产类会计科目核算的内容按各资源的具体形态可以分为货币形态的货币资金、债权形态的应收款项、实物形态的存货和固定资产、知识权力形态的无形资产以及对外权益形态的对外投资。资产类科目用来反映企业资产的增减变动及其结存情况，相应核算项目增加时记入账户的借方，减少时记入账户的贷方，一般余额在借方，反映该项资产的结存情况。

按照偿还期限的长短，负债可以分为流动负债和非流动负债。本章对两者的会计处理进行了详细的介绍。相应核算项目增加时记入账户的贷方，减少时记入账户的借方，一般余额在贷方，反映该项负债的情况。

所有者权益是企业资产扣除负债后，由所有者享有的权益，又称为股东权益，按照来源渠道的不同可以分为两大类：投资形成的如“实收资本”“资本公积”；经营活动产生的“盈余公积”和“未分配利润”统称为“留存收益”。

成本类科目主要包含“生产成本”和“制造费用”科目。“生产成本”账户的借方登记为进行产品生产而发生的各项成本、费用；贷方登记已经生产完成、验收入库的产成品实际成本。“制造费用”账户是反映为生产产品和提供劳务而发生的各项间接费用的账户。它的借方登记发生的全部“制造费用”，贷方登记转入“生产成本”账户借方的由各种产品成本负担的制造费用。

损益类科目主要核算影响企业利润的各项因素，分为收入类、费用类。企业经营活动形成的收入按对企业的重要程度，分为基本业务收入和附营业务收入。主营业务成本核算企业确认的主营业务活动所发生的支出时，应结转的成本。

练习题

1. 单选题

（1）下列属于所有者权益类科目的是（　　）。

A. 银行存款　　B. 短期借款　　C. 应收账款　　D. 利润分配

（2）属于资产类账户的是（　　）。

A. 利润分配　　B. 实收资本

C. 累计折旧　　D. 主营业务成本

（3）企业购入商品，款项尚未支付，这笔业务会用到的会计科目为（　　）。

A. 库存现金　　B. 银行存款　　C. 应付账款　　D. 原材料

（4）企业可以办理提取现金业务的银行账户是（　　）。

A. 基本存款账户　　B. 一般存款账户

C. 临时存款账户　　D. 专用存款账户

（5）企业的货币资金不包括（　　）。

A. 库存现金　　B. 应收账款　　C. 银行存款　　D. 其他货币资金

2. 多选题

（1）在我国，留存收益包括（　　）。

A. 资本公积　　B. 实收资本　　C. 盈余公积　　D. 未分配利润

（2）所有者权益包括（　　）等。

A. 长期投资　　B. 实收资本　　C. 资本公积　　D. 未分配利润

（3）下列属于成本类科目的是（　　）。

A. 生产成本　　B. 主营业务成本　　C. 制造费用　　D. 销售费用

（4）企业月末对固定资产计提折旧编制会计分录时，可能借记的科目有（　　　）。

A. 管理费用　　B. 销售费用　　C. 制造费用　　D. 其他业务成本

（5）根据相关规定属于企业可以使用现金的情况的是（　　　）。

A. 职工工资、津贴

B. 个人劳务报酬

C. 根据国家规定颁发给个人的科学技术、文化艺术、体育等各种奖金

D. 各种劳保、福利费用以及国家规定的对个人的其他支出

3. 判断题

（1）累计折旧、坏账准备等反映资产的价值损耗或损失的账户，不属于资产类账户。（　　）

（2）企业使用现金时，用途是没有限制的。（　　）

（3）资产减值损失属于资产类会计科目。（　　）

（4）企业开设的银行账户都可以办理现金支取业务。（　　）

（5）短期借款是指企业用来维持正常的生产经营所需的资金向银行或其他金融机构等单位借入的、还款期限在一年或超过一年的一个经营周期以内的各种借款。（　　）

思考题

1. 货币资金类科目有哪些？常涉及的业务有哪些？
2. 企业采购销售过程中形成的反映债务债权关系的科目有哪些？
3. 现金的日常收支管理有哪些规定？
4. 流动资产类会计科目有哪些？常涉及哪些业务，如何进行会计处理？

实训题

某企业相关会计要素项目如下表所示。

内容	资产	负债	所有者权益
1. 办公大楼一栋，价值 3 600 万元			
2. 运输设备 10 台，价值 1 200 万元			
3. 生产厂房一栋，价值 1 800 万元			
4. 企业资产中有 7 200 万元是投资者投入的			
5. 各种原材料价值 660 万元			
6. 在产品价值 300 万元			
7. 库存产成品价值 900 万元			
8. 企业保险柜中有现金 10 万元			
9. 银行存款 892 万元			
10. 企业资金中有 1 200 万元（期限在一年以上）是从银行借入的			
11. 因销售商品而产生 450 万元的债权未收回			
12. 因购买商品而产生 480 万元的债务未支付			

续表

内容	资产	负债	所有者权益
13. 以前年度未分配利润 1 002 万元			
14. 向银行借款（期限 9 个月）而形成的债务 10 万元			
15. 欠职工工资 10 万元			
16. 向用户收取包装物押金 5 万元			
17. 企业的商标权 85 万元			
18. 向销货单位支付预购订金 10 万元			
合计			

实训要求：确定资料中所列内容各属于资产、负债、所有者权益中的哪一个项目，并在相应的项目上写上其账户名称，加总后检查其平衡关系。

第 5 章　借贷复式记账法的应用

本章主要介绍复式记账法在工业企业和商品流通型企业运营中各个环节的运用，以及期末账项调整与资产清查的方法和意义。

学习目标

- 掌握各类会计科目的核算范围。
- 掌握工业企业常见经济业务的核算方法。
- 熟悉商品流通型企业常见经济业务的核算方法。
- 掌握期末账项调整与资产清查的方法和意义。

【课前思考】

随着现代会计的发展，复式记账法的应用记账对象不再局限于债权、债务关系，而是扩大到要记录财产物资增减变化和计算经营损益。原来仅限于记录债权、债务关系的“借”“贷”二字已不能概括经济活动的全部内容，表示的内容应该包括全部经济活动资金运动变化的来龙去脉。因此，它们在原来涵义的基础上进一步升华，获得了新的经济含义。复式记账按记账符号、记账规则、试算平衡方法的不同，可分为借贷记账法、增减记账法和收付记账法。复式记账法是一种复杂的、当今运用最广泛的复式记账法，也是目前我国法定的记账方法。复式记账法记账规则为：有借必有贷，借贷必相等。

例如，A 公司从银行提取 1 000 元作为备用金，那么，银行存款减少了 1 000 元，库存现金增加了 1 000 元。

思考：如何运用复式记账法进行记账？

5.1　工业企业生产经营业务核算

工业企业是指直接从事工业产品生产或提供工业性作业的生产单位。它拥有一定数量的工人、技术人员、管理人员和生产资料，能独立地进行生产经营活动，实行独立的经济核算。工业企业的生产经营活动过程是以产品生产为中心的生产准备、产品生产和产品销售过程的统一。工业企业的财务活动分为三大过程，即资金的筹集、资金的使用（采购、生产、日常管理使用）、资金的分配，具体来看，工业企业的生产经营活动可以分为筹资、供应、生产、销售以及利润的形成与分配等几个环节，如图 5-1 所示。

在资金筹集阶段，企业通过接受投资者的投资和向债权人借入各种款项筹集资金，满足生产经营的资金需求。资金的使用阶段，企业用筹集的货币资金购买机器设备等劳动资料和各种材料物资等劳动对象，为进行产品生产准备必要的物资基础。这时资金从货币形式转化为固定资金和储备资金。资金的使用还包括用于产品生产，在产品生产过程中发生的各种材料费用、固定资产折旧费用、工资费用等生产费用的总和构成了产品成本。这时资金就从固定资金、储备资金转化为生产资金，当产品生产完工后，又从生产资金转化为产成品资金；当销售产品，同时办理货款的结算，实现产成品资金的转化，完成资金的循环。资金分配阶段，会计期末，将企业一定时期取得的全部收入与全部费用相抵计算企业的财务成果。如果全部收入大于全部费用，形成企业利润，通过利润分配。这时，一部分资金退出企业，一部分资金重新投入生产周转。如果全部收入小于全部费用形成企业亏损，需要进行弥补。

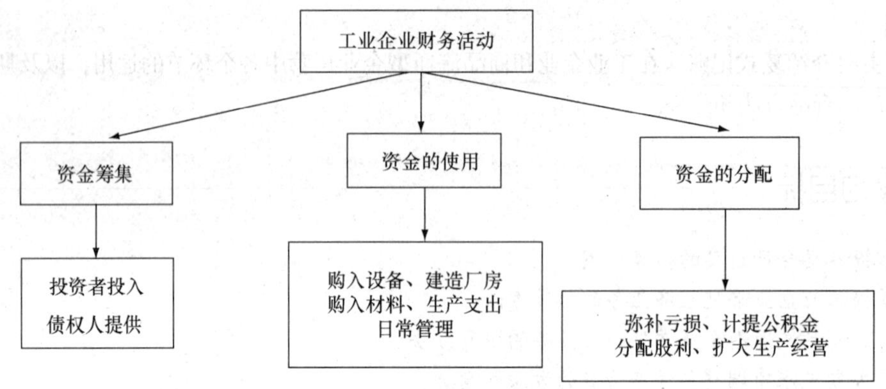

图 5-1　工业企业财务活动流程图

本节以工业企业远志公司 20×6 年 1 月的业务为主，介绍各类业务的核算（远志公司为增值税一般纳税人，适用增值税税率 17%）。远志公司 20×6 年 1 月初各账户的余额如表 5-1 所示。

表 5-1　　远志公司 20×6 年 1 月初各账户余额表　　单位：元

账户名称	借方余额	账户名称	贷方余额
库存现金	10 000	短期借款	150 000
银行存款	170 000	应付账款	73 000
库存商品	200 000	应付账款——亚达公司	35 000
应收账款	70 000	应付账款——冠明公司	38 000
应收账款——明光公司	70 000	预收账款	30 000
预付账款	25 000	应付职工薪酬	150 000
预付账款——启利公司	25 000	实收资本	490 000
其他应收款	3 500	资本公积	300 000
原材料	180 000	盈余公积	180 000
固定资产	700 000	未分配利润	155 500
无形资产	100 000		
生产成本	70 000		
总计	1 528 500	总计	1 528 500

5.1.1　资金筹集核算

企业要建立，首先要筹集到生产经营所需要的资金。这也是企业注册成立的基本条件之一。企业筹集资金的方式可以分为股权筹资和债权筹资。通过股权筹资的一种常见方式是投资者将资金投入企业，并成为企业的股东（或称为投资者），进而可以参与企业的经营决策、并获得企业盈利分配。企业吸收投资者的投资后，企业的资金增加了，同时投资者在企业中所享有的权益也增加了。所有者投入资本的形式有多种，可能是货币资金投资，也可以是用存货、固定资产、无形资产等非现金资产投资。企业接受所有者投资时，一方面企业拥有的资产增加，记入对应资产类账户的借方；另一方面企业的所有者权益增加，记入对应账户的贷方，常用到的账户有“实收资本”“资本公积”。股权筹资的另一种方式就是符合条件的企业发行股票。本节主要介绍股权筹资的第一种方式。

债权筹资方式下，企业可以向银行等金融机构或非银行金融机构借入资金，也可以通过在证券市场发行债券来筹集资金。此处主要介绍第一种筹资方式即借款的方式。债权人将资金借给企业用于生产经营，之后企业要按照规定的期限、规定的利息偿还本金和利息。此处的债权人不包括生产经营活动中由于结算关系形成借贷关系的债权人。由于企业借款之后要按照规定的期限偿还本金，另一方面还要按照规定利率支付利息。因此，债权筹资的核算包括借款、计提利息、支付利息以及偿还本金等内容。为此应设置“短期借款”“长期借款”“财务费用”“应付利息”等账户。企业借入款项时，一方面属于资产的“银行存款”增加，记入借方，另一方面属于负债的“短期借款”或“长期借款”增加，记入贷方。当借款的利息是按季支付或到期一次性支付时，根据权责发生制，要在借款期间分期（月）确认利息费用的支出，此时应借记“财务费用”，贷记“应付利息”。当实际支付利息时，应借记“应付利息”，贷记“银行存款”。

【例 5-1】1 月 1 日远志公司向银行借入期限六个月的借款，金额 80 000 元，年利率 6%，到期一次还本利息。应做如下会计分录。

借：银行存款　　80 000

　　贷：短期借款　　80 000

【例 5-2】1 月 2 日远志公司收到原股东王某 100 000 元投资款存入银行。应做会计分录如下。

借：银行存款　　100 000

　　贷：实收资本——王某　　100 000

【例 5-3】1 月 6 日远志公司收到飞天公司投入价值为 72 000 元的生产设备（使用年限为 6 年）。应做如下会计分录。

借：固定资产　　72 000

　　贷：实收资本——飞天公司　　72 000

【例 5-4】1 月 11 日远志公司收到新股东张某投资款 200 000 元，存入银行，按修订后的章程，张某在该公司的注册资本占 120 000 元。应做如下会计分录。

借：银行存款　　200 000

　　贷：实收资本——张某　　120 000

　　　　资本公积　　80 000

【例 5-5】月末计算当月短期借款应负担的利息费用。

每月应计提的利息=80 000×6%÷12=400（元）

应做如下会计分录。

借：财务费用　　400

　　贷：应付利息　　400

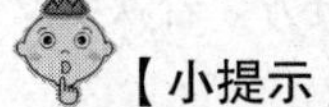

【小提示】

在 2 月末、3 月末、4 月末、5 月末以及 6 月末远志公司都要做与【例 5-5】相同的会计分录。

【例 5-6】1 月 16 日，远志公司向银行借入 4 年期借款 200 000 元。应做如下会计分录。

借：银行存款　　200 000

　　贷：长期借款　　200 000

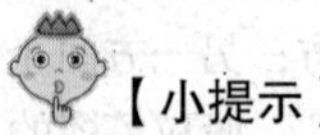

【小提示】

对于长期借款的核算的后续计量核算在中级财务会计学习。此处了解长期借款的初始计量核算即可。

【例 5-7】7 月 1 日，远志公司向银行偿还借款本金 80 000 元，支付借款利息 2 400 元。应做如下会计分录。

借：短期借款　　80 000

　　应付利息　　2 400

　　贷：银行存款　　82 400

【小提示】

企业的筹资核算包括债权筹资和股权筹资。这与企业“资金占用=资金来源”及“资产=负债+所有者权益”等式相对应。

对于短期借款的核算总结如下。

（1）取得借款

借：银行存款

　　贷：短期借款

（2）计提借款利息

借：财务费用

　　贷：应付利息

（3）偿还本息

借：短期借款

　　应付利息

　　贷：银行存款

对于股权筹资的核算总结如下。

借：银行存款/原材料/固定资产/无形资产

　　贷：实收资本（或股本）

　　　　资本公积

5.1.2　供应过程核算

企业筹集到运营所需的资金后，需要将资金投入到生产经营活动中。企业为了进行生产经营活动，需要购建厂房、生产设备，购入生产所需原材料。此外，为了提升产品竞争力还可能涉及专利权、非专利技术等无形资产的引进或研发。在企业购入资产进行账务处理时，常用到的资产类会计科目有“原材料”“在途物资”“固定资产”“无形资产”等。资产增加时，借记资产类科目。若在购入资产时直接支付了款项，则“库存现金”“银行存款”货币资金类资产减少，记入贷方。若款项没有支付，则“应付账款”“应付票据”等负债增加，记入贷方。

【例 5-8】1 月 10 日为提升产品竞争力，远志公司以银行存款 30 000 元购入一项使用寿命不确定的专利权，不考虑相关税费。应做如下会计分录。

借：无形资产——专利权　　30 000

　　贷：银行存款　　30 000

【小提示】

《会计准则》规定，企业应于取得无形资产时分析判断其使用寿命。使用寿命有限的无形资产需要摊销，反之则不需摊销。因此，会计上对使用寿命不确定的无形资产，不予摊销。

新所得税法规定，企业取得的无形资产，允许在一定期限内摊销，税法上不区分使用寿命有限的无形资产与使用寿命不确定的无形资产，所有无形资产成本均允许在一定期间内摊销并税前扣除。

【例 5-9】1 月 13 日，远志公司用银行存款购入机器设备一台，价款 50 000 元，增值税 8 500 元。应做如下会计分录。

借：固定资产——机器设备　　50 000
　　应交税费——应交增值税（进项税额）　　8 500
　　贷：银行存款　　58 500

【例 5-10】1 月 15 日，远志公司购入甲材料，取得了增值税专用发票，注明价格 20 000 元，税额 3 400 元，货款已转账支付，材料尚未入库。应做如下会计分录。

借：在途物资——甲材料　　20 000
　　应交税费——应交增值税（进项税额）　　3 400
　　贷：银行存款　　23 400

【例 5-11】1 月 20 日，远志公司 1 月 15 日购入的上述甲材料验收入库。应做如下会计分录。

借：原材料——甲材料　　20 000
　　贷：在途物资——甲材料　　20 000

【例 5-12】1 月 23 日远志公司从启利公司购入乙材料一批，取得了增值税专用发票，注明价格 10 000 元，税额 1 700 元，材料已验收入库。应做如下会计分录。

借：原材料——乙材料　　10 000
　　应交税费——应交增值税（进项税额）　　1 700
　　贷：预付账款——启利公司　　11 700

【小提示】

2007 年新会计准则第六条规定，存货的采购成本包括购买价款、相关税费、运输费、装卸费、保险费以及其他可归属于存货采购成本的费用。企业（商品流通）在采购商品过程中发生的运输费、装卸费、保险费以及其他可归属于存货采购成本的费用等进货费用，应当计入存货采购成本，也可以先进行归集，期末根据所购商品的存销情况进行分摊。对于已售商品的进货费用，计入当期损益。对于未售商品的进货费用，计入期末存货成本。企业采购商品的进货费用金额较小的，可以在发生时直接计入当期损益。

【例 5-13】1 月 25 日，远志公司通过转账分别向亚达公司、冠明公司偿还上月采购原材料尚未支付的购货款 35 000 元、38 000 元。应做如下会计分录。

借：应付账款——亚达公司　　35 000
　　　　　　——冠明公司　　38 000
　　贷：银行存款　　73 000

【小提示】

企业的供应过程核算主要包括采购原材料、购买固定资产和无形资产等。采购原材料会计核算

采用实际成本核算，应根据实际情况编写会计分录。

（1）企业购入材料时的会计分录如下。

借：在途物资/原材料

应交税费——应交增值税（进项税额）

贷：银行存款/应付账款/应付票据/预付账款

（2）若购入的材料分验收入库前与材料验收入库两个阶段核算，则材料验收入库时应做如下会计分录。

借：原材料

贷：在途物资

5.1.3 生产过程核算

在生产阶段，企业要耗费原材料、燃料、动力，要发生厂房、机器设备的折旧，要支付职工的工资，还要发生其他各项生产费用。一般工业企业中，生产阶段核算所运用的账户主要有“生产成本”“制造费用”和“库存商品”。

企业为进行产品生产而发生的一切生产费用，最后都要归集到“生产成本”这个账户中去。凡直接用于产品生产的原材料（称为直接材料）和直接从事产品生产的工人工资（称为直接人工）在发生时应直接记入“生产成本”账户。其他各种为生产产品而发生的间接费用，在发生时先记入“制造费用”，期末，企业要将生产期间发生的间接费用即制造费用按照一定的分配标准分配到不同产品的生产成本中去。根据不同情况，企业可以采用的分配标准有产品生产耗费机器工时比例、产品生产耗费人工工时比例、产品生产耗用材料量的比例、产品生产耗用材料价值的比例、产品产量比例、产品生产工人工资比例等。

此外核算生产过程中，耗费各类资源时常用到的账户有“原材料”“应付职工薪酬”“累计折旧”“银行存款”等。

【例 5-14】1 月 4 日远志公司以银行转账支付上月应付工资 150 000 元。应做如下会计分录。

	借	贷
借：应付职工薪酬——工资	150 000	
贷：银行存款		150 000

【例 5-15】1 月 5 日为生产 A 产品领用甲材料 8 000 元，领用乙材料 7 000 元。应做如下会计分录。

	借	贷
借：生产成本——A 产品	15 000	
贷：原材料——甲材料		8 000
——乙材料		7 000

【例 5-16】1 月 7 日为生产 B 产品领用甲材料 9 000 元，领用丙材料 18 000 元。应做如下会计分录。

	借	贷
借：生产成本——B 产品	27 000	
贷：原材料——甲材料		9 000
——丙材料		18 000

【例 5-17】1 月 9 日车间一般性耗用甲材料 2 000 元，乙材料 1 800 元，丙材料 3 000 元。应做如下会计分录。

	借	贷
借：制造费用	6 800	
贷：原材料——甲材料		2 000
——乙材料		1 800
——丙材料		3 000

【例 5-18】1 月 31 日经计算，远志公司应付本月生产 A 产品人员工资 40 000 元，应付本月生产

B 产品人员工资 60 000 元，应付车间管理人员工资 20 000 元，应付行政管理人员工资 15 000 元，应付销售部门人员工资 25 000 元。应做如下会计分录。

借：生产成本——A 产品　　40 000
　　　　　　——B 产品　　60 000
　　制造费用　　20 000
　　管理费用　　15 000
　　销售费用　　25 000
　　贷：应付职工薪酬——工资　　160 000

【例 5-19】1 月 31 日经计算，生产车间共发生水电费 3 600 元，以银行存款支付。应做如下会计分录。

借：制造费用　　3 600
　　贷：银行存款　　3 600

【例 5-20】1 月 31 日经计算，本月行政部门办公用固定资产需计提折旧 3 500 元，生产用设备应计提折旧 10 000 元。应做如下会计分录。

借：管理费用　　3 500
　　制造费用　　10 000
　　贷：累计折旧　　13 500

【例 5-21】1 月 31 日公司将本月发生的制造费用按照产品生产工人工资比例在 A、B 两种产品之间进行分配。

本月应分配的制造费用共计：6 800+20 000+3 600+10 000=40 400（元）

A 产品应分配的制造费用：40 400÷（40 000+60 000）×40 000=16 160（元）

B 产品应分配的制造费用：40 400÷（40 000+60 000）×60 000=24 240（元）

借：生产成本——A 产品　　16 160
　　　　　　——B 产品　　24 240
　　贷：制造费用　　40 400

【小提示】

会计期末制造费用的结转、生产成本在在产品及完工产品成本之间进行结转的有关内容是成本会计的重点内容。

【例 5-22】1 月 31 日本月有价值 18 232 元的 A 在产品、B 产品全部完工，结转完工产品生产成本。20×6 年 1 月初远志公司库存 A 在产品 20 000 元，B 在产品 50 000 元。

【小提示】

要计算本月生产完工的 A 产品和 B 产品的成本，既需要计算本期生产两种产品耗费的各项资源的价值，还要考虑到期初 A 和 B 两种在产品的成本。

完工 A 产品成本=20 000+15 000+40 000+16 160−18 232=72 928（元）

完工 B 产品成本=50 000+27 000+60 000+24 240=161 240（元）

借：库存商品——A 产品　　72 928
　　　　　　——B 产品　　161 240
　　贷：生产成本——A 产品　　72 928
　　　　　　　　——B 产品　　161 240

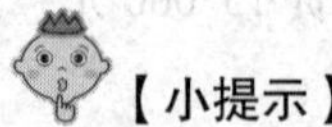【小提示】

企业生产过程的核算主要核算企业在生产过程中的各种资源的消耗。消耗的资源凡是归属于产品生产活动的都要计入产品成本，计入时要考虑直接计入（生产成本）或者间接计入产品成本（制造费用）。如果企业消耗的资源不能归属于产品生产过程，则应计入期间费用。直接计入是指直接计入“生产成本——××产品”，间接计入是指消耗的资源先归集到“制造费用”，再分配到“生产成本——××产品”。

5.1.4 销售及利润分配核算

1. 销售过程核算

为了核算和监督商品销售收入的实现，企业应设置“主营业务收入”账户。该账户属损益类账户，贷方登记企业在销售商品、提供劳务及让渡资产使用权等日常活动中所产生的收入；借方登记发生的销货退回和销售折让等；期末应将该账户的余额转入“本年利润”账户，结转后无余额。“主营业务收入”账户应按照商品类别（或劳务）设置明细账，进行商品销售收入的明细核算。

【例 5-23】1 月 15 日向实美公司销售 A 产品开出增值税专用发票，注明价款 10 000 元，增值税税额为 1 700 元，收到实美公司开出的三个月到期的银行承兑汇票。

借：应收票据——实美公司	11 700	
贷：主营业务收入——A 产品		10 000
应交税费——应交增值税（销项税额）		1 700

【例 5-24】1 月 16 日收回上月向明光公司销售 B 产品的货款 70 000 元。

借：银行存款	70 000	
贷：应收账款——明光公司		70 000

【小提示】

按照权责发生制原则，企业销售收入的记账时间，应以销售收入的实现为依据。在正常情况下，企业销售商品时，只有同时符合以下 4 个条件，才能确认收入，才能进行销售收入的核算。

（1）企业已将商品所有权上的主要风险和报酬转移给购货方。

（2）企业既没有保留通常与所有权相联系的继续管理权，也没有对已售出的商品实施控制。

（3）交易相关的经济利益能够流入企业。

（4）相关的收入和成本能够可靠地计量。

【例 5-25】1 月 25 日向广美公司销售 B 产品，开出增值税专用发票，注明价款 20 000 元，增值税税额为 3 400 元，货款已存入银行账户；销售过程中，本公司用现金支付了运费 500 元。

借：银行存款	23 400	
贷：主营业务收入——B 产品		20 000
应交税费——应交增值税（销项税额）		3 400
借：销售费用	500	
贷：库存现金		500

【例 5-26】1 月 28 日将闲置的一批甲材料出售，不含增值税售价 1 000 元，款项已收到，此批甲材料成本为 900 元。

借：银行存款　　1 170
　　贷：其他业务收入——甲材料　　1 000
　　　　应交税费——应交增值税（销项税额）　　170
借：其他业务成本——甲材料　　900
　　贷：原材料——甲材料　　900

【例 5-27】1 月 31 日，经计算本月销售 A 产品的成本为 6 500 元，销售 B 产品的成本为 14 500 元。

借：主营业务成本——A 产品　　6 500
　　　　　　　　——B 产品　　14 500
　　贷：库存商品——A 产品　　6 500
　　　　　　　　——B 产品　　14 500

【小提示】

对于工业企业销售过程的核算，主要包括确认已销产品的收入，结转已销产品的成本，会计分录如下。

（1）确认销售收入

借：银行存款/应收账款/应收票据/预收账款
　　贷：主营业务收入——××产品
　　　　应交税费——应交增值税（销项税额）

（2）结转产品成本

借：主营业务成本——××产品
　　贷：库存商品——××产品

2．利润的概念

利润是指企业在一定会计期间的经营成果。通常情况下，如果企业实现了利润，表明企业的所有者权益将增加，业绩得到了提升；反之，如果企业发生了亏损（即利润为负数），表明企业的所有者权益将减少，业绩下降。利润是评价企业管理层业绩的指标之一，也是投资者等财务报告使用者进行决策时的重要参考。

3．利润分配

（1）“本年利润”“利润分配”账户。本年利润是指企业某个会计年度的净利润（或净亏损），其由企业利润组成内容计算确定，是企业从公历年 1 月份至 12 月份逐步累计而形成的一个动态指标。本年利润是一个汇总类账户。本科目核算企业当期实现的净利润（或发生的净亏损），借方由“主营业务成本”“销售费用”“管理费用”“财务费用”“其他业务成本”“营业税金及附加”“营业外支出”账户及“所得税费用”账户转入的金额得到；贷方由“主营业务收入”“其他业务收入”“营业外收入”等账户转入的金额得到。

企业期（月）末结转利润时，应将各损益类科目的金额转入本科目，结平各损益类科目。结转后，本科目的贷方余额为当期实现的净利润；借方余额为当期发生的净亏损。年度终了，应将本年收入和支出相抵后结出的本年实现的净利润，转入“利润分配”科目，借记本科目，贷记“利润分配——未分配利润”科目；如为净亏损做相反的会计分录。结转后本科目应无余额。

（2）利润结转过程。结转利润确认实现的利润或者损失时，应做如下会计分录。

① 结转收入类的会计分录如下。

借：主营业务收入
　　其他业务收入
　　投资收益
　　营业外收入
　　贷：本年利润

② 结转成本、费用类的会计分录如下。

借：本年利润
　　贷：主营业务成本
　　　　其他业务成本
　　　　营业税金及附加
　　　　销售费用
　　　　管理费用
　　　　财务费用
　　　　所得税费用
　　　　营业外支出

【小提示】

企业当期所得税费用就是当期应交所得税=应纳税所得×所得税税率（25%），其中应纳税所得=税前会计利润（即利润总额）+纳税调整增加额-纳税调整减少额。有关纳税调整的内容在中级财务会计中介绍。本书不考虑纳税调整，采用简化处理，即应纳税所得=税前会计利润（即利润总额）。

③ 结转“本年利润”账户的会计分录如下。

如果为盈利，则应做如下会计分录。

借：本年利润
　　贷：利润分配——未分配利润

如果是亏损，做相反分录。“本年利润”账户的构成如表5-2所示。

表 5-2　“本年利润”账户构成

本年利润

借方（由以下科目转入）	贷方（由以下科目转入）
主营业务成本	主营业务收入
其他业务成本	其他业务收入
营业税金及附加	营业外收入
销售费用	投资收益（亏损在借方）
管理费用	
财务费用	
营业外支出	
所得税费用	

【例 5-28】远志公司 12 月 31 日结账前各收入费用类账户余额如表 5-3 所示，为将收入费用类账户金额结转入本年利润账户中，做了以下会计处理。

表 5-3　　远志公司收入费用类账户结账前余额　　单位：元

收入类账户		费用类账户	
主营业务收入	3 000 000	主营业务成本	1 800 000
其他业务收入	45 000	其他业务成本	25 000
营业外收入	5 000	销售费用	60 000
投资收益	3 000	营业税金及附加	60 000
		管理费用	38 000
		财务费用	13 000
		营业外支出	5 000

（1）收入类账户转入本年利润的贷方

借：主营业务收入　　3 000 000
　　其他业务收入　　45 000
　　营业外收入　　5 000
　　投资收益　　3 000
　　贷：本年利润　　3 053 000

（2）费用类账户转入本年利润的借方

借：本年利润　　2 001 000
贷：主营业务成本　　1 800 000
　　其他业务成本　　25 000
　　营业税金及附加　　60 000
　　销售费用　　60 000
　　管理费用　　38 000
　　财务费用　　13 000
　　营业外支出　　5 000

【例 5-29】远志公司实现利润总额利润=3 053 000-2 001 000=1 052 000（元），简化处理按所得税税率 25%计算，应交所得税为 263 000 元，会计处理如下。

借：所得税费用　　263 000
　　贷：应交税费——应交所得税　　263 000

净利润=利润总额-所得税费用=1 052 000-263 000=789 000（元）

借：本年利润　　789 000
　　贷：利润分配——未分配利润　　789 000

（3）利润分配过程

企业实现的利润，按规定上交所得税后，余下的净利润可用于：冲抵被没收的财物损失，支付违反税法的罚款，弥补亏损，提取法定盈余公积及向投资者分配利润等。"利润分配"账户的借方登记提取的盈余公积、应付股利以及由“本年利润”账户转入的本年累计亏损数；贷方登记盈余公积弥补的亏损数以及年末由“本年利润”账户转来的本年累计的净利润数。贷方余额表示未分配利润，借方余额表示弥补亏损。

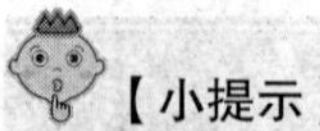

【小提示】

《中华人民共和国公司法》规定，企业实现的利润总额按国家规定做相应调整后，应先依法缴纳所得税，利润总额减去缴纳所得税后的余额即为可供分配的利润。除国家另有规定者外，可供分配利润按下列顺序分配。

（1）被没收的财务损失、支付各项税收的滞纳金和罚款。

（2）弥补企业以前年度亏损，即弥补超过用所得税的利润抵补期限，按规定用税后利润弥补的亏损。

（3）提取法定盈余公积金，即按税后利润扣除前两项后的 10%提取法定盈余公积金。盈余公积金已达注册资金的 50%时可不再提取。盈余公积金可用于弥补亏损或按国家规定转增资本金。

（4）提取公益金。公益金主要用于企业职工的集体福利设施。

（5）向投资者分配利润。企业以前年度未分配的利润，可以并入本年度向投资者分配。分配顺序如下。

① 支付优先股股利。

② 按公司章程或股东会决议提取任意盈余公积金。

③ 支付普通股股利。

首先，提取盈余公积。盈余公积是指从税后利润中提取的，用于职工集体福利设施，弥补亏损或转增资本的准备金。盈余公积金提取以后，增加了企业的净资产，有利于生产的发展。当企业发生亏损时，盈余公积金既可以作为弥补亏损的一项资金来源，又可以参加企业的生产经营周转，使企业避免在亏损时资金周转发生困难。如果企业需要增加注册资本，也可以利用盈余公积金转增资本。在动用盈余公积金补亏和转增资本时，要经主管部门或投资人会议审批，并按规定办理手续。盈余公积的核算步骤如下。

① 提取法定和任意盈余公积时，法定盈余公积是在利润分配之前计提。

【例 5-30】远志公司 12 月 31 日，按全年净利润金额的 10%提取法定盈余公积，假定志远公司以前年度没有亏损。会计处理如下。

计算法定盈余公积=789 000×10%=78 900

借：利润分配——提取法定盈余公积　　78 900

　　贷：盈余公积——法定盈余公积　　78 900

【例 5-31】远志公司 12 月 31 日，按全年净利润金额的 5%提取任意盈余公积。会计处理如下。

计算任意盈余公积=789 000×5%=39 450

借：利润分配——提取任意盈余公积　　39 450

　　贷：盈余公积——任意盈余公积　　39 450

② 将盈余公积用于转增资本时，应将增加的实收资本，按现有投资人的资本比例分配，分别确定每个投资人增资的数额，记入有关的“实收资本”账户的明细账。

【例 5-32】远志公司 12 月 31 日，经股东大会批准将法定盈余公积的 5 000 元转增为资本。会计处理如下。

借：盈余公积——法定盈余公积　　5 000

　　贷：实收资本　　5 000

其次，向投资者分配利润。企业的利润，在交纳所得税、提取盈余公积之后，才能向投资者分配利润。这里的投资者应包括向企业投资的国家、其他单位和个人。企业当年无利润时，不得向投资者分配利润，但股份有限公司在用盈余公积金弥补亏损后，经股东大会特别决议，可按不超过股票面值6%的比率以盈余公积金分配股利。分配股利后，企业法定盈余公积金不得低于注册资金的25%。

在利润分配中，企业要坚持稳健原则，留有余地，不能将本期的利润全部分光，而需预留一定数额的利润参与企业的资金周转，以减少贷款，做到以丰补欠。

【例 5-33】远志公司 12 月 31 日，决定向股东分配利润共计 10 000 元。会计处理如下。

借：利润分配——应付股利　　10 000

　贷：应付股利　　10 000

【例 5-34】远志公司下年度 1 月 12 日，以银行存款向股东分配利润共计 10 000 元。远志公司做了以下会计处理。

借：应付股利　　10 000

　贷：银行存款　　10 000

最后，在年度终了时结转利润分配明细。

【例 5-35】远志公司 12 月 31 日，结转利润分配明细。会计处理如下。

借：利润分配——未分配利润　　128 350

　贷：利润分配——提取法定盈余公积　　78 900

　　　　　　——提取任意盈余公积　　39 450

　　　　　　——应付股利　　10 000

5.2　商品流通企业经营业务核算

商品流通企业是指所有独立从事商品流通活动的企业单位，是通过低价格购进商品、高价格出售商品的方式实现商品进销差价，以此支付企业的各项费用和支出，获得利润的企业。我国的商品流通企业包括商业（如商场、大中小型超市等）、粮食、物资、供销、外贸、医药商业、石油商业、烟草商业、图书发行以及从事其他商品流通的企业。与工业企业相比，商品流通企业的主要特点是：由于商品流通企业的主营业务为购销商品，所以经营过程主要包括供应过程与销售过程两大部分，没有生产过程。

商品流通企业通过商品购进、销售、调拨、储存（包括运输）等经营业务实现商品流转，其中，购进和销售是完成商品流通的关键业务，调拨、储存、运输等活动都是围绕商品购销展开。本部分研究的重点是从生产领域转移到消费领域的过程，包括商品购进、商品销售和商品储存等三个阶段。商品流转过程即“货币——商品——货币”的资金运动过程，因此其核算内容是资金运动中的形态变化内容，如图 5-2 所示。

除了与工业企业设置的核算内容相同的账户外，商品流通企业核算内容有所不同的主要账户如下。

（1）在途物资——该账户是资产类账户，用来核算企业采用商品进价核算的购入商品货款已付，尚未验收入库的在途物资的采购成本。

（2）库存商品——该账户是资产类账户，用来核算企业外购或委托加工完成验收入库用于销售的各种商品，包括存放在仓库、门市部和寄存在外库的商品、委托其他单位代管代销的商品等。

（3）商品进销差价——该账户是资产类账户，也是“库存商品”账户的抵减账户，用来核算商品流通企业采用售价核算的商品售价与进价之间的差额。

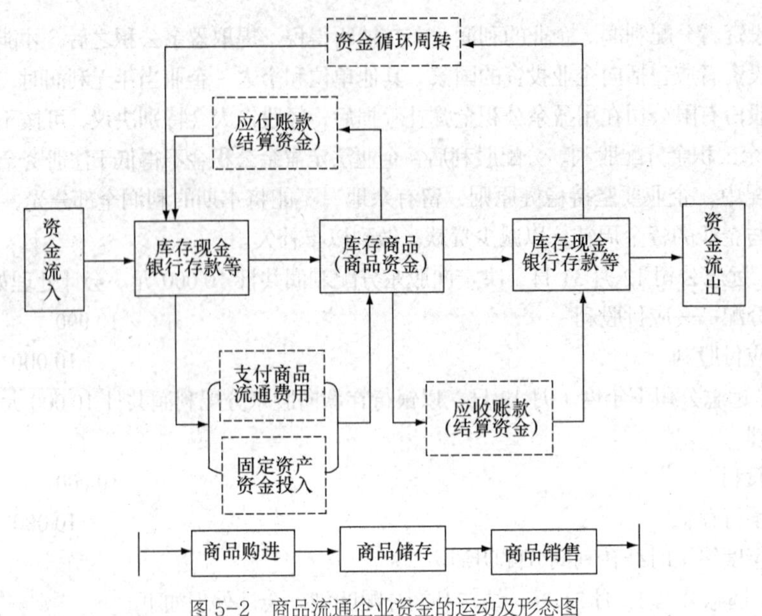

图 5-2 商品流通企业资金的运动及形态图

（4）销售费用——该账户是损益类账户，用来核算商品流通企业在购进和销售过程中发生的运输费、装卸费、包装费、保险费、展览费、广告费、进货销售运输途中的合理损耗和入库前的挑选整理等。

5.2.1 批发商品核算

1. 批发商品购进过程核算

批发商品企业具有经营规模大、商品储存多、经营网络分散、购销对象多、购销方式多样等特征。批发商品购进过程是商业资金循环的开始，是货币资金转化为商品资金的过程，批发商品的购进过程所涉及的主要经济业务是购进商品、支付货款和费用。批发商品按照购进地区的不同，可以分为同城购进和异地购进。这两种方式的会计处理方法有所不同。

（1）同城购进商品，同时支付货款。

【例 5-36】汇泉商贸公司 2015 年 1 月 20 日向本市聚龙公司购入棉衣 1 000 件，单价为 200 元每件，计 200 000 元。增值税进项税率 17%，增值税专用发票注明价款总额 200 000，增值税额为 34 000 元。商品已于当日运到，并验收入库，货款以银行存款支付。汇泉公司做以下会计处理。

	借方	贷方
借：库存商品——棉衣	200 000	
应交税费——应交增值税（进项税额）	34 000	
贷：银行存款		234 000

（2）异地购进商品，货款结算凭证与商品同时到达，支付货款。

【例 5-37】汇泉商贸公司 2015 年 1 月 22 日向外市康华公司购入皮鞋 2 000 双，单价为 300 元每件，计 600 000 元。增值税进项税率 17%，增值税专用发票注明价款总额 600 000 元，增值税额为 102 000 元。商品已于当日运到，并验收入库，货款以银行存款支付。汇泉公司做以下会计处理。

	借方	贷方
借：库存商品——皮鞋	602 000	
应交税费——应交增值税（进项税额）	102 000	
贷：银行存款		704 000

（3）商业企业先支付货款，商品未到。在同城和异地的采购活动中，如果出现商业企业先支付货款，商品还未入库的业务，则在账务处理中会涉及“在途物资”账户。该账户是资产类账户，用

来核算企业采用商品进价核算的购入商品货款已付，尚未验收入库的在途物资的采购成本。“在途物资”这个会计科目的核算范围是企业按实际成本进行的会计核算，用于企业已经付款或已开出、承兑商业汇票，但材料尚未到达或者尚未验收入库的采购业务。

【例 5-38】汇泉商贸公司 2015 年 1 月 25 日向外市乐泰公司购入服装 300 件，单价 100 元每件，增值税税率为 17%；增值税专用发票注明价款货款总额 30 000 元，增值税额为 5 100 元。汇泉商贸公司已通知银行支付，商品未到。汇泉公司做以下会计处理。

	借方	贷方
借：在途物资——服装	30 000	
应交税费——应交增值税（进项税额）	5 100	
贷：银行存款		35 100

【例 5-39】汇泉商贸公司 2015 年 1 月 25 日向乐泰公司购入的服装运到，经仓库点验入库。汇泉公司做以下会计处理。

	借方	贷方
借：库存商品——服装	30 000	
贷：在途物资——服装		30 000

（4）商业企业采购的商品已到，结算凭证未到，货款未付。商品批发企业商品购进过程采购的商品已到，结算凭证未到的情况，在未付款前可以不作会计分录。按照会计准则规定，如至月末尚未付款，按应付价款暂估入账，记入“库存商品”账户的借方和“应付账款”账户的贷方，下月初对该会计分录用红字冲回。直至验收入库的商品结算凭证（专用发票、托收凭证、代垫运费清单等）已到，货款已付后进行会计处理，借记“库存商品”，贷记“银行存款”。

【例 5-40】汇泉商贸公司 2015 年 1 月 26 日向红星公司购入皮包 500 个，单价 100 元每个，当日商品已到，经仓库点验入库，汇泉商贸公司尚未支付货款。2015 年 1 月 26 日，不做会计处理。

【例 5-41】汇泉商贸公司 2015 年 1 月 31 日还未向红星公司付款，按应付价款暂估入账。汇泉公司做以下会计处理。

	借方	贷方
借：库存商品——皮包	50 000	
贷：应付账款——暂估应付账款		50 000

【例 5-42】汇泉商贸公司 2015 年 2 月 1 日还未向红星公司付款，红字冲销。汇泉公司做以下会计处理。

	借方	贷方
借：库存商品——皮包	[50 000]	
贷：应付账款——暂估应付账款		[50 000]

【例 5-43】汇泉商贸公司 2015 年 2 月 5 日收到红星公司开具的增值税专用发票。增值税税率 17%，增值税专用发票注明价款货款总额 50 000 元，增值税额为 8 500 元。汇泉公司做以下会计处理。

	借方	贷方
借：库存商品——皮包	50 000	
应交税费——应交增值税（进项税额）	8 500	
贷：银行存款		58 500

（5）拒付货款和拒收商品的核算。在承付货款和商品验收过程中，如发现发票和商品与合同规定的品种、规格、数量、质量不符，可以按合同规定，有权拒付全部或部分货款，或拒收全部或部分商品。

2．商品销售过程核算

商品批发企业的销售过程核算是指将本企业所经营的商品销售给批发企业、零售企业及生产企业等采用货币结算等方式计提的会计行为。商品销售过程是商业资金循环的第二阶段，是商品资金向货币资金转化的过程，其主要经济业务是销售商品、收回资金。一般情况有：发出商品，同时收回应收货款；发出商品，办妥结算手续，取得收款权利；发出商品，货款未收及收回应收货款等。商品流通企业在销售环节应设置“主营业务收入”“主营业务成本”“发出商品”，账户进行核算。销售收入的确认应根据销售商品开具的发货票记账联、银行结算凭证（如银行进账单、托收单等）。

（1）同城销售，商品发出同时收回货款。

【例 5-44】汇泉商贸公司于 2015 年 2 月 6 日向本市聚龙公司销售承接【例 5-27】采购的服装一批，共 300 件，售价每件 150 元，取得销售收入 45 000 元，销项增值税税率 17%，计 7 650 元，货款全部收到送存银行。汇泉公司做以下会计处理。

借：银行存款	52 650
贷：主营业务收入	45 000
应交税费——应交增值税（销项税额）	7 650
借：主营业务成本	30 000
贷：库存商品——服装	30 000

（2）异地销售，先发出商品，办理结算手续，后收到货款。

【例 5-45】汇泉商贸公司 2015 年 2 月 8 日向外市康华公司销售棉衣 1 000 件，单价为 250 元每件，共计 250 000 元。销项增值税税率 17%，增值税销项税额为 42 500 元。财会部门收到业务部门、运输部门转来的有关专用发票和运费清单，另以银行存款代垫运杂费 600 元，已办妥委托银行收款手续，货款尚未收到。汇泉公司做以下会计处理。

借：应收账款——康华公司（代垫运杂费）	600
贷：银行存款	600
借：应收账款——康华公司	292 500
贷：主营业务收入	250 000
应交税费——应交增值税（销项税额）	42 500
借：主营业务成本	200 000
贷：库存商品——棉衣	200 000

【例 5-46】汇泉公司 2015 年 2 月 11 日接到银行通知，上项棉衣销货款已经收回。汇泉公司做以下会计处理。

借：银行存款	293 100
贷：应收账款	293 100

（3）直运商品销售。直运商品销售是指批发企业购进商品后，不经过本企业仓库，直接从供货商发运到购货单位的一种销货方式。因此，该类业务购进和销售的商品不通过“库存商品”科目核算，直接在“在途物资”账户核算。直运商品销售的主要原始凭证为“直运商品收发货单”，在收入确认的同时，直接在“在途物资”科目结转销售成本。

【例 5-47】汇泉公司 2015 年 2 月 12 日向外市的康华公司的购进商品一批毛衣，货价 10 000 元，税款 1 700 元。该批商品按合同销售给本市的聚龙公司，售价 11 000 元，税款 1 870 元，以托收方式结算商品，从康华公司直运到聚龙公司。汇泉公司做以下会计处理。

（1）汇泉公司 2 月 14 日收到康华公司托收单（付款通知）及发票、直运商品收发货单（起收货单作用）、货票时，会计处理如下。

借：在途物资——毛衣	10 000
应交税费——应交增值税（进项税额）	1 700
贷：银行存款	11 700

（2）汇泉公司 2 月 14 日填制托收单向丙企业办理托收，根据托收单（回单）及发票、直运商品收发货单（起发货单作用）、货票时，会计处理如下。

借：应收账款——聚龙公司	128 700
贷：主营业务收入	11 000
应交税费——应交增值税（销项税额）	1 870

借：主营业务成本　　10 000

　　贷：在途物资——毛衣　　10 000

（4）分期收款销售商品。在此方式下，商品交付购货方时，企业不能确认销售收入，应转入“发出商品”账户核算。按发出商品的实际成本，借记“发出商品”科目，贷记“库存商品”科目。不具有融资性质的分期销售，企业应按照合同约定的收款日期分期确认销售收入，并按全部销售成本与全部销售收入的比例，计算结转各期商品销售成本。

【例 5-48】汇泉公司 2015 年 2 月 16 日向本市万达百货销售面包机 200 台，每台售价 250 元，货款 50 000 元，销项税 8 500 元，共计 58 500 元。每台进价单价 200 元，采用分期收款销售，约定分五个月等额付款。

（1）2 月 16 日发出商品，运达万达百货公司。汇泉公司做以下会计处理。

借：发出商品——面包机　　40 000

　　贷：库存商品——面包机　　40 000

（2）2 月 20 日，到约定收款日期，收到对方交来的支票一张，金额为 11700 元。汇泉公司做以下会计处理。

借：银行存款　　11 700

　　贷：主营业务收入　　10 000

　　　　应交税费——应交增值税（销项税）　　1 700

计算发出商品的成本=10 000×（40 000÷50 000）×100% =8 000（元）

借：主营业务成本　　8 000

　　贷：发出商品　　8 000

（5）预收货款的核算。预收账款销售商品分为以合同预收货款、发出商品实现销售确认收入、预收货款清算退还的多余款项或补付不足的款项等三个步骤。企业向购货单位预收款项时，借记“银行存款”科目，贷记“预收账款”科目；销售实现时，按实现的收入和应交的增值税销项税额，借记“预收账款”科目，按照实现的营业收入，贷记“主营业务收入”科目，按照增值税专用发票上注明的增值税额，贷记“应交税费——应交增值税（销项税额）”等科目；企业收到购货单位补付的款项，借记“银行存款”科目，贷记“预收账款”科目；向购货单位退回其多付的款项时，借记“预收账款”科目，贷记“银行存款”科目。此外，在预收账款核算中值得注意的是，企业预收账款情况不多的，也可简化处理，不设置“预收账款”科目，将预收的款项直接记入“应收账款”科目的贷方。

【例 5-49】汇泉公司 2015 年 2 月 23 日与外市的康华公司签订供货合同，向其出售一批设备，货款金额共计 100 000 元，应交纳增值税 17 000 元。根据购货合同规定，康华公司在购货合同签订一周内，应当向汇泉公司预付货款 60 000 元，剩余货款在交货后付清。

（1）汇泉公司 2 月 26 日收到康华公司交来的预付款 60 000 元，并存入银行。汇泉公司的有关会计处理如下。

借：银行存款　　60 000

　　贷：预收账款——康华公司　　60 000

（2）汇泉公司 3 月 2 日将货物发到康华公司并开出增值税发票，康华公司验收合格后付清了剩余货款。汇泉公司公司的有关会计处理如下。

借：预收账款——康华公司　　117 000

　　贷：主营业务收入　　100 000

　　　　应交税费——应交增值税（销项税额）　　17 000

借：银行存款　　57 000

　　贷：预收账款——康华公司　　57 000

康华企业补付的货款=117 000-60 000=57 000（元）

3．批发商品储存的核算

（1）库存商品的明细分类账户设置：商品流通企业的库存商品账户一般分为三级，即库存商品总分类账户、库存商品类目账和库存商品明细账，一般采用三账分设、两账合一或三账合一的方式设置。

（2）商品核算方法。“库存商品”账户是资产类账户，用来核算企业库存的各种用于销售的商品进价，包括存放在仓库、门市部和寄存在外库的商品、委托其他单位代管代销的商品等。该账户借方登记商品的购进的进价；贷方登记商品销售的进价；借方余额表示库存商品的进价，根据批发商品特点，对“库存商品”采用金额和数量两种计量进行双重核算，核算方法有二两种，分别是数量金额核算法和金额核算法。

【小提示】

“商品进销差价”账户是资产类账户，是“库存商品”账户的抵减账户，用来核算商品流通企业采用售价核算的商品售价与进价之间的差额。该账户贷方登记售价大于进价的差价，借方登记售价小于进价的差额、销售商品已实现的差价；余额表示实际“库存商品”的实际进销差价。

（3）商品销售成本的核算

商品销售成本核算处理时，借方记入“主营业务成本”（进价）账户，贷方记入“库存商品”账户。批发商品销售成本即已销商品的原进价，由于进货批次不一，单价不同，计算商品的进价方法也不同，按现行制度规定的方法有以下几种计算商品进价的方法。

① 加权平均法，是以每种商品库存数量和金额计算出加权平均单价，再以平均单价乘以销售数量和期末库存金额的一种方法，其计算公式如下。

加权平均单价=（期初库存金额+本期购入金额）÷（期初库存数量+本期购入数量）　式（5-1）

期末商品销售成本=本期销售数量×加权平均单价　式（5-2）

期末库存现金=期末库存数量×加权平均单价　式（5-3）

② 先进先出法，是假定按最早购入的商品进价作为出售或发出商品成本的一种方法，即先购入先销售。因此，每次发出的商品都假定是库存最久的存货，期末库存则是最近购入的商品。这种方法一般适用于先入库必须先发出的商品，如易变质的鲜活商品。

③ 移动加权平均法，是在每次购入商品以后，根据库存数量及总成本算出新的平均单位成本的一种方法，其计算公式如下。

移动加权平均单价=（结存金额+购进金额）÷（结存数量+购进数量）　式（5-4）

④ 个别计价法，是以每一批商品的实际进价作为计算销售成本的一种方法。采用个别计价法，会计部门应按进货批次设置商品明细账；业务部门应在发货单上注明进货批次；仓库部门应按进货批次分别堆放商品。个别计价法的计算公式如下。

每批商品销售成本=每批商品销售数量×该批商品实际进货单价　式（5-5）

这种方法便于逐笔结转商品销售成本，计算比较正确，但工作量较大，适用于直运商品和进货批次少、销售能分清进货批次的商品。

⑤ 毛利率法，是一种对商品销售成本估算的方法，即用估计的毛利率（按上季实际毛利率或本季计划毛利率）计算商品销售成本，其计算公式如下。

商品销售成本=本月商品销售额×［1-上期实际（或本期计划）毛利率］　式（5-6）

毛利率法的计算手续简便，但计算的商品销售成本不够准确，因为这种方法是按照企业全部商品或大类商品计算的。通常只有在季度的第一、第二两个月采用，季末应选用其他成本计算方法中的一种进行调整。一般适宜于经营品种较多，月度计算商品销售成本有困难的企业。

在计算上，不论采用何种方法，最后均应算出本期商品销售成本和期末库存商品金额，一般用顺算和逆算两种方法来确定。

顺算法中，先计算商品销售成本，后计算期末库存商品金额，计算公式如下。

本期商品销售成本=本期商品销售数量×进货单价　　式（5-7）

期末库存商品金额=期末库存商品数量×进货单价　　式（5-8）

逆算法中，先计算库存商品金额，再计算商品销售成本，其计算公式如下。

期末库存商品金额=期末库存商品数量×进货单价　　式（5-9）

本期商品销售成本=期初库存商品金额+本期增加金额－本期非商品销售减少金额

－期末库存金额　　式（5-10）

5.2.2 零售商品核算

零售商品核算方法

零售商品企业具有经营品种多、交易次数频繁、数量零星、成交时间短、销售对象是广大消费者、主要具有钱货两讫的现金交易等特点。根据零售商品的经营特点，库存商品核算一般采用金额核算的方法反映商品进销存情况，只记金额，不记数量。按照商品入账的不同价格，分为进价金额核算和售价金额核算两种。根据经营商品特点，进价金额核算方法一般适用于鲜活农副产品，“售价金额核算”方法一般适用于日用工业品。

售价金额核算又称“拨货计价，实物负责制”，是一种售价记账与实物负责相结合的核算制度，适用于日用工业品，是商品零售企业普遍采用的存货核算方法。商品零售企业销售时一般是“一手交钱，一手交货”，并不一定都要填制销货凭证，售货部门对其所经销的商品负有物资保管责任。适应这种经营特点，商品零售企业大多采用“三级管理、二级核算”的管理体制。

售价金额核算方法的优点在于：零售商品按售价核算，可以简化核算手续，减少工作量，有利于提高零售商品经营工作效率和服务质量。这种方法的缺点在于，由于只记金额，不记数量，库存商品账不能提供数量指标来控制商品进、销、存情况，一旦发生差错，难以查明原因。

在采用售价金额核算的情况下，零售企业每日营业终了时，各营业柜组（实物负责小组）清点销货款，填制商品进销存日报表及内部缴货单，连同销货款送交企业财会部门据以入账。应当注意的是，这里所说的商品售价与批发企业不同，零售企业销售商品的售价是含税售价，即在商品的售价里包含了增值税销项税额。零售商品实际销售额和增值税销项税额的计算公式如下。

商品销售额=含税收入÷（1+增值税率）　　式（5-11）

增值税销项税额=商品销售额×税率　　式（5-12）

零售企业由于采用售价金额核算法，对库存商品实行售价记账实物负责制，商品销售出去，库存商品减少，实物负责人的实物责任也相应地减少了。因此，这种方法下，在借记“银行存款”，贷记“商品销售收入”“应交税费——应交增值税（销项税额）”等科目的同时也应在账上注销商品实物负责人的实物责任。由于“库存商品”科目是按售价记账的，则注销实物责任时也按售价借记“商品销售成本”科目，贷记“库存商品”科目，即在平时暂按售价结转商品销售成本，到月末采用一定的方法，计算出已售商品的进销差价后，再对“商品销售成本”科目进行调整，将平时按售价结转的商品销售成本调整为商品销售进价成本。

企业商品进销差价率是企业全部商品的进销差价额与按售价计算的全部商品额的比率。全部商品进销差价额可以从月末分摊前的“商品进销差价”科目中取得，而全部商品售价总额则是月末结存商品售价金额加上本月已售商品的售价金额。由于实行售价金额核算企业的“商品销售成本”科目在平时商品销售后就以售价记账，所以已售商品的售价金额可以从“商品销售成本”科目取得。

相关计算公式如下。

商品进销差价率=（期初结存商品的进销差价+本期入库商品的进销差价）÷（期初结存商品的进销差价+本期入库商品的售价）×100%　　式（5-13）

本月已售商品应分摊的进销差价=本月已售商品售价总额×综合平均差价率　　式（5-14）

调整后的“商品销售成本”科目的余额是按售价计算的已售商品额减去已售商品的进销差价后的数额，即为本月已售商品的实际进价成本。调整后的“商品进销差价”科目余额是将已售商品进销差价转出后的剩余数额，即结存商品应保留的进销差价额。

零售企业在采用差价率法计算已售商品进销差价时，可以根据企业各种商品的汇总资料，计算出一个综合平均差价率，再按已售商品售价总额和综合差价率计算出已售商品进销差价。这样做可以简化核算工作，但由于企业经营的各种商品差价率并不相同，各种商品的销售比重也不相同，简单地用一个综合平均差价率来确定企业全部已售商品的进销差价额，准确性就比较差，从而不能正确地反映企业的经营成果。

（1）售价金额核算。先看例题，再思考该核算方法。

【例 5-50】清远零售商店 2015 年 4 月 2 日向市内汇泉商贸公司购进一批货物，分别是棉衣和毛衣两种商品，进销价格分别如下（增值税进项税税率为 17%）。

（1）购进价及进项税额如表 5-4 所示。

表 5-4　　清远零售商店购进商品进价及进项税额　　单位：元

	商品进价（不含税）	进项税额	进价合计（价税合计）
棉衣	10 000	1 700	11 700
毛衣	30 000	5 100	35 100
合计	40 000	6 800	46 800

（2）销售价（包括销项税额）如表 5-5 所示。

表 5-5　　清远零售商店销售商品销售及销项税额　　单位：元

	商品进价（不含税）	毛利额	销售价（价税合计）	销项税额	销售价（价税合计）
棉衣	10 000	2 000	12 000	2 040	14 040
毛衣	30 000	5 000	35 000	5 950	950
合计	40 000	7 000	47 000	7 990	54 990

进销差价=销售价（不含税）-商品进价合计（不含税）=47 000-40 000=7 000（元）

相关会计处理如下。

借：库存商品　　54 990
　　应交税费——应交增值税（进项税额）　　6 800
　贷：商品进销差价　　14 990
　　　银行存款　　46 800

【例 5-51】上述两种商品全月销售棉衣 23 400 元、毛衣 14 040 元，合计 37 440 元。清远零售商店做以下会计处理。

借：银行存款　　37 440
　贷：主营业务收入　　37 440

借：主营业务成本 37 440

  贷：库存商品 37 440

（销售收入含销项税，销售成本含进销差价，于月末进行调整）

月末结转商品销项税额和进销差价（根据以上数据）

第一步：分解出已销商品销项税额

销项税额=37 440÷（1＋17%）×17%=5 440

借：主营业务收入 5 440

  贷：应交税费——应交增值税（销项税额） 5 440

第二步：分解出已销商品的进销差价

进销差价率（含税）=月末调整前“商品进销差价”账户余额÷（本月“主营业务收入”贷方账户发生额+月末库存商品借方余额）

=14 990÷（37 440+17 750）×100%=27.26%

当期销售商品应分摊的进销差价（含税）=本月“主营业务收入”账户贷方发生额×差价率=37 440×27.26%=10 206.14（元）

调整商品进销差价和主营业务成本账面数

借：商品进销差价 10 206.14

  贷：主营业务成本 10 206.14

表 5-6 清远零售商店经过调整后的各有关账户数字 单位：元

	本期净发生额计算过程	月末账户余额
库存商品（售价）	54 990-37 440	17 550
应交税费（进项税额）	6 800	6 800
应交税费（销项税额）	5 440	5 440
主营业务收入（售价）	37 440-5 440	32 000
主营业务成本（售价）	37 440-10 206.14	27 233.86
已销商品进销差价（不含税）	32 000-27 233.86	4 766.14

（2）进价金额核算又称“进价记账，盘存计销”，其主要内容如下。

① “库存商品”账户的总分类账和明细分类账只记金额、不记数量。

② 商品购进按进价记入“库存商品”账户。

③ 发生的商品销货收入按销售金额记入“主营业务收入”账户。

④ 月末采用“盘存计销”方法，首先实地盘点库存商品、按原进价或其他规定的进价计算出库存商品进价总金额，再倒计销售成本。

进价金额核算法的优点在于：手续简化，销售便利，节约人力、物力，适用于鲜活商品。

进价金额核算法的缺点在于手续不够严密，平时不能掌握商品的库存情况，差错、事故不能控制，必须加强各个环节的手续制度，以相互牵制。一般采用“进价记账、盘存计销”和“进价记账、售价控制”的进价金额核算方法。计算公式如下。

本期商品销售成本=期初库存商品+本期进货总额-期末库存商品进价总额

【例 5-52】清辉零售商店 2015 年 5 月期初库存商品 8 000 元，本月购进货物 200 000 元，销售收入 163 800 元，月末库存商品 85 000 元。这里采用进价金额核算，设先付款，后入库。

（1）5 月 12 日购进货物 200 000 元（进项增值税率 17%），当日用银行存款付清货款共计

234 000 元，商品还未入库，清辉零售商店做以下会计处理。

借：在途物资　　200 000

　　应交税费——应交增值税（进项税额）　　34 000

　　贷：银行存款　　234 000

（2）5 月 18 日，本期购进的 200 000 元货物运达清辉零售商店，并清点入库，清辉零售商店做以下会计处理。

借：库存商品　　200 000

　　贷：在途物资　　200 000

【例 5-53】5 月 20 日，销售收入 140 400 元（销项增值税率 17%），当日收到对方企业的货款，清辉零售商店做以下会计处理。

借：银行存款　　163 800

　　贷：主营业务收入　　140 000

　　　　应交税费——应交增值税（销项税额）　　23 800

【例 5-54】结转销售成本，清辉零售商店做以下会计处理。

本期商品销售成本=期初库存商品+本期进货总额-期末库存商品进价总额

=8 000+200 000-85 000=123 000（元）

借：主营业务成本　　123 000

　　贷：库存商品　　123 000

5.2.3 商品流通相关费用核算

1．商品流通费用相关概念

（1）商品流通费用是商品流通企业在组织商品流通过程中耗用的劳动和物化劳动的货币表现，包括期间费用，如销售费用、管理费用和财务费用等。

【小提示】

商品流通企业的商品流通费用主要包括以下明细项目。

1. 商品流通企业职工工资及工资附加费。
2. 支付给国民经济其他部门的劳务费，如邮电费、运输费等。
3. 商品流通过程中的物资损耗，如折旧费、包装、低值易耗品和办公用品摊销等。
4. 商品运输、保管和销售过程中的合理损耗。
5. 商品经营过程中发生的利息净支出、汇兑净损失及支付给金融机构的手续费等。
6. 按制度规定应列入费用的税金，如房产税、印花税等。
7. 商品流通过程中其他应列入的必要开支。

（2）商品流通费用包含以下几个方面。

① 销售费用（Selling Costs）：本账户是损益类账户，用来核算商品流通企业在购进和销售过程中发生的各项费用，包括企业在销售过程中发生的保险费、包装费、展览费和广告费、商品维修费、预计产品质量保证损失、运输费、装卸费等。

② 管理费用（Managing Costs）：本账户是损益类账户。管理费用是指企业行政管理部门为组织和管理生产经营活动而发生的各项费用，包括管理人员工资和福利费、公司一级折旧费、修理费、技术转让费、无形资产和递延资产摊销费及其他管理费用（办公费、差旅费、劳保费、土地使用税等）。

③ 财务费用（Financial Costs）：本账户是损益类账户。财务费用指企业在生产经营过程中为筹

集资金而发生的各项费用，包括企业生产经营期间发生的利息支出（减利息收入）、汇兑净损失（有的企业如商品流通企业、保险企业进行单独核算，不包括在财务费用）、金融机构手续费以及筹资发生的其他财务费用如债券印刷费、国外借款担保费等。

【小提示】

新企业会计准则规定企业（商品流通）在采购商品过程中发生的运输费、装卸费、保险费以及其他可归属于存货采购成本的费用等进货费用，应当计入存货采购成本，也可以先进行归集，期末根据所购商品的存销情况进行分摊。已售商品的进货费用计入当期损益。未售商品的进货费用计入期末存货成本。企业采购商品的进货费用金额较小的，可以在发生时直接计入当期损益。企业（商品流通）管理费用不多的，可不设置本科目，本科目的核算内容可并入“销售费用”科目核算。

2．商品流通费的核算方式

（1）直接支付，直接以现金、银行存款支付。

【例 5-55】汇泉公司 2015 年 5 月 1 日以银行存款支付货物的保管费 500 元，汇泉公司做以下会计处理。

借：销售费用——保管费　　500
　贷：银行存款　　500

（2）转账摊销，指不通过货币结算而用转账摊销的形式计入本期负担的费用，如固定资产折旧费、低值易耗品和包装物的摊销等。

【例 5-56】汇泉公司业务部门于 2015 年 5 月 3 日领用手推车一辆，原值 400 元，分两个月摊销。汇泉公司做以下会计处理。

借：管理费用——低值易耗品摊销　　200
　贷：周转材料——低值易耗品　　200

（3）预付待摊费用，是指本期支付应由本期和以后各期负担的费用。

【例 5-57】汇泉公司 2015 年 5 月 3 日以转账支票预付固定资产改良支出 24 000 元，分两年摊销，从本月开始每月摊销 1 000 元。汇泉公司做以下会计处理。

借：长期待摊费用　　24 000
　贷：银行存款　　24 000
借：管理费用——固定资产改良支出　　1 000
　贷：长期待摊费用　　1 000

（4）预提应付费用是指本期发生但尚未支付，而应由本期负担的费用。

【例 5-58】汇泉公司 2015 年 4 月 1 日预提本月应付利息 3 500 元。汇泉公司做以下会计处理。

借：财务费用　　3 500
　贷：应付利息　　3 500

【例 5-59】汇泉公司 2015 年 5 月 1 日预提本月应付利息 3 500 元。汇泉公司做以下会计处理。

借：财务费用　　3 500
　贷：应付利息　　3 500

【例 5-60】汇泉公司 2015 年 6 月 1 日预提本月应付利息 3 500 元。汇泉公司做以下会计处理。

借：财务费用　　3 500
　贷：应付利息　　3 500

【例 5-61】汇泉公司 2015 年 6 月 30 日第二季度末支付利息时转销预提数，相关会计处理如下。

借：财务费用　　10 500
　贷：银行存款　　10 500

5.2.4 销售及利润分配核算

商品流通企业利润的构成

商业企业的利润由商品销售利润、代购代销收入、其他业务利润、投资收益、补贴收入、营业外收支净额和以前年度损益调整等部分构成。

利润总额=营业利润+投资收益+营业外收入-营业外支出　　式（5-15）

净利润=利润总额-所得税　　式（5-16）

（1）商品销售利润是商业企业从经营商品的购销业务中取得的利润。它与代购代销收入一起形成企业主营业务利润，是构成商业企业利润的主要内容。它由商品销售收入、商品销售成本、经营费用、商品销售税金及附加等因素构成，计算公式如下。

商品销售利润=商品销售收入-销售折扣与折让-商品销售成本-经营费用

-商品销售税金及附加　　式（5-17）

（2）代购代销收入是指企业接受其他单位委托，按合同规定以收取手续费方式代购、代销商品的手续费收入。代购代销收入加上商品销售利润构成主营业务利润。因此，它也是商业企业主营业务利润的组成部分。

（3）其他业务利润是指企业除商品销售以外的其他业务收入抵减其他业务成本后的净收入。①其他业务收入：指企业除商品销售以外的其他销售业务所取得的收入，例如材料物资及包装物销售、无形资产转让、废旧物资出售等的收入。各项其他业务收入是通过“其他业务收入”账户核算的。贷方记载各项业务收入，期末将本账户的余额转入“本年利润”账户，结转后一般无余额。②其他业务成本：指企业除商品销售以外的其他销售业务的成本，包括材料物资及包装物的销售成本等，在“其他业务成本”账户核算。这是损益类账户，借方登记其他销售业务的成本，期末将本账户的余额按一定的标准分配转账，对外经营的部分，转入本年利润账户，结转后一般应无余额。如有余额，反映尚未完工的加工业务、运输等业务的实际成本。其他业务利润为其他业务收入与其他业务成本的差额。

商业企业的主营业务利润与其他业务利润之和减去管理费用、财务费用和汇兑损失就构成营业利润。营业利润的计算方式如下。

营业利润=主营业务利润+其他业务利润-管理费用-财务费用-汇兑损失　　式（5-18）

（4）投资收益是指企业对外投资（包括短期投资和长期投资）所取得的收入或发生的损失。企业设置“投资收益”账户进行核算。该账户属损益类账户，贷方登记投资收益，借方登记投资损失，期末将本账户余额转入“本年利润”账户，结转后，本账户应无余额。

（5）其他科目。商业企业的利润构成还包含补贴收入、营业外收支净额（商业企业营业外收入和营业外支如表5-7所示）、以前年度损益调整等项目。

表5-7　　商业企业营业外收入和营业外支出所包括的项目

营业外收入	营业外支出
固定资产盘盈	固定资产盘亏
处理固定资产净收益	处理固定资产净损失
罚款收入	固定资产和流动资产因自然灾害等原因造成的非常损失
援外费用收入	罚款支出
对外索赔收入	援外费用支出
车船购置附加手续费收入	对外理赔支出
确实无法支付而应转作营业外收入的应付款项等	捐赠支出

5.3 期末账项调整与财产清查

期末账项调整与财产清查是工业企业、商品流通企业会计工作的重要组成部分，是在期末结账前必须要完成的两项会计工作。这两项工作具体实施有所差别，但是都源于会计信息质量可靠性的要求。账项调整是为了正确地分期计算损益，即正确地划分相邻会计期间的收入和费用，使应属报告期的收入和成本费用相配比，以便正确地结算各期的损益和考核各会计期间的财务成果。会计期末结账前对有关项目进行账项调整、进行财产清查，有助于正确披露企业财务状况、经营成果和现金流量，提供真实可靠、内容完整的会计信息。

5.3.1 期末账项调整

期末账项调整即期末结账前，按照权责发生制原则，确定本期的应得收入和应负担的费用，并据以对账簿记录的有关账项做出必要调整的会计处理方法。在期末结账之前，必须对那些收支期和归属期不相一致的收入和费用进行调整。通过调整，使未收到款项的应计收入和未付出款项的应计费用以及已收到款项而不属于本期的收入和已经付出款项而不属于本期的费用，归属于相应的会计期间，使各期收入和费用在相关的基础上进行配比，从而比较准确地计算盈亏。

【小提示】

我国《基本会计准则》规定，企业应当以权责发生制为基础进行会计确认、计量和报告。我国的行政单位会计采用收付实现制，事业单位会计除经营业务可以采用权责发生制外，其他大部分业务采用收付实现制。

1．本期应计未计项目的账项调整

本期应计未计项目是根据权责发生制要求，在本会计期间应该计算入账而未计算入账的事项。应计算未计算账项一般包括应计收入和应计费用两项。应计算未计算账项调整与否，不仅关系到收入与费用的虚实，而且还关系到资产、负债和经营成果的正确与否。

（1）应计收入的调整。应计收入是本期得到确认而尚未收款和应入账未入账的收入。在实务处理中，是指财产物资使用权，理应获得属于本期的收入，但由于尚未完成结算过程，或延期付款的原因，致使本期的收入尚未收到的一种现象，如应收的租金收入、应收的利息收入等。应计收入的调整一般会表现为资产增加、收入增加。按权责发生制原则，凡属于本期的收入，不管其款项是否收到，都应作为本期收入，期末应将尚未收到的款项调整入账。

【例 5-62】远志公司根据本月银行存款平均余额及其利率，计算本月应收利息 7 900 元。远志公司做以下账务处理。

	借方	贷方
借：应收利息	7 900	
贷：财务费用——利息支出		7 900

【小提示】

（1）由于实务中银行是按照季度计算利息数，因此企业在每月末应计提应收利息，但企业在银行的结算户存款的月利息收入额度，对财务状况和经营成果影响不大的，也有为简化核算，按银行季度计算的实际划入数处理。

（2）非投资性的利息收入应冲减“财务费用”中的利息支出；如果是债券投资的应计利息，则应贷记“投资收益”。

（2）应计费用的调整。应计费用是本期已经发生并得到确认，但尚未支付和应入账未入账的成本费用。企业在本期已耗用，或本期已受益的支出，理应归属为本期发生的费用。由于这些费用尚未支付，故在日常的账簿记录中尚未登记入账。按权责发生制的规定，凡属于本期的费用，不管其款项是否支付，都应作为本期费用处理。期末应将那些属于本期费用，而尚未支付的费用调整入账。应计费用的调整一般会表现为费用增加、资产减少或负债增加。

【例 5-63】2015 年 1 月 1 日，远志公司向泰兴公司租赁生产用设备 3 台，拟使用 5 个月，每月租金 12 000 元，远志公司与泰兴公司签订合同约定租金期满一次付清。1 月 31 日，计算本月应付该项租金。远志公司做以下账务处理。

借：制造费用	12 000	
贷：其他应付款——泰兴公司		12 000

【例 5-64】2015 年 1 月 31 日，远志公司计算本月应付银行借款利息 34 000 元。远志公司做以下账务处理。

借：财务费用	34 000	
贷：应付利息		34 000

2．本期应提未提项目的账项调整

应提取未提取账项是根据谨慎原则对已发生或可能发生的费用和损失，所应提取的各种准备。应提取未提取账项一般包括应计提的固定资产折旧、坏账准备、存货跌价准备等。

【小提示】

《企业会计准则——基本准则》第十八条规定：“企业对交易或者事项进行会计确认、计量和报告应当保持应有的谨慎，不应高估资产或者收益、低估负债或者费用。”

【例 5-65】2015 年 1 月 31 日，远志公司共计提本月固定资产折旧 260 000 元，其中：生产 A 产品专用的设备折旧 40 000 元；生产用厂房折旧 150 000 元，管理人员用办公楼折旧 70 000。远志公司做以下账务处理：

借：生产成本——A 产品	40 000	
制造费用——折旧费	150 000	
管理费用——折旧费	70 000	
贷：累计折旧		260 000

【例 5-66】2015 年 1 月 31 日，远志公司按照本单位的坏账计提政策，根据预计收不回的货款提取计提坏账准备 34 000 元。远志公司做以下账务处理。

借：资产减值损失	34 000	
贷：坏账准备		34 000

【例 5-67】2015 年 1 月 31 日，远志公司经评估发现，存货可变现净值低于其成本，因此根据存货成本的计量方法提取存货跌价准备 23 000 元。账务处理如下。

借：资产减值损失	23 000	
贷：存货跌价准备		23 000

【小提示】

《企业会计准则第 1 号——存货》规定：存货应当在期末按成本与可变现净值孰低计量，对存货

成本高于可变现净值的差额，计提存货跌价准备。资产负债表日，存货发生减值的，按存货可变现净值低于成本的差额，借记“资产减值损失”科目，贷记“存货跌价准备”科目。

3．本期已收不完全属于本期收入项目的账项调整

本期已收款入账，因尚未向付款单位提供商品或劳务，或财产物资使用权，不属于本期收入的预收款项，是一种负债性质的预收收入。在计算本期收入时，应该将这部分预收收入进行账项调整，记入“预收账款”科目，待确认为本期收入后，再从“预收账款”科目转入有关收入科目。预收收入的调整过程应该将已经收到款项，随着企业提供产品或服务而在收益期转化为当期的收入的预收款项。

【例 5-68】2015 年 1 月 1 日，远志公司预收金星公司 8 个月的设备使用培训费 8 000 元，本月提供的服务价值 1000 元。远志公司做以下账务处理。

（1）2015 年 1 月 1 日收到培训费时

借：银行存款　　8 000

　　贷：预收账款——金星公司　　8 000

（2）2015 年 1 月 31 日确认本月的收入

借：预收账款——金星公司　　1 000

　　贷：其他业务收入　　1 000

4．本期已付不完全属于本期费用项目的账项调整

本期已付款入账，但应由本期和以后各期分别负担的费用，在计算本期费用时，应该将这部分费用进行调整。应摊销未摊销账项一般包括长期待摊费用摊销。

5.3.2　财产清查

1．财产清查的概念与意义

（1）财产清查是确定财产实际数与账面数是否有差异及差异产生原因的盘点和核对的行为。财产清查是通过对实物、现金的实地盘点和对银行存款债务债权的核对，确定各项财产物资、货币资金、债券债务的实存数，以查明账存数与实存数是否相符的一种专门办法。财产清查工作一般是在年末决算前进行，也可以进行不定期的财产清查。

（2）加强财产清查工作，对于加强企业管理具有重要意义。

首先，通过财产清查，做到账实相符，保证会计信息的真实可靠，保护各项财产的安全完整。通过财产清查，可以查明各项实物资产的保管情况，有无因管理不善或内部控制缺陷等原因造成的短缺、霉烂变质、损失浪费以及贪污盗窃等情况，以便堵塞漏洞、改进内控、建立和健全有关经济责任制度，进而确保财产的安全与完整。

其次，通过财产清查，可以保证内部控制制度实施。查明财产物资盘盈盘亏的原因，落实经济责任，从而完善公司管理制度。对往来账项、有价票据和银行存款等进行核对，可以查明各单位是否遵守财经纪律和结算制度，有无不合理的债权、债务关系，如发现问题，应及时上报研究处理，促使企业自觉遵守财经纪律和有关规章制度。

最后，通过财产清查，可以挖掘潜能，提高资产使用效率。通过财产清查，可以查明资产的储备和利用情况，对储备不足的，应及时加以补充，保证生产的需要；对库存积压、超储、不配套的应及时进行处理，避免损失浪费，充分挖掘资产的潜能，加速资金周转，提高经济效益。

【小提示】

《中华人民共和国会计法》规定，各单位应当定期将会计账簿记录与实物、款项及有关资料相互核对，保证会计账簿记录与实物及款项的实有数额相符。

2. 财产清查的分类

企业的财产清查工作可以按照不同的视角进行。在会计实务中，财产清查的种类很多，可以按不同的标准进行分类，通常主要有以下三种分类。

（1）按照清查对象的范围进行分类：按企业财产清查范围的不同，财产清查可分为全面清查和局部清查。

① 全面清查。全面清查就是对属于本单位或存放在本单位的所有实物资产、货币资金、有价票据和债权债务进行全面盘点和核对。对资产负债表所列项目，要逐一盘点、核对。全面清查的内容多，范围广，投入人力多，花费时间长，因此，一般有以下情况才必须进行全面清查：每年年终决算之前，要进行全面清查或者在一个会计年度内轮翻地全面清查一次以达到全面清查的目的，以便真实反映财产状况；企业重组、合并或撤销，要求对全部财产进行清查，以便落实财产评估公司价值，明确权利和责任，避免经济纠纷；进行资产评估、清产核资工作，要对全部财产进行清查，以便摸清家底，有利资金安排。

② 局部清查。局部清查就是根据企业管理的需要或依据有关规定，对部分财产物资、债权债务进行盘点和核对。局部清查一般在以下情况发生时实施：对于提出问题的个别财产进行深入的查询；对于贵金属等物资，每月至少清查盘点一次；对于现金，应由出纳人员当日清点核对；对于银行存款，每月至少要与银行核对一次；对于各种债权债务，每年至少应核对一次以上。

【小提示】

局部清查应依照《企业财务会计条例》有重点抽查、轮流清查与定期清查，局部清查能够增进全面清查的盘点作业质量。

（2）按照清查进行的时间划分：按照清查时间是否事先有计划性，可分为定期清查和不定期清查。

① 定期清查。定期清查就是按事先规定的时间对财产物资、债权债务进行的清查。定期清查一般是在年度、季度或月末结账前进行。定期清查可以是全面清查，也可以是局部清查。定期清查的目的在于核实财产的账实是否相符，以保证会计信息的真实可靠。

② 不定期清查。不定期清查是事先并无计划安排，而是根据实际需要所进行的临时性清查。不定期清查一般在以下情况发生时才需要进行：更换物资和现金的保管人员，要对有关人员所保管的物资和现金进行清查后才能办理交接，以分清责任；发生自然灾害等非常损失，要对受灾损失的有关财产进行清查，以查明损失情况；企业撤销、合并或重组，应对全部财产进行清查。不定期清查可以是局部清查，也可以是全面清查，应根据实际需要来确定清查的对象和范围。

（3）按财产清查的对象分类：财产清查按清查对象的不同，可分为实物财产清查、货币资金清查、有价票据清查和往来账款清查。这种分类可以与以上两种分类方法分别结合使用。

① 货币资金清查。货币资金清查是对现金、银行存款和其他货币资金所进行的清点和核对。对货币资金的清查一般是实地盘点现金余额是否与现金日记账余额相同及银行存款日记账和其他货币资金的余额是否与银行对账单上余额相符，如不符可编制银行存款余额调节表再核对并说明原因。

② 实物清查。实物清查是对各项物资所进行的清点。实物财产如固定资产、原材料、库存商品等。对它们所进行的清查，不仅要盘点其实有数与账存数是否相符，而且对其质量也要进行清查，查明其是否出现被损坏或变质等情况及原因。

③ 有价票据清查。有价票据清查是对应收、应付票据和有价证券等所进行的核对与清点。有价

票据的清查一般是对应收的票据额、应付的票据额、购入和发行的股票、债券的份额等，分别与“应收票据”“应付票据”“交易性金融资产”和“应付债券”等账户核对。

④ 往来账款清查。往来账项清查是对应收款项与应付款项所进行的清查。往来账项的清查一般是通过信函、电询或面询等方式，查询各种应收、应付款项是否与账上所列金额一致。如果有不一致，不一致的差额应和有关经办责任人核实。

3．财产清查的准备工作

财产清查涉及面广、工作量大、对生产经营也有较大影响。为保证财产清查的质量和效率，必须在资产清查之前，做好准备工作，制订财产清查的具体实施计划，确定清查的对象、范围、时间和方法步骤，确定参加清查人员的分工、职责。应由单位领导牵头成立财产清查小组，其成员应有各主要部门负责人和经办人员。财产清查的准备工作主要包括清查材料准备工作、清查账务准备工作以及物资管理部门的准备工作。

（1）清查材料准备工作。财产清查需要的文件，一般有如下内容：明确财产清查的意义、目的和财产清查小组的成立；财产清查的内容、方法和时间安排；财产清查盘存表、库存现金盘点报告表、银行存款未达账项登记表、银行存款余额调节表、往来账项和有价债券清查报告表等。

（2）清查账务准备工作。财产清查开始前一天的结存数额即为需清查的数额，因此，该时点前的账目必须处理登记齐全，以便账实口径一致便于核对。财产清查之前，会计人员将发生的经济业务在账簿中全部登记完毕，结出余额，并做到账证相符、账账相符，以保证账面资料的真实可靠。

（3）物资管理部门的准备工作。财产物资使用和保管部门、人员应对截止清查日期止的所有经济业务，办理好凭证手续，并登入相应的账、卡中，结出余额，做好实物的整理和标识工作。物资管理部门应于清查前，将库存物品进行规范置放，在货位卡上标明品种、规格型号和结存数量，并准备好相应的衡器。

4．财产清查制度

企业的财产清查制度一般有两种，即永续盘存制和实地盘存制。

（1）永续盘存制亦称账面盘存制，根据会计凭证在账簿中连续记录存货的增加和减少，并随时根据账簿记录结出账面结存数量。永续盘存制对存货的日常记录既登记收入数，又登记发出数，通过结账，是能随时反映账面结存数的一种存货核算方法。由于财产物资是通过账面的收、发、存进行连续登记、计算反映的，因此称永续盘存制。又因是在账上盘算的库存数，所以又称“账面盘存制”。永续盘存制的其计算的基本公式如下。

期初存货余额+本期增加的存货-本期减少的存货=期末存货余额　　　　式（5-19）

永续盘存制以收发存报表作为核算期末存货成本和本期销售成本的依据，从账簿上可及时了解企业各项财产物资的收发和结存状况，有利于对财产物资的流量和存量进行动态管理，有利于财产物资保管。采用永续盘存制时，会计核算的工作量不仅较大，而且如果财产物资的实际库存发生问题，还不易察觉。因此，即使采用永续盘存制，仍需定期或不定期地进行实地盘点，以便落实账面的财产物资数。现代企业借助于电子信息科技的发展，依靠企业 ERP 系统可以大幅减少永续盘存制的工作量，实时反映企业的存货现状，为永续盘存制的实施提供了便利条件。

（2）实地盘存制又称定期盘存制，是指通过对期末库存存货的实物盘点，确定期末存货和当期销货成本的方法。日常登记财产物资明细账时，只登记收入数，月末根据实地盘点数，倒挤出本月发出数，并据以入账。实地盘存制的特点是平时不记发出数，而发出数是通过实地盘存数倒挤确认的，其计算的基本公式。

期末账面结存金额=期末盘点数量×单价　　　　式（5-20）

本期资产减少金额=期初结存金额+本期增加金额-期末账面结存金额　　　　式（5-21）

实地盘存制是通过实地盘点存货的数量来确定期末的存货进而确定本期的销售成本，平时对财产物资的发出和结存数不进行记录，日常核算工作比较简单，但不能随时反映财产物资的变动和结存情况，容易掩盖管理中存在的问题。所以，实地盘存制一般只能对品种庞杂、收发频繁的物资，如零售商店和超市的非贵重商品、鲜活商品等，在日常不便使用永续盘存制的情况下采用实地盘存制。

5．财产清查的方法

为了查明财产清查对象的实有数额，完成清查的任务，应结合企业各项财产物资的形态、体积、重量、存放地点、存放方式及数量了解和掌握财产清查的各种具体方法。

清查财产的一般类型及方法可分为实物资产的清查方法、货币资金的清查方法、往来账项的清查方法、有价票据的清查方法。

（1）实物资产的清查具体是指对原材料、在产品、半成品、产成品、固定资产、低值易耗品等物资的清查。盘点仓库物资时，第一步应该查明实物的名称、规格和型号；第二步清点实物数量，避免重复清点或漏点；最后一步检验实物的质量，从中发现有无腐烂、变质、毁损等情况，以确定实物的完好程度。不同品种的财产物资，由于实物形态、体积重量、码放方式不同，采用的清查方法也不同，一般有实地盘点法、抽样盘点法、技术推算盘点法等方法。

① 实地盘点法。实地盘存法是主要针对实体有形资产的一种财产清查方法，例如固定资产、有价证券、应收票据等项目。实地盘存法通过到现场对实物进行逐一点数、过磅、量尺等方式，确定财产物资实有数量，要求清查人员抵达货物保管或者使用现场，采用科学的计量方法以确认货物的实际数量。实地盘点法适用范围广且易于操作，大部分财产物资均可采用。

② 抽样盘点法。采用抽样检查确定各有关财产物资实存数的方法，对量大不便盘点的物资，如包装完整、规格统一、内装量大的材料和标准件等，可按一定比例抽样盘点，以确定全部物资的数量。

抽样盘点法适用于单位价值较低、数量较多的财产，具体可分为随机抽样、分层抽样等。

③ 技术推算盘点法。技术推算法中，对一些量大成堆、难以逐一清点的实物，按一定的标准来推算其实存数量的方法，适用于如煤炭、化工用盐等物体笨重、价值低廉、数量多和大量堆积、难以逐一清查、不便逐一盘点的实物资产。技术推算法可通过测量计算，确定其实有数量。

对于物资盘点情况，一般可通过“盘存单”（见表5-8）来集中反映，并可明确经济责任。

【小提示】

委托外单位加工、保管的材料、商品、物资以及在途材料、商品、物资，因为实物并未在企业存放，但是也是需要清查的，可以采取询证的方法进行财产清查。

表5-8　　盘存单

年　月　日　　　　单位：元

编号	名称及规格	计量单位	数量		差异数量	差异金额	差异原因	备注
			账存	实存				

部门负责人：　　保管人：　　清查人：　　清查时间：

（2）货币资金的清查具体是指对库存现金、银行存款、银行汇票存款、银行本票存款、信用卡存款、信用证保证金存款、存出投资款、外埠存款等的清查。

① 库存现金的清查。库存现金在清查时，是通过实地盘点的方法，确定库存现金的实存数，再与现金日记账的账面余额核对，以查明盈亏情况。在进行现金清查时，为了明确经济责任，出纳员必须在场。如果发现盘盈或盘亏，清查人员必须会同出纳人员当场再行核实。在清查库存现金时，除了要清查库存现金的实有数额外，还应检查企业有无"坐支"现金、实有数额有无超过库存现金限额、有无将白条和借条抵充库存现金的情况。现金盘点后，应根据盘点的结果及时与现金日记账核对，填制"库存现金盘点报告表"，如表 5-9 所示。"库存现金盘点报告表"也是重要的原始凭证，既起"盘存单"的作用，又起"实存账存对比表"的作用。"库存现金盘点报告表"应由盘点人员和出纳员共同签章方能生效。

表 5-9　　库存现金盘点报告表

年　月　日　　　　单位：元

账存金额	实有金额	清查结果		备注
		盘盈	盘亏	

部门负责人：　　　　出纳员：　　　　盘点人：

② 银行存款的清查。银行存款的清查是采用与开户银行核对账目的方法进行的，即将本单位的银行存款日记账与开户银行转来的对账单逐笔进行核对。即使双方记账都没有错误，银行存款日记账的余额和银行对账单的余额也有可能不一致。通过核对的双方记录，可以检查双方记录有无错误，有无未达账，并在此基础上确定银行存款的实有额。造成双方余额不一致的原因主要有两个方面：一是企业或银行记录错误；二是未达账项的影响。所谓未达账项是指由于企业与银行取得结算凭证在企业和银行间传递时间上的先后，导致记账时间不一致，而发生的一方已取得结算凭证且已登记入账，而另一方未取得结算凭证尚未入账的款项，任何一种情况的发生，都会使企业与银行的账面余额不相一致。未达账项主要包括以下四种情况。

第一种，企业已改，银行未改。企业存入各种款项，企业已经登记入账，作为存款的增加，而银行尚未入账。

第二种，企业已付，银行未付。企业开出支票和其他付款凭证，企业已经登记入账，作为存款的减少，而银行尚未支付或尚未办理转账手续，所以尚未入账。

第三种，银行已改，企业未收。企业委托银行代收的货款和银行应付的存款利息，银行已于收到日或在计息以后登记入账，作为企业存款的增加，而企业尚未收到通知，尚未入账。

第四种，银行已付，企业未付。委托银行代付的款项，银行已于付款后登记入账，作为企业存款的减少，而企业尚未收到通知，所以尚未入账。

企业已收银行未收、企业已付银行未付、银行已收企业未收、银行已付企业未付等四种情况中，在第一种和第四种两种情况下，会使企业账面的存款余额大于银行账面的存款余额；而在第二种和第三种两种情况下，又会使企业账面的存款余额小于银行账面的存款余额。为了查明银行存款余额的正确数字，同时也是为了消除未达账项的影响，应当根据银行的对账单同企业的账簿记录逐项进行核对。通过双方账务核对，如果发现未达账，应先在"银行存款未达账登记表"中进行登记，如表 5-10 所示。然后，通过编制"银行存款余额调节表"进行余额调整，落实银行存款额，如表 5-11 所示。

调整时，应以双方的账面余额为基础，各自加上对方已收自己未收的款额，减去对方已付自己未付的款额。余额调整公式如下。

企业银行存款日记账余额+银行已收企业未收-银行已付企业未付
=银行对账单余额+企业已收银行未收-企业已付银行未付　　式（5-22）

表 5-10　　银行存款未达账登记表

年　月　日　　单位：元

未达账项	结算凭证种类号数	记账凭证号数	摘要	金额
企业已收银行未收：				
合计				
企业已付银行未付：				
合计				
银行已收企业未收：				
合计				
银行已付企业未付：				
合计				

部门负责人：　　出纳员：　　核对人员：

企业编制银行存款余额调节表（见表 5-11）主要用来核对双方记账有无错误，而不能作为记账的依据。这是为避免今后凭证到达而重复记账。对于银行已入账，而本单位尚未入账的未达账项，只有在收到银行的有关结算凭证后，才能进行账务处理。对于长期存在的未达账项，应查阅会计凭证、账簿等有关资料，并和银行取得联系，尽早予以解决。如果调整后双方数额不等，则必定存在少记、漏记、错记等错误。如果调整后双方数额相等，也未必能够证明企业本期业务不存在问题，也有可能存在漏记业务的可能性。

表 5-11　　银行存款余额调节表

年　月　日　　单位：元

事项	余额	事项	余额
银行存款日记账余额 加：银行已收企业未收 减：银行已付企业未付		银行对账单余额 加：企业已收银行未收 减：企业已付银行未付	
调节后的余额		调节后的余额	

部门负责人：　　出纳员：　　核对人员：

③ 其他货币资金的清查及其方法。其他货币资金一般是指银行汇票存款、银行本票存款、信用卡存款、信用证保证金存款、存出投资款、外埠存款等，对其进行清查及采用的清查方法，与银行存款基本相同。因为这些存款一般都是存在银行或其他金融机构。

【例 5-69】2015 年 6 月 30 日，远志公司银行存款日记账余额为 5 761 410 元，银行对账单余额为 5 764 700 元，经逐笔核对，发现以下未达账项。

（1）远志公司收到兴华公司货款的转账支票一张，金额 13 300 元已经入账，但尚未填写进账单送存银行。

（2）远志公司开出转账支票一张购买电脑一台，金额 4 800 元已入账，但对方尚未通过开户银行办理转账手续。

（3）远志公司委托银行收取金星公司货款 13 520 元，银行已收妥入账，但凭证还未送达远志公司。

（4）银行代远志公司支付水电费 1 730 元，凭证还未送达远志公司。

要求：根据上述未达账项，编制远志公司 2015 年 6 月 30 日的“银行存款余额调节表”，部门负责人为李俊，出纳员为王红，核对人员为张玉（见表 5-12）。

表 5-12　　银行存款余额调节表

2015 年 6 月 30 日　　单位：元

事项	金额	事项	金额
银行存款日记账余额	5 761 410	银行对账单余额	5 764 700
加：银行已收企业未收	13 520	加：企业已收银行未收	13 300
减：银行已付企业未付	1 730	减：企业已付银行未付	4 800
调节后的余额	5 773 200	调节后的余额	5 773 200

部门负责人：李俊　　出纳员：王红　　核对人员：张玉

（3）往来账款的清查是指对企业与其他企业或个人之间的各种往来款项的清查。这时一般采用与对方核对账目的方法进行清查，如信函查询等方法核对账目。往来账款一般包括应收账款、应付账款、预收账款、预付账款、其他应收款、其他应付款等。往来账款的清查与银行存款类似，主要核对本单位与有关单位和个人的各种债权、债务等往来业务。首先，在清查之前，对本企业有关账簿中登记的应收、应付款项依据会计凭证仔细地逐笔核对，保证所记载的事项完整、准确。清查各有关总账账户余额是否与有关明细账账户的余额之和相符、总账账户与有关明细账账户的记录是否真实、计算是否正确。其次，编制对账单进行核对。对账单一式两联送交对方单位核对。对方单位如核对相符，应在回单上盖章后退回。如发现数字不符，应将不符情况在回单上注明或另抄对账单退回，作为进一步核对的依据。最后，编制“往来账款余额调节表”。在核对过程中，如发现有未达账，双方都采用调节账面余额的办法进行调节，调节表的设计与编制方法可类似“银行余额调节表”。往来账款核对以后，应根据核对结果编制“往来账款清查报告表”（见表 5-13），有争议的款项以及无法收回或者无需支付的款项等应列入报告表，并在备注中详细说明有关情况。对债权债务的清查除了查对账实是否相符外，还应注意债权债务的账龄，从而掌握逾期债权债务情况，以便重点管理，减少呆账、坏账。

表 5-13　　往来账款清查报告表

总分类账户.　　年　月　日　　单位：元

明细账户名称	账面余额	清查结果		核对不符合原因分析			备注
		核对相符金额	核对不符金额	未达账项金额	有争执款项金额	其他	

部门负责人：　　会计（记账）：　　清查人员：

（4）有价票据清查是指对应收票据、应付票据、购入或发行的债券和股票等有价证券所进行的核对与清点。有价票据的清查工作内容是将对应收的票据额、应付的票据额、购入和发行的股票、债券的份额等，分别与“应收票据”“应付票据”“交易性金融资产”“持有至到期投资”和“应付债券”等账户的数额进行核对；对股票、债券，有实物的要进行盘点，无实物的应与证券交易和托管部门进行核对，并与有关账户对比。有价票据盘点和清查的具体方法可与现金、往来账款的清查类比。

6．财产清查结果的会计处理

盘盈是实存数大于账存数，说明资产发生溢余；盘亏是实存数小于账存数，说明资产发生短缺。财产清查的会计处理一般可分为三个阶段。

（1）对实物资产盘亏盘盈进行会计调整：将财产清查的盘盈、盘亏和损失情况，根据清查时取得的原始凭证，如财产清查盘存表等，编制记账凭证，调整相关账项，一方面使之账实相符，另一方面做出待处理。

核算和监督财产清查过程中出现的物资盘盈、盘亏和毁损及其处理情况，应设置“待处理财产损溢”账户。该账户还应设置“待处理固定资产损溢”和“待处理流动资产损溢”两个明细账户。“待处理财产损溢”是资产类账户，借方登记待处理财产的盘亏或毁损金额，贷方登记待处理财产的盘盈金额。上级批复意见下达后，盘亏和毁损的金额从该账户的贷方转销，盘盈的金额从该账户的借方转销。期末，该账户如果有借方余额，表示待处理财产物资净损失，即盘亏或毁损大于盘盈的金额。如果期末余额在贷方，表示待处理的财产物资的净溢余，即盘盈大于盘亏和毁损金额。如果清查的结果全部处理完毕，该账户应无余额。相关账务调整的基本方法如下。

① 对现金和物资盘盈的调整，借方为“库存现金”“原材料”“库存商品”等账户，贷方为“待处理财产损溢”账户；对现金和物资盘亏的调整与盘盈相反，借方为“待处理财产损溢”账户，贷方为“库存现金”“原材料”“库存商品”等账户。

② 对固定资产盘亏的调整，借方为“待处理财产损溢”账户填列账面净值，还应将已经计提的折旧额计入借方“累计折旧”账户，贷方为“固定资产”账户的账面原始价值。

【小提示】

对于盘盈的固定资产需要调整以前年度损益调整。

（2）向上级汇报清查结果。将财产清查的盘盈和盘亏调整账实相符以后，应及时将财产清查的情况向企业领导汇报，并根据清查中确认的产生盈亏原因，提出对待处理财产损溢的处理建议，请予批复处理决定。

（3）根据领导批复的决定，做出会计处理。根据领导批复的处理决定，进行账务处理。应根据不同的盘亏和毁损原因做出不同的处理：能够收取的残料记入“原材料”“银行存款”等账户的借方；能够收到的保险公司赔偿款、由责任人造成的损失，记入“其他应收款”的账户借方；盘亏和毁损总额扣除以上几部分后的净损失，若属非常损失，记入“营业外支出”账户的借方，若属一般经营损失，记入“管理费用”账户的借方，同时记入“待处理财产损溢”账户的贷方。

① 对货币资金清查的处理：现金盘盈属于应支付给他单位或个人的，记入“其他应付款”；无法查明原因的，可做“营业外收入”；现金盘亏的，若是由于工作失误引起，应由当事人负责赔偿，应收赔偿部分记入“其他应收款”，其他部分，一般可做“管理费用”处理。

【例 5-70】2015 年 12 月 31 日，远志公司库存现金多于现金日记账 1 200 元，经有关部门核实，其中 900 元是在与华兴公司结算货款时，在货款与税费之外多收的现金，另外 300 元原因暂时未查明。远志公司做以下会计处理。

（1）根据库存现金盘存报告表的盘盈数先作如下调整，并及时汇报领导。

借：库存现金　　1 200

　　贷：待处理财产损溢　　1 200

（2）收到领导批复决定：多收华兴公司的 900 元不符合收入确认条件，应该予退还，另外未查明原因的 300 元作为营业外收入。

借：待处理财产损溢　　1 200

　　贷：其他应付款——华兴公司　　900

　　　　营业外收入　　300

【例 5-71】2015 年 1 月 31 日，远志公司资产清查发现库存现金实有数比日记账余额少 550 元，其中 300 元是由于出纳员失误所造成，剩余 250 元尚未查明原因，清查后及时上报领导，后经领导决定由出纳员赔偿 300 元。远志公司做以下会计处理。

（1）根据盘亏先做如下调整，并及时向领导汇报。

借：待处理财产损溢　　550

　　贷：库存现金　　550

（2）根据领导决定由出纳员赔偿的处理：

借：其他应收款——出纳员　　300

　　管理费用　　250

　　贷：待处理财产损溢　　550

② 对实物财产清查的处理。资产清查后，盘盈的物资，如果由于收发、计量或核算上的误差等生产管理中的正常原因造成，经有关部门批准后，可冲减“生产成本”“制造费用”“管理费用”等。

盘亏的物资，应该区分不同的情况作不同的处理：首先，属于定额内的自然损耗，经批准后可列为“管理费用”；其次，由于自然灾害或意外事故等不可抗力造成的，扣除残料价值和保险赔偿后，将净损失记入“营业外支出”；再次，应由责任人赔偿部分，或向保险索赔部分记入“其他应收款”；最后，由于客观原因造成的物资短缺或损失，扣除残料价值和保险赔偿后的净损失，记入“管理费用”。

【例 5-72】2015 年 12 月 31 日，远志公司盘亏原材料的价款 60 000 元，购入该料时的增值税进项税额 10 200 元。经有关部门查其原因发现以下情况：（1）生产 A 产品领用 30 000 元未办领料手续；（2）定额内的自然损耗的有 18 000 元；（3）由于保管员责任事故的损失 3 000 元；（4）属于自然灾害造成的损失 7 000 元；（5）原因不明的短缺 2 000 元。

（1）根据盘亏先做如下调整。

借：待处理财产损溢　　70 200

　　贷：原材料　　60 000

　　　　应交税费——应交增值税（进项税额转出）　　10 200

（2）根据批复决定：定额内损耗、不明短缺和增值税额作管理费用；灾害损失作营业外支出；责任事故造成的由责任人赔偿；生产用料计入产品成本。相关会计处理如下。

借：生产成本　　30 000

　　营业外支出　　7 000

　　其他应收款——保管员　　3 000

　　管理费用　　30 200

　　贷：待处理财产损溢　　70 200

③ 对固定财产清查的处理。固定财产清查中发现的问题，也应区分不同的情况采取不同的会计处理：盘盈的固定资产，往往是由于记账错误造成的，应作为前期差错处理，在增加固定资产的同时，通过“以前年度损益调整”科目，调整留存收益；发生盘亏时，应由过失人赔偿或保险公司赔偿的，记入“其他应收款”；扣除保险公司赔偿或残值后的差额，记入“营业外支出”。

【例 5-73】2015 年 12 月 31 日，远志公司对固定财产进行清查后，发现盘亏一台设备，该设备原价 60 000 元，已提折旧 18 000 元，其原因是自燃烧毁。

（1）根据盘亏先做如下调整。

借：待处理财产损溢　　42 000

　　累计折旧　　18 000

　　贷：固定资产　　60 000

（2）及时向领导汇报，领导批复该设备的毁损是由于客观原因造成，因此应计入营业外支出。

借：营业外支出　　42 000

　　贷：待处理财产损溢　　42 000

④ 对往来账款清查的处理。若对往来账款进行清查后发现无法收回的应收款项，一般应冲减坏账准备；无法支付的应付款项，一般可作营业外收入处理。

【例 5-74】2014 年 12 月 31 日，远志公司对往来账款进行清查后，发现应收金星公司所欠账款 50 000 元，确实无法收回。及时汇报领导，经领导批复应冲减坏账准备。远志公司做以下会计处理。

借：坏账准备　　50 000

　　贷：应收账款——金星公司　　50 000

【例 5-75】2014 年 12 月 31 日，远志公司对往来账款进行清查后，发现应付泰宇公司材料款 35 000 元，由于该公司无证经营被撤销，该款项无法支付。及时汇报领导，经领导批复应计入营业外收入。远志公司做以下会计处理。

借：应付账款——泰宇公司　　35 000

　　贷：营业外收入　　35 000

本章小结

工业企业的生产经营活动过程是以产品生产为中心的生产准备、产品生产和产品销售过程的统一。可以将工业企业的财务活动分为三大过程，即资金的筹集、资金的使用（采购、生产、日常管理使用）、资金的分配。一般工业企业中，生产阶段核算所运用的账户主要有“生产成本”“制造费用”和“库存商品”。商品流通企业是指所有独立从事商品流通活动的企业单位，是通过低价格购进商品、高价格出售商品的方式实现商品进销差价，以此支付企业的各项费用和支出，获得利润的企业。商品流通企业的主要特点是：由于商品通企业的主营业务为购销商品，所以经营过程主要包括供应过程与销售过程两大部分，没有生产过程。商品流通企业通过商品购进、销售、调拨、储存（包括运输）等经营业务实现商品流转。从生产领域转移到消费领域的过程，包括商品购进、商品销售和商品储存等三个阶段。

商品批发企业主要涉及商品的购进、销售和存储。首先，批发商品按照购进地区的不同，可以分为同城购进和异地购进，处理方法有所不同。同城购进的业务，商品发货的方式主要有送货制和提货制，结算方式为支票结算和商业汇票结算、委托收款结算等方式；异地购进的业务，商品的发货方式为发货制，结算方式为商业汇票、汇兑、异地托收承付、委托收款等。其次，商品批发企业的销售过程是商业资金循环的第二阶段，是商品资金向货币资金转化的过程。最后，在储存阶段，根据批发商品特点，对“库存商品”采用金额和数量两种计量进行双重核算。核算方法有两种，分别是数量进价金额核算和数量售价金额核算。

期末账项调整与财产清查是商品流通企业会计工作的重要组成部分，是在会计在期末结账前，必须要完成的两项会计工作。这两项工作具体实施有所差别，但是都源自于会计信息质量可靠性的要求。账项调整是为了正确地分期计算损益，即正确地划分相邻会计期间的收入和费用，使应属报告期的收入和成本费用相配比，以便正确地结算各期的损益和考核各会计期间的财务成果。

练习题

1. 单选题

（1）汇泉商贸公司购进商品一批，其中商品价款 250 000 元，发生的运输费用 5 000 元，增值税额 42 500 元，则该批商品的采购成本为（ ）。

A. 5 000 元　B. 255 000 元　C. 292 500 元　D. 175 500 元

（2）汇泉商贸公司日前售给清辉商店水壶 900 只，每只 15.56 元，今发现单价开错，每只应为 15.66 元，当即开出更正发票予以更正，该笔业务属于（ ）。

A. 购进商品退价　B. 购进商品补价　C. 销售商品退价　D. 销售商品补价

（3）直运商品销售的突出特点是商品由供货单位直接运达购货单位，在账务处理上不使用（ ）账户。

A. 商品采购　B. 库存商品　C. 销售费用　D. 主营业务成本

（4）商品销售成本的计算方法中，商品零售企业不能采用的是（ ）。

A. 个别计价法　B. 加权平均法　C. 后进先出法　D. 先进先出法

（5）对于同地购进商品的交接方式一般采用（ ）。

A. 发货制　B. 提货制

C. 送货制　D. 送货制或提货制

（6）在“数量售价金额核算法”下，“库存商品”的总分类账和明细分类账均按（ ）记账。

A. 售价　B. 进价　C. 数量　D. 可变现净值

（7）在商品购进业务中，采取预付货款方式的，应以（ ）时，作为购进商品的入账时间。

A. 预付货款　B. 承付货款　C. 实际收到商品　D. 签订合同

（8）在商品先到货款未付的情况下发生因商品品种、质量与合同不符而拒付货款时，购货方在会计上应（ ）。

A. 不做会计账务处理　B. 冲“应付账款”

C. 冲“销售费用”　D. 列作“其他应付款”

2. 多选题

（1）应用复式记账法登记经济业务时，必须考虑（ ）。

A. 经济业务涉及哪些账户　B. 所用的账户属于哪一类别

C. 经济业务引起会计要素是增加还是减少　D. 在账户上登记借方还是贷方

（2）以下属于销售收入确认条件的是（ ）。

A. 企业已经将商品所有权上的主要风险和报酬转移给买方

B. 企业既没有保留通常与所有权联系的继续管理权，也没有对已经售出的商品实施控制

C. 与交易相关的经济利益能够流入企业

D. 相关的收入和成本能够可靠的计量

（3）下列各项中不会引起企业资产增加的是（ ）。

A. 向普通股股东分配现金股利　B. 提取法定盈余公积金

C. 销售商品，货款未收　D. 盈余公积转增实收资本

（4）复式记账法的主要特点包括（ ）。

A. 账户设置不要求固定分类

B. 以借、贷为记账符号

C. 以有借必有贷、借贷必相等为记账规则

D. 账户需要固定的划分为资产和负债及所有者权益两大类

（5）在复式记账法下，下列不属于“借”表示事项的包括（　　）。

A. 资产的减少或权益的增加　　B. 资产的增加或权益的增加

C. 资产的减少或权益的减少　　D. 资产的增加或权益的减少

3. 判断题

（1）仓库商品销售和直运商品销售都属于商品销售，因此在核算上没有什么不同。（　）

（2）企业在预收货款时，由于转移了商品所有权，因此可以作为商品销售。（　）

（3）在进行销售商品的账务处理时，不符合确认条件但商品已经发出的情况下，应将发出商品通过“发出商品”账户来核算。（　）

（4）批发商品异地销售一般采用提货制和送货制。（　）

（5）采用先进先出法计算出来的商品销售成本，比较接近现行的市场价值。（　）

（6）商品流通企业的业务主要包括商品生产、商品销售、商品储存等三个环节。（　）

（7）采用售价金额核算的企业购进商品退补价时，若只更正购进价格，只需调整“商品进销差价”账户和“应交税费”账户，而右以不调整“库存商品”账户。（　）

（8）库存商品发生短缺，不论是自然损耗还是责任事故，经领导批准由企业列支时，均列入“销售费用”。（　）

（9）期末账项调整的目的是实现费用与收入的配比，正确地计算各期的经营成果。（　）

（10）期末账项调整只需划分各个会计期间的收入和费用，而不需要调整资产和负债。（　）

4. 实务题

（1）请根据A工业企业2014年4月份发生下列经济业务编制会计分录。

① 1日，购入甲材料一批，价款为100 000元，增值税税率为17%，税额为17 000元，全部款项已用银行存款支付，材料已验收入库。

② 5日，购入乙材料一批，增值税专用发票注明的价款为200 000元，增值税额为34 000元，企业开出商业承兑汇票一张，票面金额为234 000元，材料尚在运输途中。

③ 8日，购入丙材料一批，价款为合计为93 600元，材料已验收入库，款项未付（假设不考虑增值税）

（2）汇泉公司从本市盛威服装厂购进男式西装，取得如下凭证。

① 增值税专用发票的发票联及抵扣联注明：男式西装300套，单价460元，计138000元，增值税税额23 460元；

② 支票存根，金额为161 460元。

③ 服装柜转来验收单注：应收男式西装300套，实收300套。每套零售单价600元。

（3）清辉公司售给某家电公司空调50台，批发单价为2 500元/台，共计货款125 000元，应收取的增值税额为21250元，价税款合计为146 250元，签发转账支票代垫运费1 500元。每台空调的进价为2 000元。

① 销售当天向银行办妥托收手续，确认收入。

② 10天后，接银行转来的某家电公司的“拒付理由书”，两台空调损坏严重，拒付价税款，其余价税款及运费全部已收存银行。

③ 业务部门查明原因后，为运输部门责任，经联系同意赔偿。

思考题

1. 商品流通企业账户设置与工业企业的异同点有什么？

2. 永续盘存制与实地盘存制的优缺点对比？

实训题

某企业月末银行存款日记账余额为657 530元，银行对账单余额为681 530元。经与银行对账，共有以下四笔未达账项。

（1）开出转账支票一张，金额15 000元，持票人尚未到银行办理转账。

（2）收到转账支票一张，金额25 000元，送存银行，而银行尚未入账。

（3）本月水电费1 000元，银行已划出，企业尚未记账。

（4）C公司偿付前欠货款35 000元，银行已收入企业账户，企业尚未记账。

【**实训要求**】编制企业银行存款余额调节表。

银行存款余额调节表

年　　月　　日　　　　　　　　　　　　单位：元

事项	金额	事项	金额
银行存款日记账余额		银行对账单余额	
加：银行已收企业未收		加：企业已收银行未收	
减：银行已付企业未付		减：企业已付银行未付	
调节后的余额		调节后的余额	

部门负责人：　　　　　　　　　　出纳员：　　　　　　　　　　核对人员：

第6章 会计凭证

本章主要介绍会计凭证的概念、作用、分类，各类凭证的填制与审核要求，以及会计凭证的传递与保管。

学习目标

- 掌握会计凭证的概念与分类。
- 理解不同会计凭证的特点与作用。
- 掌握原始凭证的分类与填制方法。
- 掌握记账凭证的分类与填制方法。
- 理解原始凭证与记账凭证的审核要求以及传递与保管要求。

【课前思考】

临河区公安局经侦大队破获巴彦淖尔市首例故意销毁会计凭证案，主犯系临河区某房地产开发公司法人兼总经理李某，其为掩盖公司大量资金亏空问题，隐匿售楼资金账目，指使公司 3 名会计将公司数百本会计凭证及记账电脑全部销毁，导致购房的200余名群众近4000万元的购房款账目消失，资金去向不明。

案件发生后，该公司 3 名会计同时逃匿。民警侦查发现，2014 年夏天，该房地产开发公司在工程进行过程中出现资金链断裂无法开工，为了筹集资金继续开发项目，提前违规预售楼盘，骗取大量售楼款后，将资金转移，另做他用。事后，李某为掩盖犯罪事实，指使公司会计刘某、吴某等 3 人，将公司的会计凭证先在公司财务室办公室内用刀具将装订好的记账凭证裁剪开，撤出大量原始支出凭证单据后，装到纸箱内，驱车将装有会计凭证、记账电脑的 4 个纸箱拉到新区一个未开发的商住小区项目空地上进行焚烧销毁。专案组精心策划，先后将犯罪嫌疑人抓捕归案。2014 年 8 月 25 日，涉案的 4 名犯罪嫌疑人被临河区人民检察院批准逮捕，案件正在进一步侦办中。

思考：犯罪嫌疑人为什么要将会计凭证销毁？会计凭证有什么作用？

6.1 会计凭证概述

会计凭证简称凭证，是记录经济活动，明确经济责任的书面证明。会计凭证是登记账簿、进行会计监督的重要依据。按照会计凭证的填制程序和用途一般可以分为原始凭证和记账凭证两类。

6.1.1 会计凭证的概念及作用

会计凭证是记录经济业务的发生或完成、明确经济责任的书面证明，也是登记账簿的依据。会计管理工作要求会计核算提供真实的会计资料，强调记录的经济业务必须收有凭付有据。因此，企业发生的所有经济业务都必须由经办人将经济业务的内容和原始数据以书面形式记录下来，并通过签字或者盖章的方式明确经济责任，进而保证经济业务的真实性。

会计凭证具有以下几个作用。

（1）会计凭证是记录经济业务发生或完成的书面证明，是登记账簿的依据。企业在生产经营过程中，会发生各种各样的经济业务。会计部门要及时正确地记录这些经济业务，就必须在发生经济业务时，填制或取得相应的会计凭证，以便正确及时地反映各项经济业务的发生及完成情况。随着经济业务的发生和完成，记载经济业务的会计凭证按规定的流转程序最终汇集到财务会计部门，成为记账的基本依据。

（2）会计凭证有助于更有效地发挥会计的监督作用，使经济业务合理合法。通过审核会计凭证，可以监督企业各项经济业务的合法性，检查经济业务是否符合国家的有关法律、制度的规定，有无违法乱纪，违反会计制度的现象，有无铺张、浪费、贪污、盗窃等损害公共财产的行为发生，是否符合企业目标和财务计划，进而可以及时发现管理制度存在的漏洞以及经济管理中存在的问题，并及时加以制止和纠正，最终可以达到改善经营管理，提高经济效益的目标。

（3）会计凭证可以明确经营管理人员的经济责任。企业发生经济业务活动，都要由经管人员填制凭证并签字盖章。这种做法便于划清职责权限，加强相关经管人员的责任感，促进相互之间的监督。同时，这也有利于发现问题，查明责任，从而有利于加强与改善经营管理。

6.1.2 会计凭证的分类

会计凭证根据填制程序和用途的不同，可以分为原始凭证和记账凭证。

原始凭证是在经济业务发生或完成时由相关人员取得或填制的，用以记录或证明经济业务发生或完成情况并明确有关经济责任的一种原始凭据，如企业采购商品必须取得销售方开具的销售发票等票据、出纳去银行办理存取款业务必须取得银行存根、员工出差时乘坐运输工具取得的出租车发票或火车票等。原始凭证是证明经济业务发生的原始依据，具有较强的法律效力，是一种很重要的会计凭证。

原始凭证虽然记载了经济业务的发生和完成，但是在会计实务工作中，原始凭证并不能为登记账簿提供直接依据。因为原始凭证涉及的业务内容丰富多样，其内容、格式等千差万别，记载的经济业务内容并不能直接反映出账户之间的对应关系，直接依据原始凭证的内容登记账簿存在很大的不便，同时也很容易发生错误。

因此，会计人员需要将审核后的原始凭证进行归类、整理，根据借贷复式记账的原理将原始凭证记载的经济业务转换成会计语言。这个过程也就是确定经济业务应借应贷科目和金额即编制会计分录的过程。编制出的会计分录要填制在具有统一格式的会计凭证上。这种具有统一格式的会计凭证就是记账凭证。

记账凭证就是由会计人员根据审核无误的原始凭证或汇总原始凭证，按照经济业务的内容加以归类，编制会计分录进而填制的直接作为登记账簿依据的具有规定格式的会计凭证。

原始凭证和记账凭证虽然同属于会计凭证，但二者在很多方面有明显不同：原始凭证是由经办人员填制，记账凭证一律由会计人员填制；原始凭证根据发生或完成的经济业务填制，记账凭证根据审核后的原始凭证填制；原始凭证仅用以记录、证明经济业务已经发生或完成，记账凭证要依据会计科目对已经发生或完成的经济业务进行归类、整理；原始凭证是填制记账凭证的依据，而记账凭证则是会计人员登记账簿的依据。

6.2 原始凭证

原始凭证按照来源的不同、填制内容与方法的不同可以有多种分类。由于原始凭证在记录经济业务、明确经济责任方面有重要作用，原始凭证的填制与审核也要遵循严格的要求。

6.2.1 原始凭证的分类

原始凭证按其来源的不同，分为自制原始凭证和外来原始凭证。

（1）自制原始凭证是指由本单位内部有关业务经办人员在经济业务发生时填制的原始凭证，如记录企业生产部门生产领用材料时的领料单、记录企业采购商品入库的入库单、月末计算应付员工工资数额的工资计算表等，分别如表6-1～表6-3所示。

表6-1　　领料单

领料部门：　　凭证编号：

用　　途：　　年　月　日　　收料仓库：

材料编号	材料规格及名称	计量单位	数量		价格	
			请领	实领	单价	金额（元）
备注					合计	

记账　　发料　　审批　　领料

表6-2　　商品入库单

供货单位：　　凭证编号：

商品类别：　　年　月　日　　收货仓库：

商品编号	商品规格及名称	计量单位	数量		实际价格		计划价格	
			应收	实收	单价	总价	单价	总价

供应部门负责人　　记账　　收货　　制单

表6-3　　工资计算表

年　月　日

编号	部门	姓名	基本工资	绩效工资	加班补助	应发	代缴费用	迟到、请假扣款	实发
1									
2									
3									
4									
5									
6									
7									
……									
分栏合计									

负责人　　记账　　制单

（2）外来原始凭证是指企业在同外单位经济组织发生经济业务往来时，从外单位取得的原始凭证，如企业购买办公用品取得的销货发票（见表 6-4）、反映员工出差路费的火车票、企业办理款项结算收到的银行结算凭证等。

表 6-4　　×市商业企业专用发票

发票联

发票代码：

付款单位：　　发票号码：

编号	商品名称	规格	单位	数量	单价	金额
小写金额合计						
大写金额合计						佰　拾　万　仟　佰　元　角　分

开票单位：（盖章）　　开票人　　年　月　日

原始凭证按其填制内容与方法的不同，分为一次凭证、累计凭证、汇总原始凭证和记账编制凭证。

（1）一次凭证是指对一项或若干项同类经济业务，一次完成填制手续，不能重复使用的原始凭证，如商业企业专用发票、银行存款存根。

（2）累计凭证是指对某些在一定时期内重复发生的同类经济业务，累计未超过限额的情况，在规定期限内可以多次、连续地加以记录的原始凭证。累计凭证属于自制原始凭证。如工业企业使用的限额领料单就是一种典型的自制累计凭证，如表 6-5 所示。

表 6-5　　限额领料单

领料部门：　　凭证编号：

产品名称、号码：

年　月　日

材料编号	材料名称	规格	计量单位	计划单位	领料限额	全月实用	
						数量	金额
领料日期	请领数量	实发数量	领料人签章	发料人签章		限额结余	
合计							

供应部门负责人：　　生产部门负责人：　　仓库管理员：

（3）汇总原始凭证是指将一定时期内反映同类经济业务的若干张同类原始凭证加以汇总编制而成的原始凭证，如差旅费报销单（见表 6-6）、收入材料汇总表、发出材料汇总表、商品销货汇总表、工资结算汇总表、现金收入汇总表等。

表 6-6　　　　　　　　　　　　　　差旅费报销单

报销部门：　　　　　　　　　　　　　　　　　　　　　　　填报日期：　　年　　月　　日

出差人			出差地点		出差事由	
项　目	单据数	金额	出差时间		出差天数	
车船费			说明			
邮电费						
通讯费						
其他费用						
差旅费津贴						
误餐补助	天					
合计			大写			

附单据　张

单位审批：　　　　　　　财务审批：　　　　　　　　　经手人：　　　　　　出差人：

（4）记账编制凭证是指会计人员根据账簿记录加以整理后重新编制的原始凭证。记账编制凭证属于自制原始凭证，如产品成本计算表（见表 6-7）、制造费用分配表、固定资产折旧计算表等。

表 6-7　　　　　　　　　　　×车间×产品生产成本计算表

项目	数量	实用工时	直接材料	工资及福利费	制造费用	合计
月初在产品成本						
本月生产费用						
生产费用合计						
分配率						
完工产品成本						
月末在产品成本						

6.2.2　原始凭证的填制

企业发生的经济业务多种多样，产生的原始凭证品种繁多，形式各异。虽然原始凭证的格式、反映具体经济业务的内容会有所不同，但无论哪一种原始凭证，其记载业务内容的构成要素都是一样的，都应能反映有关经济业务的发生和完成情况、记载业务的发生时间及金额并能明确有关经办人员和经办单位的经济责任。因此，各种原始凭证，尽管名称和格式会有不同，但都应该具备一些共同的基本要素：凭证的名称、填制原始凭证的日期和凭证编号、接受凭证单位的名称、反映经济业务内容的摘要、经济业务内容，如品名、数量、单价、金额大小写、填制原始凭证的单位名称和填制人姓名、经办人员的签名或盖章。

此外，有些原始凭证，不仅要满足会计工作的需要，还应满足其他管理工作的需要。因此，在有些凭证上，除具备上述内容外，还应具备其他一些项目，如与业务有关的经济合同、结算方式、费用预算等，以便更加完整、清晰地反映经济业务。

原始凭证在填制时应满足以下几点要求。

1．内容记录要真实

原始凭证上所填制的日期、经济业务内容和所涉及的单价、数量、金额等各项信息必须是经济业务实际发生或完成的情况，不得弄虚作假，不得以匡算数或估计数填入。

2．填写内容要完整

原始凭证中应该填写的项目要逐项填写，不得遗漏。凭证、单位等名称要写全，不要简化。品名和用途要填写明确，不能含糊不清。有关部门和人员的签名和盖章必须齐全，符合内部牵制原则。

3．手续要完备，责任要明确

企业内部自制的原始凭证必须有经办业务的部门和人员签名盖章。对外开出的凭证必须加盖本单位的公章、财务专用章或发票专用章。从外部取得的原始凭证必须有填制单位公章、财务专用章或发票专用章等。总之，取得的原始凭证必须符合手续完备的要求，以明确经济责任，确保凭证的合法性、真实性。

4．填制要及时

经济业务一旦实际发生或完成，经办业务的有关部门和人员，必须及时填写原始凭证，不能拖延或者事后补填，并应严格按规定的程序审核，以避免出现差错或舞弊，影响会计工作的正常有序进行。

5．凭证编号要连续

原始凭证要按顺序连续编号或分类编号，在填制时要按照编号的顺序使用，跳号的凭证要加盖“作废”戳记，连同存根一起保管，不得随意撕毁、丢弃。

6．书写要规范

原始凭证中的文字、数字的书写都要清晰、工整、规范，大小写金额要完全一致。复写的凭证要不串行、不串格、不模糊，一式几联的原始凭证，应当注明各联的用途。具体来说，数字和货币符号的书写要符合下列要求。

（1）数字要一个一个地写，不得连笔写。特别是在要连写几个“0”时，不能将几个“0”连在一起一笔写完。数字排列要整齐，数字之间的间隔要均匀，不应过大。此外，阿拉伯数字的书写还应有高度的标准，一般要求数字的高度占凭证横格行距的 1/2 为宜。书写时还要注意紧靠横格底线，使上方能留有一定的空位。

（2）阿拉伯数字前面应该书写货币币种或者货币名称简写和币种符号。币种符号与阿拉伯数字之间不得留有空白。凡阿拉伯金额数字前写有货币币种符号的，数字后面不再写货币单位。如“¥900.00”不得写为“¥900.00 元”。所有以元为单位的阿拉伯数字，除表示单价等情况外，一律需要填写到角分。无角分的，角位和分位写“00”或者符号“—”。有角无分的，分位应当写“0”，不得用符号“—”代替。在发票等须填写大写金额数字的原始凭证上，如果大写金额数字前未印有货币名称，应当加填货币名称，然后紧接着填写大写金额数字，货币名称和金额数字之间不得留有空白。

【小提示】

在写金额时货币名称或者币种符号与数字之间都不得留有空白，其目的就是避免不法分子利用空白篡改数据，给企业或个人造成经济损失。

（3）对于需要同时写汉字大写金额的凭证，如购销发票等，书写汉字大写金额时，如零、壹、贰、叁、肆、伍、陆、柒、捌、玖、拾、佰、仟、万、亿、元（圆）、角、分、整（正）等，应一律用正楷或行书体填写，不得用○、一、二、三、四、五、六、七、八、九、十等简化字代替。不得任意自造简化字。大写金额数字到元为止的，在“元”后必须要写“整”或“正”字，大写金额数字到角为止的，可以在“角”之后写“整”或“正”字，也可以不写。若大写金额后有分的，“分”后面则不能再写“整”或“正”字。

例如，¥10 567.00 的汉字大写金额应写为人民币壹万零伍佰陆拾柒元整（正）；¥123.40 的汉字大写金额应写为人民币壹佰贰拾叁元肆角整（正），或者人民币壹佰贰拾叁元肆角；¥2 578.65 的汉字大写金额应写为人民币贰仟伍佰柒拾捌元陆角伍分，不得写为人民币贰仟伍佰柒拾捌元陆角伍分整（正）。

阿拉伯金额数字之间有“0”时，汉字大写金额应写“零”字；阿拉伯金额数字中间连续有几个“0”时，大写金额中可以只有一个“零”；阿拉伯金额数字元位为“0”或者数字中间连续有几个“0”，元位也是“0”，但角位不是“0”时，汉字大写金额可以只写一个“零”字，也可以不写“零”字。

例如，¥30 154.66 汉字大写金额为人民币叁万零壹佰伍拾肆元陆角陆分；¥1 001.75 汉字大写金额为人民币壹仟零壹元柒角伍分；¥42 000.35 汉字大写金额为人民币肆万贰仟元零叁角伍分，或肆万贰仟元叁角伍分。

（4）对于出票日期必须使用中文大写的凭证，如现金支票、转账支票等票据，书写汉字大写日期时，为防止变造票据的出票日期，在填写月、日时，月为壹、贰和壹拾的，日为壹至玖，以及壹拾、贰拾和叁拾的，应在其前加“零”；日为拾壹至拾玖的，应在其前加“壹”。

例如，2 月 8 日，应写成零贰月零捌日；1 月 15 日，应写成零壹月壹拾伍日；10 月 20 日，应写成零壹拾月零贰拾日；12 月 30 日，应写成壹拾贰月零叁拾日。

（5）原始凭证记载的各项内容均不得涂改。原始凭证有错误的，应当由出具单位重开或者更正，更正处应当加盖出具单位印章。原始凭证金额有错误的，应当由出具单位重开，不得在原始凭证上更正。

6.2.3 原始凭证的审核

原始凭证是证明经济业务已经发生或完成，明确经济责任并用以办理业务手续的书面证明。为了更好地发挥会计监督的作用，会计人员要对原始凭证进行严格审核。《会计法》第十四条规定：“会计机构、会计人员必须按照国家统一的会计制度的规定对原始凭证进行审核，对不真实、不合法的原始凭证有权不予接受，并向单位负责人报告；对记载不准确、不完整的原始凭证予以退回，并要求按照国家统一的会计制度的规定更正、补充。”

在对原始凭证进行审核时主要从以下两个方面来进行。

（1）审核原始凭证的真实性、合法性和合理性。要以有关法律、政策、法规、制度和计划合同等为依据，审查凭证所记录的经济业务是否符合审批权限和手续，是否符合有关规定，是否反映真实的经济业务，有无贪污盗窃、虚报冒领、伪造凭证等违法乱纪现象，有无不讲经济效益、违反计划和标准的要求等。对于不合理、不合法及不真实的原始凭证，财会人员应拒绝受理。如发现伪造或涂改凭证弄虚作假、虚报冒领等不法行为，除拒绝办理外，还应立即报告有关部门，提请严肃处理。

（2）审核原始凭证的完整性和正确性。要检查原始凭证本身应具备的各个要素是否齐全、是否填写齐备；是否有经办单位和经办人员签章；其次审查凭证上的数字是否完整，大、小写是否一致，是否与实际发生的经济业务相符；最后审查凭证上数字和文字是否有涂改、污损等不符合规定之处。对于不符合填制要求的会计凭证要退还经办人，更正之后再进行会计处理。

6.3 记账凭证

记账凭证按照用途的不同、填制内容与方法的不同又可以分为多种类别。记账凭证可以为登记账簿提供直接依据，因此，记账凭证内容是否真实正确最终会影响到会计信息的正确性，记账凭证的填制与审核也要遵循严格的要求。

6.3.1 记账凭证的分类

对记账凭证进行分类时，可以采用不同的分类标准。常见的分类标准有填制方式、用途以及填制内容等。

1. 记账凭证按其填制方式不同分类

记账凭证按其填制方式不同，可分为单式记账凭证和复式记账凭证。

单式记账凭证是指按照一项经济业务所涉及的每个会计科目单独编制记账凭证，每张记账凭证中只登记一个会计科目。采用单式记账凭证，便于同时汇总计算每一会计科目的发生额，也便于分工记账，但不便于反映经济业务的全貌及会计科目的对应关系，所以在会计实务中，企业多数采用复式记账凭证。

复式记账凭证是指把一项经济业务完整地填列在一张记账凭证上，即该项经济业务所涉及的所有会计科目在一张记账凭证中集中反映。采用复式记账凭证，便于反映经济业务的全貌及会计科目间的对应关系，可以减少记账凭证的数量，但不便于同时汇总计算每一会计科目的发生额，也不利于会计人员分工记账。

2. 记账凭证按其用途不同分类

记账凭证按用途不同可以分为通用记账凭证和专用记账凭证。

通用记账凭证是对于不同类型的经济业务都采用同一种格式的凭证，不对经济业务进行分类，如表6-8所示。对于经济业务简单或收、付款业务不多的单位，可以选择使用通用格式的记账凭证。

表6-8 记账凭证

年　月　日　　　　字第　号

摘要	总账科目	明细科目	记账	借方金额	贷方金额
合计金额					

附单据　张

会计主管　　记账　　复核　　出纳　　制单

专用记账凭证是指专门用来记录某一类经济业务的记账凭证。专用记账凭证根据其记录经济业务类型的不同又分为转账凭证、收款凭证以及付款凭证。转账凭证用以记录与货币资金收付无关的转账业务，即不涉及现金和银行存款收付的各项业务，其样式与通用记账凭证相似，如表6-9所示。

表6-9 转账凭证

年　月　日　　　　字第　号

摘要	总账科目	明细科目	记账	借方金额							贷方金额						
				万	千	百	十	元	角	分	万	千	百	十	元	角	分
合计金额																	

附单据　张

会计主管　　记账　　复核　　出纳　　制单

收款凭证是用以反映货币资金收入业务的记账凭证，根据货币资金收入业务的原始凭证填制而成，如表 6-10 所示。收款凭证是登记总账、现金日记账和银行存款日记账以及有关明细账的依据，一般按现金和银行存款分别填制。

表 6-10　　　　　　　　　　　　收款凭证

借方科目：　　　　　　　　　　　　　年　月　日　　　　　　　　　　　　字第　号

摘要	贷方科目		记账	金额							
	总账科目	明细科目		十	万	千	百	十	元	角	分
合计金额											

附单据　张

会计主管　　　记账　　　复核　　　出纳　　　制单

付款凭证是用以反映货币资金支出业务的记账凭证，根据货币资金支出业务的原始凭证填制而成，如表 6-11 所示。付款凭证是登记总账、现金日记账和银行存款日记账以及有关明细账的依据，一般按现金和银行存款分别填制。

表 6-11　　　　　　　　　　　　付款凭证

贷方科目：　　　　　　　　　　　　　年　月　日　　　　　　　　　　　　字第　号

摘要	借方科目		记账	金额							
	总账科目	明细科目		十	万	千	百	十	元	角	分
合计金额											

附单据　张

会计主管　　　记账　　　复核　　　出纳　　　制单

【小提示】

会计实务中，某些经济业务既是货币资金收入业务，又是货币资金支出业务，如现金和银行存款之间的划转业务：从银行提取现金或者将现金存入银行。为了避免填制记账凭证出现重复，对于这类业务一般规定只编制付款凭证，不编制收款凭证。

此外，根据记账凭证所填列内容是否经过加工汇总，按填制内容和方法不同可以分为单一记账凭证、汇总记账凭证以及科目汇总表。单一记账凭证是指只记录一笔经济业务的会计分录的记账凭证。汇总记账凭证是指根据一定时期内同类单一记账凭证定期加以汇总而重新编制的记账凭证。通常选用专用记账凭证的单位，先定期将全部记账凭证按收、付款凭证和转账凭证分别归类汇总，根据汇总结果编制成各种汇总记账凭证（具体编制方法参见本书 8.4）。科目汇总表是定期对全部记账凭证进行汇总，按各个会计科目列示其借方发生额和贷方发生额的一种汇总凭证（具体编制方法参见本书 8.3）。

6.3.2 记账凭证的填制

记账凭证是会计人员根据审核后的原始凭证进行归类、整理，并确定会计分录而编制的会计凭证，是登记账簿的依据。为了能够分类反映经济业务的内容，必须按会计核算方法的要求，将其归类、整理、编制记账凭证，标明经济业务应记入的账户名称及应借应贷的金额，作为登记账簿的直接依据。因此，记账凭证必须具备以下内容：记账凭证的名称；填制凭证的日期、凭证编号；经济业务的内容摘要；经济业务应记入账户的名称（会计科目）、记账方向和金额；所附原始凭证的张数和其他附件资料；会计主管、记账、复核、出纳、制单等有关人员签名或盖章。

填制记账凭证是一项重要的会计工作。为了保证记账凭证的质量，便于登记账簿，记账凭证在填制时应满足以下几点要求。

（1）记账凭证填制依据要真实，必须附有原始凭证并如实填写所附原始凭证的张数。除结账和更正错误外，记账凭证都应附有原始凭证，并应根据审核无误的原始凭证及有关资料填制。记账凭证所附原始凭证张数一般应以原始凭证的自然张数为准。如两张或两张以上记账凭证依据同一原始凭证，则应该在没有附原始凭证的记账凭证上注明原始凭证的位置：原始凭证×张，附于×字第×号凭证之后。

（2）摘要应简明扼要。记账凭证的摘要是简要说明经济业务内容的，摘要应能正确反映与原始凭证内容一致的主要内容，既要防止过于简单不能准确反映经济业务的内容，又要防止过于烦琐。应能使阅读者通过摘要就能了解该项经济业务的性质，判断出会计分录的正确与否。

（3）会计分录要正确。主要是指选用的会计科目要正确、借贷方向要正确、金额要准确，分录的编制符合记账规则。会计分录是记账凭证中最重要的组成部分。在记账凭证中，要正确编制会计分录并保持借贷平衡，应填明总账科目和明细科目，以便于登记总账和明细分类账。会计科目的对应关系要填写清楚，应先借后贷，一般填制一借一贷，一借多贷或者多借一贷的会计分录。但如果某项经济业务本身就需要编制一个多借多贷的会计分录时，也可以填制多借多贷的会计分录，以集中反映该项经济业务的全过程。填入金额数字后，要在记账凭证的合计行计算填写合计金额，合计金额前要写人民币符号。此外，金额空白行处应用斜线注销掉。填制完毕时，记账凭证中借、贷方的金额必须相等，合计数必须计算正确。

（4）填写内容完整，责任明确。记账凭证应具备的内容都要具备，要按照记账凭证上所列项目逐一填写清楚，有关人员的签名或者盖章要齐全不可缺漏。

（5）凭证连续编号。编制记账凭证时，应当对记账凭证连续编号，以分清会计事项处理的先后顺序，便于记账凭证与会计账簿核对，确保记账凭证无遗失短缺。

按顺序编号时，选用通用记账凭证时，将全部记账凭证作为一类，统一连续编号。选用专用记账凭证时，一般按现金和银行存款收入业务、现金和银行支出业务以及转账业务等三类进行编号，编号分为收字第×号、付字第×号、转字第×号。对于货币资金收付业务频繁的企业，也可以将专用记账凭证进一步细分，分别按现金收入、现金支出、银行存款收入、银行存款支出和转账业务五类进行编号。这种情况下，记账凭证的编号应分为现收字第×号、现付字第×号、银收字第×号、银付字第×号和转字第×号。

当一笔经济业务需要填制两张或两张以上记账凭证时，可以采用分数编号法进行编号，例如，有一笔经济业务需要填制三张记账凭证，凭证顺序号为 6，就可以编成$6\frac{1}{3}$、$6\frac{2}{3}$、$6\frac{3}{3}$，前面的数表示凭证顺序，后面分数的分母表示该号凭证共有三张，分子分别表示三张凭证中的第一张、第二张、第三张。

此外，记账凭证中，文字、数字和货币符号的书写要求，与原始凭证相同。实行会计电算化的单位，其机制记账凭证应当符合对记账凭证的基本要求，打印出来的机制凭证上，也需要加盖制单人员、审核人员、记账人员和会计主管人员印章或者签字，以明确责任。

【小提示】

记账凭证可以根据每一张原始凭证填制，或者根据若干张同类原始凭证汇总填制，也可以根据汇总原始凭证填制，但是不得将不同类别和内容的原始凭证汇总填制在一张记账凭证上。

【例 6-1】2×15 年 7 月 3 日，甲公司收到投资者李某 40 000 元的投资款，存入到企业银行账户中。此时，企业应根据银行进账单以及有关的投资协议等原始凭证，填制记账凭证。此业务对应的会计分录如下。

借：银行存款　　　　　　　　　　　　40 000

　　贷：实收资本——李某　　　　　　　　　　40 000

当企业采用通用记账凭证时，应填制的记账凭证，如表 6-12 所示。当企业采用专用记账凭证时，由于该业务属于收到货币资金的业务，所以应填制收款凭证，如表 6-13 所示。

表 6-12　　记账凭证

2×15 年 7 月 3 日　　记字第×号

摘要	总账科目	明细科目	记账	借方金额								贷方金额							
			√	十	万	千	百	十	元	角	分	十	万	千	百	十	元	角	分
收到投资者李某投资款	银行存款				4	0	0	0	0	0	0								
	实收资本	李某											4	0	0	0	0	0	0
合计金额				¥	4	0	0	0	0	0	0	¥	4	0	0	0	0	0	0

附单据　张

会计主管　　记账　　复核　　出纳　　制单

表 6-13　　收款凭证

借方科目：银行存款　　2×15 年 7 月 3 日　　收字第×号

摘要	贷方科目		记账	金额							
	总账科目	明细科目		十	万	千	百	十	元	角	分
收到投资者李某投资款	实收资本	李某			4	0	0	0	0	0	0
合计金额				¥	4	0	0	0	0	0	0

附单据　张

会计主管　　记账　　复核　　出纳　　制单

【例 6-2】2×15 年 8 月 10 日，甲公司从丙公司购入生产产品用 A 材料一批，不含税价款为 5 000 元，增值税税额为 850 元，材料已经验收入库，货款尚未支付，甲公司为增值税一般纳税人。此业务对应的会计分录为如下。

借：原材料——A 材料　　5 000

　　应交税费——应交增值税（进项税额）　　850

　　贷：应付账款——丙公司　　5 850

当企业选用专用格式记账凭证时，因为业务没有涉及货币资金的收支，所以应填制转账凭证，如表 6-14 所示。

表 6-14　　转账凭证

2×15 年 8 月 10 日　　转字第×号

摘要	总账科目	明细科目	记账	借方金额							贷方金额						
				万	千	百	十	元	角	分	万	千	百	十	元	角	分
购入 A 材料款未付	原材料	A 材料			5	0	0	0	0	0							
	应交税费	应交增值税（进项税额）				8	5	0	0	0							
	应付账款	丙公司										5	8	5	0	0	0
合计金额				¥	5	8	5	0	0	0	¥	5	8	5	0	0	0

附单据　张

会计主管　　记账　　复核　　出纳　　制单

6.3.3 记账凭证的审核

对记账凭证进行审核主要是检查填制的记账凭证是否符合前述各项要求，重点对其一致性、完整性和正确性进行审核，具体表现在以下五个方面。

1．内容是否真实

审核记账凭证是否有原始凭证为依据、所附原始凭证的内容是否与记账凭证的内容一致、所附原始凭证的张数与记账凭证所填张数是否一致、记账凭证汇总表的内容与其所依据的记账凭证的内容是否一致等。

2．项目是否齐全

审核记账凭证各项目的填写是否齐全，如日期、凭证编号、摘要、金额、所附原始凭证张数及有关人员签章等是否都填写完备。

3．科目是否正确

审核记账凭证的应借、应贷的总账科目和明细科目是否正确、是否有明确的账户对应关系、所使用的会计科目是否符合国家统一的会计制度的规定等。

4．金额是否正确

审核记账凭证所记录的金额与原始凭证的有关金额是否一致、计算是否正确，记账凭证汇总表的金额与记账凭证的金额合计是否相符等。

5．书写是否规范

审核记账凭证中的记录是否文字工整、是否数字清晰、是否按规定进行更正等。

在审核过程中，如果发现不符合要求的地方，应要求有关人员采取正确的方法进行更正。只有经过审核无误的记账凭证，才能作为登记账簿的依据。

总结原始凭证与记账凭证相关内容，原始凭证与记账凭证的区别归纳如表 6-15 所示。

表 6-15　　原始凭证与记账凭证的区别

项目	原始凭证	记账凭证
填制人员	业务经办人员	会计人员
来源	外部、内部	内部
内容	经济业务的发生、完成	会计分录、摘要
填写依据	发生及完成的经济业务	审核无误的原始凭证
用途	填制记账凭证的依据	登记账簿的依据

6.4　会计凭证的传递和保管

会计凭证属于企业重要的会计档案资料，因此，其传递和保管也要遵循严格的要求。本节将分别从会计凭证的传递和保管两个方面进行介绍。

6.4.1　会计凭证的传递

会计凭证的传递是指从会计凭证的取得或填制时起，至归档保管为止的过程中，在单位内部各有关部门和人员之间的传送程序。正确组织会计凭证的传递，对于及时处理和登记经济业务，明确经济责任，加强企业内部的会计监督，具有重要作用。从某种程度上看，会计凭证的传递在单位内部经营管理各环节之间起着协调和组织的作用。

会计凭证的传递要能够满足内部控制制度的要求，使传递程序合理、有效，同时应尽量节约传递时间，减少传递的工作量。企业的生产经营特点、经济业务的内容和要求不同，会计凭证的传递也有所不同。企业应该根据其具体情况明确每一种凭证的传递程序和方法。例如，收料单的传递中应规定：材料到达企业后多长时间内验收入库，收料单由谁填制，一式几联，各联次的用途是什么，何时传递到会计部门，会计部门由谁负责收料单的审核工作，由谁据以编制记账凭证、登记账簿、整理归档等。会计凭证的传递是否科学、严密、有效、顺畅，对于加强企业内部管理、提高会计信息的质量、保证会计信息的及时性具有重要影响。

在制定会计凭证传递程序和时间时，通常考虑以下几点。

（1）要根据经济业务的特点、企业内部的机构设置和人员分工情况以及管理上的要求等，具体规定各种凭证的联数和传递程序，以利于及时办理相关手续，提高工作的效率。

（2）要根据各个环节有关部门和人员办理业务的必要手续时间，规定会计凭证在各个环节的停留时间，保证会计凭证能够及时传递。

（3）要通过调查研究和协商来制定会计凭证传递交接的签收制度，指定传递过程中各个环节的交接由专人负责，进而保证会计凭证的安全与完整。

6.4.2　会计凭证的保管

会计凭证是一种有法律效力的重要经济档案，入账后要妥善保管，以便日后随时利用查阅。我国《会计法》第二十三条明确规定：“各单位对会计凭证、会计账簿、财务会计报告和其他会计资料应当建立档案，妥善保管。”会计凭证的保管是指会计凭证记账后的整理、装订、归档和存查工作。会计凭证的保管方式和要求如下。

（1）定期装订成册，防止散失。每月记账完毕，要将本月的记账凭证按编号顺序整理，检查有无缺号、附件是否齐全，然后加上封面封底，装订成册，以防散失。为了防止任意拆装，在装订处要贴上封签，并由会计主管人员盖章。最后，要将凭证按封面大小折叠整齐，在封面上写明单位名称、会计凭证名称、年度、月份、共计册数，每册记账凭证的起止号数等，如表6-16所示。

表6-16 会计凭证封面

记账凭证

单 位 名 称			
凭 证 类 别	收款凭证　付款凭证　转账凭证　通用凭证		
凭证起止日期	自　年　月　日至　年　月　日		
凭 证 册 数	本月共　册　本册是第　册		
凭 证 号 数	本册自第　号至第　号　本册共有　号		
财 务 主 管		经办会计	
保 管 年 限	十五年	装订人	

（2）对于某些原始凭证过多，如收、发料单和工资单等，以及一些以后仍需要随时查阅的重要原始凭证，如合同、存出保证金收据等，也可另行装订或单独保管，但应在凭证封面注明所属记账凭证的日期、种类和编号，同时在所属的记账凭证上应注明“附件另订”及原始凭证的名称和编号。

（3）会计凭证不得外借，已装订成册的会计凭证不得抽出。其他单位和个人经单位领导批准调阅会计凭证的，要填写会计档案调阅表，详细填写借阅会计凭证名称、调阅日期、调阅人姓名和工作单位、调阅理由、归还日期。调阅人一般不得将会计凭证携带外出。如有贪污盗窃等经济犯罪案件，需要以某些原始凭证作证时，也只能复制，不得抽取。

（4）从外单位取得的原始凭证如有遗失，应当取得原开出单位盖有公章的证明，并注明原来凭证的号码、金额和内容等，由经办单位会计机构负责人、会计主管人员和单位领导人批准后，才能代作原始凭证。如果确实无法取得证明的，如火车、轮船、飞机票等凭证，由当事人写出详细情况，由经办单位会计机构负责人、会计主管人员和单位领导人批准后，代作原始凭证。

（5）会计凭证要按照有关会计法规制度规定的期限进行保管。保管期间要防止虫蛀鼠咬等毁损事故的发生，并严格遵守会计凭证的保管期限要求，期满前不得任意销毁。根据2016年1月1日起施行的《会计档案管理办法》的规定，原始凭证、记账凭证以及汇总凭证等保管期限均为30年。保管期满后，要报经上级主管部门批准后，方能销毁。

本章小结

会计凭证是记录经济业务的发生或完成、明确经济责任的书面证明，也是登记账簿的依据。本章主要介绍会计凭证的概念、分类和原始凭证、记账凭证的分类、填制与审核以及会计凭证的传递与保管。

会计凭证根据填制程序和用途的不同，可以分为原始凭证和记账凭证。原始凭证是在经济业务发生或完成时由相关人员取得或填制的，用以记录或证明经济业务发生或完成情况并明确有关经济责任的一种原始凭据。记账凭证就是由会计人员根据审核无误的原始凭证或汇总原始凭证，按照经济业务的内容加以归类，编制会计分录进而填制的直接作为登记账簿依据的具有规定格式的会计凭证。

原始凭证按照不同的分类标准可以进行不同的分类。标准按其来源的不同，分为自制原始凭证和外来原始凭证。原始凭证按其填制内容与方法的不同，分为一次凭证、累计凭证、汇总原始凭证和记账编制凭证。原始凭证具备一些共同的基本要素：凭证的名称；填制原始凭证的日期和凭证编号；接受凭证单位的名称；反映经济业务内容的摘要；经济业务内容，如品名、数量、单价、金额大小写；填制原始凭证的单位名称和填制人姓名；经办人员的签名或盖章。在对原始凭证进行审核时，主要从原始凭证的真实性、合法性和合理性以及原始凭证的完整性和正确性入手。

记账凭证按照不同的分类标准可以进行不同的分类。记账凭证按填制方式不同可分为单式记账凭证和复式记账凭证。记账凭证按用途不同可以分为通用记账凭证和专用记账凭证。记账凭证必须具备以下内容：记账凭证的名称；填制凭证的日期、凭证编号；经济业务的内容摘要；经济业务应记入账户的名称（会计科目）、记账方向和金额；所附原始凭证的张数和其他附件资料；会计主管、记账、复核、出纳、制单等有关人员签名或盖章。记账凭证的审核主要包括内容是否真实、项目是否齐全、科目是否正确、金额是否正确、书写是否规范。

练习题

1. 单选题

（1）原始凭证不得涂改、刮擦、挖补。对于金额有错误的原始凭证，正确的处理方法是（　　）。

A. 由出具单位重开

B. 由出具单位在凭证上更正并由经办人员签名

C. 由出具单位在凭证上更正并由出具单位负债人签名

D. 由出具单位在凭证上更正并加盖出具单位印章

（2）购买材料10 000元，以银行存款支付其中8 000元，余款暂欠，应填制的记账凭证为（　　）。

A. 收款凭证　　B. 付款凭证

C. 转账凭证　　D. 付款凭证和转账凭证

（3）下列属于外来原始凭证的是（　　）。

A. 差旅费报销单　　B. 借款单

C. 领料单　　D. 出差取得的住宿发票

（4）会计凭证分为原始凭证和记账凭证的标志是（　　）。

A. 填制的经济内容　　B. 填制的时间　　C. 填制的程序和用途　　D. 填制的方式

（5）企业在采用收款凭证、付款凭证和转账凭证进行会计核算的情况下，将现金存入银行或从银行提取现金，按规定（　　）。

A. 只填收款凭证　　B. 只填付款凭证

C. 只填转账凭证　　D. 既填收款凭证又填付款凭证

（6）预提本月应负担的短期借款利息2 000元，该笔业务应编制（　　）。

A. 收款凭证　　B. 付款凭证　　C. 转账凭证　　D. 单式凭证

（7）因特殊情况其他单位需要使用原始凭证的不正确做法是（　　）。

A. 原始凭证不得借出　　B. 经单位负责人批准可以查阅

C. 经单位负责人批准可以借出　　D. 经单位负责人批准可以复制

（8）填写原始凭证时，不符合书写要求的是（　　）。

A. 阿拉伯数字前面应当写货币品种符号

B. 大写金额有分的，分字后面可以写整，也可以不写整

C. 汉字大写金额不得写简化字

D. 书写金额与币种符号之间不得留有空白

2. 多选题

（1）下列关于原始凭证填制要求说法正确的有（　　）。

A. 单位从外部取得的原始凭证，必须盖有填制单位的公章

B. 人民币符号与阿拉伯数字之间不得留有空白

C. ¥1008.02，大写金额应写成“人民币壹仟零捌元零贰分正”

D. 原始凭证金额有错误，应当由出具单位更正，并在更正处加盖单位印章

（2）下列会计凭证，属于自制原始凭证的是（　　）。

A. 制造费用分配表　　B. 工资计算单

C. 经济合同　　D. 职工出差的火车票

（3）记账凭证可以不附原始凭证的情况包括（　　）。

A. 登记总账　　B. 结账

C. 盘亏盘盈事项　　D. 更正错误的记账凭证

（4）涉及库存现金与银行存款划转业务时，可能编制的专用记账凭证有（　　）。

A. 库存现金收款凭证　　B. 库存现金付款凭证

C. 银行存款收款凭证　　D. 银行存款付款凭证

（5）收款凭证左上方的会计科目可能是（　　）。

A. 库存现金　　B. 实收资本　　C. 应收账款　　D. 银行存款

3. 判断题

（1）会计凭证可以分为通用记账凭证和专用记账凭证。（　　）

（2）原始凭证都是外来的会计凭证。（　　）

（3）原始凭证出现填写错误，都可以在错误处进行更正。（　　）

（4）会计凭证是企业重要的会计档案，不得外借，已装订成册的不得抽出。（　　）

（5）¥23 000.89 的汉字大写金额为人民币二万三千元零捌角玖分整。（　　）

思考题

1. 什么是会计凭证？会计凭证有什么作用？
2. 原始凭证与记账凭证有什么区别？
3. 原始凭证的分类标准有哪些？可以分为哪几类？
4. 记账凭证的分类标准有哪些？可以分为哪几类？
5. 对会计凭证进行审核时主要关注哪些方面？
6. 专用记账凭证（收、付、转）分别适用于什么类型的业务？

实训题

致远公司是一家生产型企业，属于增值税一般纳税人，2×15 年 8 月 1 日至 5 日发生了如下业务。

（1）1 日，管理部门用现金 500 元购入胶棒、文件夹、签字笔等办公用品。

（2）1 日，从美源公司购入生产用 A 材料，价款 10 000 元，增值税税率为 17%，取得了增值税

专用发票，材料已经入库，货款尚未支付。

（3）2 日，车间管理员张某预借差旅费 3 000 元，以现金付讫。

（4）3 日，向元智公司销售甲产品，不含税售价 20 000 元，产品已发出，货款尚未收到。

（5）4 日，收到润扬公司偿还的前欠货款 15 000 元，已存入银行。

（6）4 日，车间生产甲产品领用 A 材料 3 000 元，生产乙产品领用 A 材料 3 500 元。

（7）5 日，为满足运营活动的需求，向银行借入 6 个月期限的短期借款 30 000 元。

（8）5 日，开出转账支票一张，偿还美吉公司前欠货款 18 000 元。

要求：假定该公司采用专用记账凭证，要求根据发生业务编制会计分录，并填制相应的记账凭证。

转账凭证

年　月　日　　　　字第　号

摘要	总账科目	明细科目	记账	借方金额							贷方金额						
				万	千	百	十	元	角	分	万	千	百	十	元	角	分
合计金额																	

附单据　张

会计主管　　记账　　复核　　出纳　　制单

付款凭证

贷方科目：　　年　月　日　　　　字第　号

摘要	借方科目		记账	金额							
	总账科目	明细科目		十	万	千	百	十	元	角	分
合计金额											

附单据　张

会计主管　　记账　　复核　　出纳　　制单

收款凭证

借方科目：　　年　月　日　　　　字第　号

摘要	贷方科目		记账	金额							
	总账科目	明细科目		十	万	千	百	十	元	角	分
合计金额											

附单据　张

会计主管　　记账　　复核　　出纳　　制单

第 7 章　会计账簿

本章主要介绍会计账簿的概念、作用、分类，会计账簿的内容、启用与登记，错账的查找与更正方法，以及对账与结账。

学习目标

- 掌握会计账簿的概念、分类。
- 掌握错账的更正方法。
- 掌握对账的方法与内容。
- 熟悉期末结账工作的内容。
- 熟悉会计账簿的更换与保管。

【课前思考】

被告人马敬敏，曾用名马明远，男，1974 年 4 月 26 日出生。因涉嫌故意销毁会计凭证、会计账簿罪，被告人马敬敏于 2009 年 11 月 18 日被刑事拘留，同年 11 月 27 日被执行逮捕，现押濮阳市看守所。濮阳县人民检察院指控：2009 年 10 月下旬，被告人马敬敏利用临时保管濮阳市第一高级中学账外资金的票据、账目之机，个人擅自决定将其烧毁。10 月下旬某日下午，被告人马敬敏带着濮阳市第一高级中学账外资金的票据、账目，驾车窜至濮阳县柳屯镇东金堤河大堤上，用火将其全部烧毁。经查，被烧毁的票据、账目涉及金额 160 余万元。

为证实上述事实，公诉机关当庭讯问了被告人马敬敏并宣读其供述，证人张×平、谷××、陈××、张×亮、窦××、丁××、孙××证言，勘验、检查笔录，现场照片，指认现场笔录，案发经过，濮阳市第一高级中学教辅书回扣款开支情况表，户籍证明等证据。

公诉机关认为，被告人马敬敏故意销毁依法应当保存的会计凭证、会计账簿，情节严重，其行为已构成故意销毁会计凭证、会计账簿罪，请求依法判处。

被告人马敬敏在临时保管本校账外资金账目时，为逃避纪律监察部门对该账目的依法查处，故意销毁依法应当保存的会计凭证、会计账簿，且销毁的会计资料涉及金额 160 余万元，属情节严重，其行为侵犯了会计档案管理制度，符合故意销毁会计凭证、会计账簿罪特征，濮阳县人民检察院指控被告人马敬敏犯故意销毁会计凭证、会计账簿罪罪名成立。被告人马敬敏在纪检、监察部门事前掌握有关事实和证据的前提下被控制谈话，如实供述，不具有到案的主动性，其辩护人认为自首的意见本院不予采信。被告人认罪态度较好。根据本案的犯罪事实、情节、被告人的认罪态度及社会危害性，依照《中华人民共和国刑法》第一百六十二条之一第一款、第七十二条第一款、第五十二条之规定，判决如下：被告人马敬敏犯故意销毁会计凭证、会计账簿罪，判处有期徒刑一年又六个月缓刑二年，并处罚金 20 000 元。罚金限判决生效后十日内缴纳。（缓刑考验期自判决确定之日起计算）

思考：会计凭证已经在上一章学习了，那么资料中的“会计账簿”指的是什么？记载了什么内容？有什么作用？被告人为何要将其销毁？

7.1　会计账簿概述

会计账簿简称为账簿，通常由具有一定格式、相互联系的账页所组成，是用来序时、分门别类地全面记录一个企业、单位经济业务事项的会计簿记。设置和登记会计账簿是重要的会计核算工作。账簿的登记是以会计凭证为依据，账簿中的数据则为编制报表提供依据，因此做好账簿的设置和登记工作，对于加强经济管理具有十分重要的意义。

7.1.1　会计账簿的概念及作用

会计账簿是指由一定格式的账页组成的，以经过审核的会计凭证为依据，全面、系统、连续地记录各项经济业务的工具。从形式上看，会计账簿是若干账页的组合。从实质上看，登记会计账簿是形成会计信息的重要环节，会计账簿是会计资料的主要载体之一，也是会计资料的重要组成部分。

通过设置、登记会计账簿可以将企业发生的各类业务予以分类并序时地归集、反映，能提供各个项目总括和明细核算资料，为编制会计报表提供主要数据，还可以为改善企业经营管理、合理使用资金提供有用的会计信息。此外，会计账簿记载的信息也是进行企业财务分析和会计监督检查的主要依据。因此，设置和登记账簿对企业的经营管理具有重要意义。

【小提示】

账户存在于账簿之中，账簿中的每一账页就是账户的存在形式和载体，没有账簿，账户就无法存在。账簿只是一个外在形式，账户才是它的真实内容。

7.1.2　设置账簿的原则

我国《会计法》规定“各单位必须依法设置会计账簿，并保证其真实、完整”。同时，《会计基础工作规范》规定“各单位应当按照国家统一会计制度的规定和会计业务的需要设置会计账簿。会计账簿包括总账、明细账、日记账和其他辅助性账簿”。一般来说，设置账簿时应遵循的原则如下。

（1）要以国家统一的会计法规为依据进行账簿的设置，不得违反相关规定私设账簿，即“账外账”。

（2）遵循成本效益原则，在满足实际需求的前提下，尽量节约人力、物力和财力。根据企业核算与管理的需要设置账簿，企业不涉及的项目不需要设置账簿。

（3）设置会计账簿要能够全面、系统地核算会计主体的经济活动，为经营管理提供系统、分类的会计信息，为编制会计报表提供数据资料。

【小提示】

“账外账”是指违反我国《会计法》和国家有关规定，在法定会计账册之外设立的账册。一些经济犯罪案例中提到的“小金库”是指违反国家财经法规及其他有关规定，侵占、截留国家和单位收入，未列入本单位财务会计部门账内或未纳入预算管理、私存私放的各项资金。“小金库”只是“账外账”表现形式中的一种。

7.1.3　账簿的分类

1．会计账簿按其用途分类

会计账簿按其用途不同，可分为序时账簿、分类账簿和备查账簿。

（1）序时账簿又称为日记账，是按经济业务发生或完成的先后顺序逐日逐笔进行登记的账簿。按记录的内容不同，序时日记账又分为普通日记账和特种日记账。

普通日记账是指用来序时逐笔登记企业发生的全部经济业务的序时账簿。把每天发生的各项经济业务逐日逐笔地登记在日记账中，然后据以登记分类账。普通日记账的主要内容就是会计分录，因此普通日记账也称为分录簿。

特种日记账是用来逐笔记录某些重要项目的序时账簿，反映特定项目的详细情况。目前在我国，大多数单位为了加强对货币资金的管理和监督，一般只设库存现金日记账和银行存款日记账。账页的一般格式如表 7-1、表 7-2 所示。

表 7-1

库存现金日记账

年		凭证		摘要	对方科目	借方										贷方										借或贷	余额									
月	日	种类	号码			千	百	十	万	千	百	十	元	角	分	千	百	十	万	千	百	十	元	角	分		千	百	十	万	千	百	十	元	角	分

表 7-2

银行存款日记账

年		凭证		摘要	对方科目	借方										贷方										借或贷	余额									
月	日	种类	号码			千	百	十	万	千	百	十	元	角	分	千	百	十	万	千	百	十	元	角	分		千	百	十	万	千	百	十	元	角	分

（2）分类账簿是对全部经济业务按照分类账户进行分类登记的账簿。账簿按照核算记录项目的详细程度分为总分类账簿和明细分类账簿。按照总分类账户总括性地登记经济业务事项的是总分类账簿，简称总账。按照明细分类账户详细核算记录某一类项目而分类登记经济业务事项的是明细分类账簿，简称明细账。分类账簿提供的会计核算信息是编制会计报表的主要依据。

（3）备查账簿简称备查账，是对某些在序时账簿和分类账簿等主要账簿中不进行登记或者登记不够详细的经济业务事项进行补充登记时使用的账簿，属于辅助性账簿。这些账簿可以对某些经济业务的内容提供必须的参考资料。备查账簿没有固定统一的格式，企业可以根据管理的实际需要进行设置与设计。常见的备查账簿有租入固定资产登记簿、应收票据备查簿、应付票据备查簿、出租出借包装物备查簿以及受托加工来料登记簿等。

【小提示】

并非每个企业都要设置备查账簿。此外，备查账簿与序时账簿和分类账簿相比，存在不同：一是登记依据不同，备查账簿的登记可能不需要记账凭证，甚至不需要一般意义上的原始凭证；二是账簿的格式和登记方法不同，备查账簿主要不是记录金额，而是用文字来表述某项经济业务的具体发生情况，或者某些项目的详细信息。

2．按其账页格式分类

按账页格式不同，账簿一般可分为两栏式、三栏式、多栏式和数量金额式等四种。

（1）两栏式账簿就是只有借方和贷方两个基本金额栏的账簿。这种格式的账页实际工作中很少用。两栏式普通日记账格式如表 7-3 所示。

表 7-3　　两栏式普通日记账

年		凭证		摘要	对方科目	借方										贷方										过账
月	日	种类	号码			千	百	十	万	千	百	十	元	角	分	千	百	十	万	千	百	十	元	角	分	

（2）三栏式账簿是设置借方、贷方和余额三个基本栏目的账簿。各种日记账、总分类账以及资本、债权、债务明细账等只需要进行金额核算的项目都可以采用三栏式账簿。三栏式账簿又分为设对方科目和不设对方科目两种。两者区别是在摘要栏和借方科目栏之间是否设有一栏“对方科目”。有“对方科目”栏的称为设对方科目的三栏式账簿。不设“对方科目”栏的称为不设对方科目的三栏式账簿，也称为一般三栏式账簿。这两类账页格式分别如表 7-4、表 7-5 所示。

（3）多栏式账簿是根据实际分类核算以及管理的需要，在设立借、贷、余三栏的基础上，将账簿的借方或贷方按需要分设若干专栏以集中反映有关明细项目核算资料的账簿。管理费用、销售费用、主营业务收入、生产成本、制造费用等明细账一般采用这种格式的账簿。多栏式账簿专栏设置在借方、还是设在贷方，或是两方同时设专栏，设多少栏，需根据需要确定。费用类明细账户通常采用借方多栏式账页，为“借方分析”，此栏费用项目的填制一般按发生频繁程度从左至右填列，如表 7-6 所示。收入类明细账户一般按照贷方设置多个栏目，若有冲减收入的情况，则用红字登记，表示从贷方发生额中冲减，如表 7-7 所示。本年利润、利润分配、应交税费等明细账一般采用借方贷方多栏式，如表 7-8 所示。

表 7-4

设对方科目的三栏式账页

年		凭证		摘要	对方科目	借方										贷方										借或贷	余额									
月	日	种类	号码			千	百	十	万	千	百	十	元	角	分	千	百	十	万	千	百	十	元	角	分		千	百	十	万	千	百	十	元	角	分

表 7-5

不设对方科目的三栏式账簿

年		凭证		摘要	借方										贷方										借或贷	余额									
月	日	种类	号码		千	百	十	万	千	百	十	元	角	分	千	百	十	万	千	百	十	元	角	分		千	百	十	万	千	百	十	元	角	分

表 7-6

费用类明细账（借方多栏式账页）

年		凭证		摘要	合计	借方分析																													
						工资										折旧费										办公费……									
月	日	种类	号码			千	百	十	万	千	百	十	元	角	分	千	百	十	万	千	百	十	元	角	分	千	百	十	万	千	百	十	元	角	分

表 7-7

主营业务收入明细账（贷方多栏式账页）

年		凭证		摘要	合计	贷方分析																													
						产品/商品 1										产品/商品 2										产品/商品 3……									
月	日	种类	号码			千	百	十	万	千	百	十	元	角	分	千	百	十	万	千	百	十	元	角	分	千	百	十	万	千	百	十	元	角	分

表 7-8

借方贷方多栏式明细账

年		凭证		摘要	合计	借方分析			贷方分析			借或贷	余额
月	日	种类	号码					……			……		

（4）数量金额式账簿的借方（收入）、贷方（发出）和余额（结存）三个栏目，分别都设数量、单价、金额三个小栏目，借以反映财产物资的实物数量和价值量，因此适用于既需要进行价值核算又要进行实物数量核算的各类财产物资明细账户，如原材料、库存商品、产成品、自制半成品、工程物资等明细账一般都采用数量金额式账簿，如表 7-9 所示。

此外，对于涉及外币业务的企业，在对外币进行核算记录时还需要用到外币金额式账页，如表 7-10 所示。

表 7-9

__________明细分类账

货号__________规格__________计量单位__________最高存量__________最低存量__________存放地点

年		凭证		摘要	收入								贷方								结存（余额）							
					数量	单价	金额						数量	单价	金额						数量	单价	金额					
月	日	种类	号码				千	百	十	元	角	分			千	百	十	元	角	分			千	百	十	元	角	分

表 7-10

外币金额式明细账

会计科目__________ 外币名称__________科目编号

NAME OF A/C__________ FOR.CY__________A/C NO.

年 YEAR		凭证号数 VOUCHER NO.	摘要 DESCRIPTION	借方 DEBIT			√	贷方 CREDIT			√	借/贷 DR/CR	余额 BALNCE		
月 M.	日 D.			外币金额 FOR.CY. AMOUNT	汇率 EX. RATE	人民币金额 RMBAMOUNT		外币金额 FOR.CY. AMOUNT	汇率 EX.RATE	人民币金额 RMBAMOUNT			外币金额 FOR.CY. AMOUNT	汇率 EX. RATE	人民币金额 RMBAMOUNT

3．按其外形特征分类

账簿还可以按其外形特征的不同，分为订本账、活页账和卡片账三种。

（1）订本账是指在启用之前就已将账页装订在一起，并对账页进行了连续编号的账簿。订本账的优点是能够避免账页散失和防止抽换账页；缺点是在同一时间内只能由一人登记，不利于分工记账，而且事先不能准确地为各账户预留账页，预留太多，会造成浪费，而预留太少，又会影响连续登记。这种账簿一般适用于总分类账、库存现金日记账和银行存款日记账。

（2）活页账是在账簿登记完毕之前并不固定装订在一起，而是装在活页账夹中。在使用时要给各账页连续编号。通常在一个会计年度结束之后，才将账页进行装订，给各账页连续编号，并加具封面和目录页次。各种明细分类账一般采用活页账形式。活页账的优点是可以根据记账时的实际需要，随时增加空白账页装入账簿，或抽去多余不用的账页，便于账页的增减和重新排列，也便于记账人员的分工记账，可以提高工作效率；但是如果对账簿的管理不善，就有可能会导致账页散乱丢失或被故意抽换账页的现象出现。

（3）卡片账是将账户所需格式印刷在硬卡上。卡片账实质上也是一种活页账，只不过它是装在卡片箱内。在我国，企业一般只对固定资产的核算采用卡片账的形式。因为固定资产在长期使用中其实物形态不变，又可能经常转移使用部门，设置卡片账便于随同实物转移。少数企业在材料核算中也使用材料卡片。

7.2 会计账簿的内容、启用与登记

7.2.1 会计账簿的内容

各种账簿所记录的经济内容不同，账簿的格式又多种多样，不同账簿的格式所包括的具体内容也不尽一致，但各种主要账簿都应具备以下基本内容。

（1）封面。封面主要用于标明账簿名称，如库存现金日记账、银行存款日记账、总分类账、原材料明细账等。

（2）扉页。扉页主要用于载明经管人员一览表，其应填列的内容主要有经管人员、移交人和移交日期；接管人和接管日期。

（3）账页。账页是用来记录具体经济业务的载体，如前所述，账页的格式因记录经济业务的内容及特点的不同而有所不同，但每张账页上都应载明的主要内容包括账户的名称（即会计科目）；记账日期栏；记账凭证种类和号数栏；摘要栏；借方、贷方金额及余额的方向、金额栏；总页次和分页次等。

7.2.2 会计账簿的启用

企业应根据其所处的行业、规模、特点等选择适于企业实际需要的会计账簿。启用会计账簿时，应当在账簿封面上写明单位名称和账簿名称，并在账簿扉页附经管人员一览表（又称为账簿启用登记表，简称启用表）和账户目录。

（1）经管人员一览表。对于活页账、卡片账，经管人员一览表应在装订成册时填列，其内容主要包括账簿名称、启用日期、账簿页数、记账人员和会计机构负责人、会计主管人员姓名，并加盖名章和单位公章。当记账人员或者会计机构负责人、会计主管人员调动工作时，应当注明交接日期、接班人员或者监交人员姓名，并由交接双方签名或者盖章。经管人员一览表的一般格式如表 7-11 所示。

表 7-11 经管人员一览表

单位名称					
账簿名称			账簿编号		
账簿页数	自第 页起至第 页止共 页				
启用日期	年 月 日				
单位领导人签章			会计主管人员签章		
经管人员职别	姓名	经管或接管日期	签章	移交日期	签章
		年 月 日		年 月 日	
		年 月 日		年 月 日	
		年 月 日		年 月 日	

（2）账户目录。启用根据总分类账户设置的订本式账簿时，首先应从第一页到最后一页连续编定页码，不得跳页、缺号。然后按照资产、负债、所有者权益、收入、费用的会计科目编号和科目名称填列账户目录，并写明各个账户的起讫页数。目录表的一般格式如表 7-12 所示。

使用活页式账页时，应按照账户顺序编号，并应定期装订成册，装订后按实际使用的账页顺序编定页码，然后填列账户目录以记明每个账户的名称和页次。

表 7-12 账户目录

页次	会计科目	页次	会计科目	页次	会计科目

为了保证会计账簿记录的合法性和会计资料的真实性、完善性，会计账簿应由专人负责登记。《会计基础工作规范》第五十九条规定：启用会计账簿时，应当在账簿封面上写明单位名称和账簿名称。在账簿扉页上应当附启用表，内容包括启用日期、账簿页数、记账人员和会计机构负责人、会计主管人员姓名，并加盖名章和单位公章。记账人员或者会计机构负责人、会计主管人员调动工作时，应当注明交接日期、接办人员或者监交人员姓名，并由交接双方人员签名或者盖章。启用订本式账簿，应当从第一页到最后一页顺序编定页数，不得跳页、缺号。使用活页式账页，应当按账户顺序编号，并须定期装订成册。装订后再按实际使用的账页顺序编定页码。另加目录，记明每个账户的名称和页次。

通常，启用、登记会计账簿应遵守以下规则。

① 封面及账簿启用和经管人员一览表要认真填写完整。

启用会计账簿时应在账簿封面上写明单位名称和账簿名称，并在扉页附账簿启用和经办人员一览表（简称启用表）。

② 要严格交接手续。记账人员或者会计机构负责人、会计主管等会计人员调动工作时，必须办理账簿交接手续，在账簿启用和经管人员一览表中注明交接日期、交接人员和监交人员姓名，并由交接人员双方签名或者盖章，以明确有关人员的责任，增强有关人员的责任感，便于

加强监督。

③ 年末要及时结转旧账。每年年初更换新账时，应将旧账的各账户余额过入新账的余额栏，并在摘要栏中注明“上年结转”字样。

7.2.3　会计账簿登记要求

依据《会计基础工作规范》第六十条的规定，登记会计账簿的基本要求如下。

（1）登记会计账簿时，应当将会计凭证日期、编号、业务内容摘要、金额和其他有关资料逐项记入账内，并做到数字准确、摘要清楚、登记及时、字迹工整。

（2）登记完毕后，要在记账凭证上签名或者盖章，并注明已经登账的符号，表示已经登记入账。

（3）账簿中书写的文字和数字上面要留有适当空格，不要写满格，一般应占格距的1/2。

（4）登记账簿要用蓝黑墨水或者碳素墨水书写，不得使用圆珠笔（银行的复写账簿除外）或者铅笔书写。

（5）下列情况，可以用红色墨水记账。

① 按照红字冲账的记账凭证，冲销错误记录。

② 在不设借贷等栏的多栏式账页中，登记减少数。

③ 在三栏式账户的余额栏前，如未印明余额方面的，在余额栏内登记负数余额。

④ 根据国家统一会计制度的规定可以用红字登记的其他会计记录。

（6）各种账簿需要按页次顺序连续登记，不得跳行、隔页。如果发生跳行、隔页，应当将空行、空页划线注销，或者注明“此行空白”“此页空白”字样，并由记账人员签名或者盖章。

（7）凡需要结出余额的账户，结出余额后。应当在“借或贷”等栏内写明“借”或者“贷”等字样。没有余额的账户，应当在“借或贷”等栏内写“平”字，并在余额栏内用“θ”表示。库存现金日记账和银行存款日记账必须逐日结出余额。

（8）每一账页登记完毕结转下页时，应当结出本页合计数及余额，写在本页最后一行和下页第一行有关栏内，并在摘要栏内注明“过次页”和“承前页”字样；也可以将本页合计数及金额只写在下页第一行有关栏内，并在摘要栏内注明“承前页”字样。

对需要结计本月发生额的账户，结计“过次页”的本页合计数应当为自本月初起至本页末止的发生额合计数；对需要结计本年累计发生额的账户，结计“过次页”的本页合计数应当为自年初起至本页末止的累计数；对既不需要结计本月发生额也不需要结计本年累计发生额的账户，可以只将每页末的余额结转次页。

7.2.4　会计账簿的登记方法

账簿登记的内容包括登记会计凭证的日期、编号、业务内容摘要、金额和其他相关资料，在登记时要做到数字准确、摘要清楚、登记及时、字迹工整。总账、日记账和明细账的登记方法又有所不同。

1．总分类账的格式及登记方法

总分类账是按照会计科目的编码顺序分设账户，总括性的核算会计信息的账簿，只是登记金额的增减变动及余额。因此，总账最常采用的格式为三栏式，设置借方、贷方和余额三个基本金额栏目。

因为总账既可以全面概括的反映企业经济业务活动情况，为编制财务报表提供数据资料，又可以与其所属明细账进行核对起到检查监督作用，所以任何单位都要设置总账。为了避免账页散乱丢失或被随意抽换，总账采用订本式账簿。

企业登记总账的依据和步骤取决于所选用的账务处理程序，可以直接根据记账凭证逐笔登记总账，也可以定期将各类记账凭证进行分类汇总编制汇总记账凭证，进而根据汇总记账凭证登记总账，或者定期将所有记账凭证进行汇总编制科目汇总表，以科目汇总表为依据登记总账。本部分举简例说明总账的登记方法。

【例 7-1】永安公司 20×5 年 3 月 31 日部分账户余额如表 7-13、表 7-14 所示。

表 7-13 永安公司 3 月 31 日部分总账账户余额表

账户名称	借方余额	账户名称	贷方余额
库存现金	5 000	短期借款	40 000
银行存款	67 000	应付账款	13 000
库存商品	25 000	预收账款	10 000
应收账款	12 000	应付职工薪酬	31 000

表 7-14 永安公司 3 月 31 日部分明细账账户余额表

账户名称	借方余额	账户名称	贷方余额
库存商品——A 商品	25 000	应付账款——乙公司	13 000
应收账款——甲公司	10 000	预收账款——丙公司	10 000

表中，A 商品为 250 公斤，每公斤成本 100 元。

4 月 1 日至 5 日发生以下业务，该企业选用通用单一格式记账凭证，并且直接根据记账凭证逐笔登记总账。

（1）4 月 1 日，用银行存款偿还短期借款 25 000 元。根据该项业务的原始凭证填制记账凭证，会计分录如下。

借：短期借款　　25 000

　　贷：银行存款　　25 000

（2）4 月 2 日，收到甲公司前欠货款 10 000 元，已存入银行。会计分录如下。

借：银行存款　　10 000

　　贷：应收账款——甲公司　　10 000

（3）4 月 3 日，开出转账支票一张，偿还所欠供应商乙公司部分货款 8 000 元。会计分录如下。

借：应付账款——乙公司　　8 000

　　贷：银行存款　　8 000

（4）4 月 3 日，开出转账支票一张，支付职工工资 30 000 元。会计分录如下。

借：应付职工薪酬　　30 000

　　贷：银行存款　　30 000

（5）4 月 4 日，用现金报销管理部门购买办公用品支出 800 元。会计分录如下。

借：管理费用　　800

　　贷：库存现金　　800

（6）4 月 5 日，收到客户丙公司预付货款 12 000 元。会计分录如下。

借：银行存款　　12 000

　　贷：预收账款——丙公司　　12 000

（7）4月5日，购入A商品，80公斤，每公斤100元，合计8 000元，货款已转账支付。（不考虑相关税费）会计分录如下。

借：库存商品——A商品　　　　　　　　8 000

　　贷：银行存款　　　　　　　　　　　　8 000

首先，根据反映经济业务发生和完成的原始凭证填制记账凭证，分别如表7-15至表7-21所示。

表7-15　　　　　　　　记账凭证

20×5年4月1日　　　　　　　　记字第1号

摘要	总账科目	明细科目	记账√	借方金额	贷方金额
偿还短期借款	短期借款			25 000.00	
	银行存款				25 000.00
合计金额				¥25 000.00	¥25 000.00

会计主管　　记账　　复核　　出纳　　制单

表7-16　　　　　　　　记账凭证

20×5年4月2日　　　　　　　　记字第2号

摘要	总账科目	明细科目	记账√	借方金额	贷方金额
收到前欠货款	银行存款			10 000.00	
	应收账款	甲公司			10 000.00
合计金额				¥10 000.00	¥10 000.0

会计主管　　记账　　复核　　出纳　　制单

表7-17　　　　　　　　记账凭证

20×5年4月3日　　　　　　　　记字第3号

摘要	总账科目	明细科目	记账√	借方金额	贷方金额
偿还所欠货款	应付账款	乙公司		8 000.00	
	银行存款				8000.00
合计金额				¥8 000.00	¥8 000.00

会计主管　　记账　　复核　　出纳　　制单

表7-18　　　　　　　　记账凭证

20×5年4月3日　　　　　　　　记字第4号

摘要	总账科目	明细科目	记账√	借方金额	贷方金额
支付工资	应付职工薪酬			30 000.00	
	银行存款				30 000.00
合计金额				¥30 000.00	¥30 000.00

会计主管　　记账　　复核　　出纳　　制单

表 7-19 记账凭证

20×5 年 4 月 4 日 记字第 5 号

摘要	总账科目	明细科目	记账√	借方金额	贷方金额
报销办公用品	管理费用			800.00	
	库存现金				800.00
合计金额				¥800.00	¥800.00

会计主管 记账 复核 出纳 制单

表 7-20 记账凭证

20×5 年 4 月 5 日 记字第 6 号

摘要	总账科目	明细科目	记账√	借方金额	贷方金额
收到预付货款	银行存款			12 000.00	
	预收账款	丙公司			12 000.00
合计金额				¥12 000.00	¥12 000.00

会计主管 记账 复核 出纳 制单

表 7-21 记账凭证

20×5 年 4 月 5 日 记字第 7 号

摘要	总账科目	明细科目	记账√	借方金额	贷方金额
购入 A 商品	库存商品	A 商品		8 000.00	
	银行存款				8 000.00
合计金额				¥8 000.00	¥8 000.00

会计主管 记账 复核 出纳 制单

然后，根据记账凭证记载的信息直接登记相关总账，依次登记日期、凭证种类和号数、摘要、借方或者贷方发生额，并据此确定余额方向和金额，填入相应栏目内，分别如表 7-22 至表 7-30 所示。

表 7-22 总分类账

会计科目：库存现金

20×5 年		凭证		摘要	借方	贷方	借或贷	余额
月	日	种类	号码					
4	1			期初余额			借	5 000.00
4	4	记	5	报销办公用品		800.00	借	4 200.00

表 7-23 总分类账

会计科目：银行存款

20×5 年		凭证		摘要	借方	贷方	借或贷	余额
月	日	种类	号码					
4	1	记		期初余额			借	67 000.00
4	1	记	1	偿还短期借款		25 000.00	借	42 000.00
4	2	记	2	收到前欠货款	10 000.00		借	52 000.00
4	3	记	3	偿还所欠货款		8 000.00	借	44 000.00
4	3	记	4	支付工资		30 000.00	借	14 000.00
4	5	记	6	收到预付货款	12 000.00		借	26 000.00
4	5	记	7	购入 B 商品		8 000.00	借	18 000.00

表 7-24 总分类账

会计科目：库存商品

20×5 年		凭证		摘要	借方	贷方	借或贷	余额
月	日	种类	号码					
4	1			期初余额			借	25 000.00
4	5	记	7	购入 A 商品	8 000.00		借	33 000.00

表 7-25 总分类账

会计科目：应收账款

20×5 年		凭证		摘要	借方	贷方	借或贷	余额
月	日	种类	号码					
4	1			期初余额			借	12 000.00
4	2	记	2	收到前欠货款		10 000.00	借	2000.00

表 7-26 总分类账

会计科目：短期借款

20×5 年		凭证		摘要	借方	贷方	借或贷	余额
月	日	种类	号码					
4	1			期初余额			贷	40 000.00
4	1	记	1	偿还短期借款	25 000.00		贷	15 000.00

表 7-27　　总分类账

会计科目：应付账款

20×5年		凭证		摘要	借方	贷方	借或贷	余额
月	日	种类	号码					
4	1			期初余额			贷	13 000.00
4	3	记	3	偿还所欠货款	8 000.00		贷	5 000.00

表 7-28　　总分类账

会计科目：预收账款

20×5年		凭证		摘要	借方	贷方	借或贷	余额
月	日	种类	号码					
4	1			期初余额			贷	10 000.00
4	5	记	6	收到预付货款		12 000.00	贷	22 000.00

表 7-29　　总分类账

会计科目：应付职工薪酬

20×5年		凭证		摘要	借方	贷方	借或贷	余额
月	日	种类	号码					
4	1			期初余额			贷	31 000.00
4	3	记	4	支付工资	30 000.00		贷	1 000.00

表 7-30　　总分类账

会计科目：管理费用

20×5年		凭证		摘要	借方	贷方	借或贷	余额
月	日	种类	号码					
4	4	记	5	报销办公用品	800.00		借	800.00

2．日记账的格式及登记方法

本部分所讲日记账仅指库存现金日记账和银行存款日记账，即特种日记账。在我国，大多数单位一般只设库存现金日记账和银行存款日记账，分别用于逐日、逐笔、序时的核算库存现金和银行存款金额的增减变动及结余情况，以便于加强对货币资金的日常监督和管理。为了避免账页散乱丢失或被随意抽换，现金和银行存款日记账应采用订本式账簿。由于现金和银行存款日记账只核算金额的增减变动，所以通常也是采用只设置借方、贷方和余额的三栏式账页。

此处沿用例 7-1 的资料，根据原始凭证及记账凭证登记库存现金日记账和银行存款日记账，分别如表 7-31、表 7-32 所示。

【小提示】

在企业选用记账凭证账务处理程序时，登记库存现金日记账和银行存款日记账的过程与登记库存现金总账和银行存款总账的依据与方法相同。

表 7-31 库存现金日记账

会计科目：库存现金

20×5年		凭证		摘要	借方	贷方	借或贷	余额
月	日	种类	号码					
4	1			期初余额			借	5 000.00
4	4	记	5	报销办公用品		800.00	借	4 200.00

表 7-32 银行存款日记账

会计科目：银行存款

20×5年		凭证		摘要	借方	贷方	借或贷	余额
月	日	种类	号码					
4	1	记		期初余额			借	67 000.00
4	1	记	1	偿还短期借款		25 000.00	借	42 000.00
4	2	记	2	收到前欠货款	10 000.00		借	52 000.00
4	3	记	3	偿还所欠货款		8 000.00	借	44 000.00
4	3	记	4	支付工资		30 000.00	借	14 000.00
4	5	记	6	收到预付货款	12 000.00		借	26 000.00
4	5	记	7	购入 A 商品		8 000.00	借	18 000.00

3．明细账的格式和登记方法

明细分类账是根据企业进行经济管理的实际需要，对经济业务的详细内容进行核算，按照明细分类账户进行分类登记的账簿，是对总分类账进行的补充说明。根据明细账核算项目的不同性质特点，明细账采用的账页格式也有所不同。只需要核算金额，不需要核算数量的债务债权类账户，采用借贷余三栏式的账页，如“应收账款”“其他应收款”“应付账款”等。既需要核算金额，又需要核算实物数量的财产物资类账户，采用数量金额式的账页，如“原材料”“库存商品”“工程物资”等。不需要核算数量，只需要核算金额，同时又要为管理提供构成内容详细信息的成本、收入、费用等类别的账户，则采用多栏式的账页，如“主营业务收入”“管理费用”“生产成本”以及“应交税费”所属的应交增值税的明细科目等。登记明细账的依据有记账凭证，原始凭证和汇总原始凭证。固定资产、债权、债务类明细账需要逐日登记，库存商品、原材料、产成品、收入、费用类明细账可逐日登记也可定期汇总登记。

沿用例 7-1 的资料，随着相关业务的发生，需要登记的明细账有“库存商品——A 商品”“应收账款——甲公司”“应付账款——乙公司”以及“预收账款——丙公司”，分别如表 7-33 至表 7-36 所示。

表 7-33　　　　库存商品明细分类账

品名A商品＿＿规格＿＿＿＿计量单位＿＿最高存量＿＿最低存量＿＿存放地点＿＿＿

20×5年		凭证		摘要	收入			贷方			结存（余额）		
月	日	种类	号码		数量	单价	金额	数量	单价	金额	数量	单价	金额
4	1			期初余额							250	100.00	25 000.00
4	5	记	6	购入商品	80	100.00	8 000.00				330	100.00	33 000.00

表 7-34　　　　应收账款明细分类账

明细科目：甲公司

20×5年		凭证		摘要	借方	贷方	借或贷	余额
月	日	种类	号码					
4	1			期初余额			借	12 000.00
4	2	记	2	收到前欠货款		10 000.00	借	2000.00

表 7-35　　　　应付账款明细分类账

明细科目：乙公司

20×5年		凭证		摘要	借方	贷方	借或贷	余额
月	日	种类	号码					
4	1			期初余额			贷	13 000.00
4	3	记	3	偿还所欠货款	8 000.00		贷	5 000.00

表 7-36 预收账款明细分类账

明细科目：预收账款

20×5年		凭证		摘要	借方	贷方	借或贷	余额
月	日	种类	号码					
4	1			期初余额			贷	10 000.00
4	5	记	6	收到预付货款		12 000.00	贷	22 000.00

4．总账与明细账的平行登记

总分类账是按照总分类科目设置，用来提供总括的核算资料，因而对明细分类账具有统驭控制作用。明细分类账用来对经济业务的详细内容进行核算，对总分类账具有补充说明作用。这就决定了总账与所属的明细分类账登记时在总金额上应当相等。总分类账与其所属明细分类账所反映的会计事项是相同的，因此在总账和明细账之间登记时就要遵循平行登记的原则。平行登记是指经济业务发生之后，要以原始凭证和记账凭证为依据，在同一期间，一方面登记反映会计事项总括情况的总账；另一方面登记对总账记录内容有补充说明作用的各个明细账。

总分类账户与明细分类账户的平行登记要求做到以下几方面。

（1）依据相同。经济业务发生之后，登记总分类账和及所属的明细分类账时，所依据的会计凭证尤其是原始凭证相同。

【小提示】

由于企业选择的账务处理程序不同，登记总账的直接依据会有差别：记账凭证、汇总记账凭证或科目汇总表，但是登记账簿的原始凭证是相同的。

（2）方向相同（借贷方向）。经济业务发生之后，登记总分类账及所属的明细分类账时，记账的借贷方向应当一致。企业采用记账凭证账务处理程序时，记入总分类账的借方则在记入其所属的明细分类账时，也应记入其借方，反之亦然。

（3）期间相同。经济业务发生之后，既要记入有关的总分类账，又要在同一会计期间记入其所属的明细分类账，即总分类账和明细账的登记应登记在同一个会计期间的账簿上。

【小提示】

尽管企业选择的账务处理程序不同登记总账的具体日期可能会有差别，但是总分类账和明细账的登记应该在同一个会计期间。

（4）金额相同。在同一会计期间，记入总分类账的金额应该与记入其所属明细分类账的金额合计数相等。两者在金额上存在以下关系。

总分类账户本期借方发生额=所属的各个明细分类账户的本期借方发生额合计

总分类账户本期贷方发生额=所属的各个明细分类账户的本期贷方发生额合计

总分类账户期末余额=所属的各个明细分类账户的期末余额合计

【例 7-2】亚达公司 20×5 年 7 月 1 日“应付账款”总分类账户有贷方金额 22 000 元，其所属明细分类账户“应付账款——A 公司”余额为 10 000 元，“应付账款——B 公司”余额为 12 000 元，合计为 22 000 元。另外，该公司 7 月份发生下列经济业务。

（1）7 月 2 日，向 A 公司购入甲材料 600 公斤，单价 40 元，价款 24 000 元，材料验收入库，货款尚未支付。

（2）7 月 12 日向 B 公司购入甲材料 200 公斤，单价 45 元，价款 9 000 元，材料已经验收入库，货款尚未支付。

（3）7 月 20 日，以银行存款偿还 A 公司货款 30 000 元，偿还 B 公司货款 20 000 元。

本例只说明"应付账款"及其所属明细账的平行登记过程。首先，根据以上资料开设"应付账款"及其所属明细账，并登记期初余额。

然后，根据以上业务编制会计分录如下，填制记账凭证（此处略）。

（1）借：原材料——甲材料　　24 000
　　　贷：应付账款——A 公司　　24 000

（2）借：原材料——甲材料　　9 000
　　　贷：应付账款——B 公司　　9 000

（3）借：应付账款——A 公司　　30 000
　　　　　　　　——B 公司　　20 000
　　　贷：银行存款　　50 000

该企业采用记账凭证账务处理程序，根据以上资料登记"应付账款"总账及其所属明细账，并结出发生额及余额，分别如表 7-37 至表 7-39 所示。

表 7-37　　**总分类账**

会计科目：应付账款

20×5 年		凭证		摘要	借方	贷方	借或贷	余额
月	日	种类	号码					
7	1			期初余额			贷	22 000.00
	2			赊购甲材料		24 000.00	贷	46 000.00
	12			赊购甲材料		9 000.00	贷	55 000.00
	20			偿还所欠货款	50 000.00		贷	5 000.00

表 7-38　　**应付账款明细分类账**

明细科目：A 公司

20×5 年		凭证		摘要	借方	贷方	借或贷	余额
月	日	种类	号码					
7	1			期初余额			贷	10 000.00
	2			赊购甲材料		24 000.00	贷	34 000.00
	20			偿还所欠货款	30 000.00		贷	4 000.00

表 7-39　　应付账款明细分类账

明细科目：B 公司

20×5 年		凭证		摘要	借方	贷方	借或贷	余额
月	日	种类	号码					
7	1			期初余额			贷	12 000.00
	12			赊购甲材料		9 000.00	贷	21 000.00
	20			偿还所欠货款	20 000.00		贷	1 000.00

根据表 7-38 与表 7-39 计算出应付账款明细分类账本期的发生额及余额合计，如表 7-40 所示。

表 7-40　　应付账款明细分类账本期的发生额及余额表

明细账名称	期初余额		本期发生额		期末余额	
	借方	贷方	借方	贷方	借方	贷方
A 公司		10 000.00	30 000.00	24 000.00		4 000.00
B 公司		12 000.00	20 000.00	9 000.00		1 000.00
合计		22 000.00	50 000.00	33 000.00		5 000.00

将应付账款明细分类账的发生额合计、余额合计与总分类账发生额和余额进行核对，金额相等，方向相同，表明记账基本正确。

7.3　错账的查找与更正

7.3.1　错账的查找方法

在会计账务处理过程中，可能发生各种各样的差错。如果通过试算平衡或者对账等方法发现存在账实、账证或账账不符等情况，则表明账簿的记录存在错误。这种情况下，需要确定发生错误的金额、错误的方向，根据产生差错的具体情况，分析差错产生的原因，进而采取有针对性的查找方法，确定产生错误的具体事项。通常产生差错的原因可能是重复登记、漏记、数字颠倒、数字错位、数字记错、科目记错以及借贷方向记反等。根据不同类型的差错原因，可以采用不同的方法进行错账的查找。这样可以提高查错的效率。

1．差数法

差数法是按照错账的差数查找错账的方法，主要适用于重复登记（或漏记）借方或贷方某一方的金额而导致的错误。进行试算平衡时，若借方漏记，则贷方合计数会大于借方合计数；若贷方漏记，则借方合计数会大于贷方合计数；当借方重记，则借方合计数会大于贷方合计数；当贷方重记，则贷方合计数会大于借方合计数。因此，当试算平衡中出现借贷方合计数不一致的情况时，可以首先根据差额数回忆是否有对应金额的业务，并检查是否有重记、漏记的情况。比如，通过试算平衡发现借方合计数比贷方合计数少 7 809 元，则可以回忆是否有 7 809 元金额的业务，进而检查是否有借方漏记或者贷方重记的情况。

2．尾数法

尾数法是指对于发生的角、分有差错的情况，可以只查找小数部分，以提高查错的效率。如只差 0.08 元，只需查找一下是否存在金额尾数为“0.08”的项目，看是否已将其登记入账或登记有误。

3．除2法

当通过试算平衡对账发现账账、账证或账实不符，且差数为偶数时，应首先检查记账方向是否发生错误。在记账时，有时由于会计人员疏忽，会将金额方向记反，如将借方金额误计入贷方或将贷方金额误计入借方。这必然会出现一方合计数增多，而另一方合计数减少的情况，其差额恰是记错方向金额的两倍，差数即为偶数。对于这种错误的检查，可用差错数除以 2，得出的商数就是方向记反的金额，然后再去查找对应差错数字的账目。这样就可以使差错的查找更有针对性，减少工作量，如以下业务。

借：应收账款——A 公司　　　　　　　　　　　　　　5 000

　　贷：主营业务收入　　　　　　　　　　　　　　　　5 000

假设会计人员在登记明细账时，错把应收账款的发生额登记入贷方，那将总账与明细账进行核对时，就会出现总账借方余额比所属各明细账借方余额合计数多 10 000 元。此时，将 10 000 元除以 2，商数正好是误计入贷方的 5 000 元。然后，查找金额为 5 000 元的业务，就能很容易发现差错产生原因。

4．除9法

除 9 法是指用对账差额除以 9 来查找差错的方法，主要适用于下列两种错误的查找。

（1）数字错位，把数写大（数字金额多写一个“0”）或者写小（数字金额少写一个“0”）。在查找错误时，如果差错的数额较大，就应该检查一下是否在记账时发生了数字错位。在登记账目时，会计人员可能会把小数看大了，把十位数看成百位数，如把 50 看做 500，把百位数看成了千位数，如把 600 看成 6 000；也有可能会把大数看小了，把百位数看成十位数，千位数看成百位数。这些情况下，差错数额一般比较大，并且为 9 的倍数，可以用除 9 法进行检查。如将 700 元看成了 7 000 元并登记入账，此时在对账时就会出现余额差 7 000−700=6 300（元），用 6 300 元除以 9，商为 700 元。这里的 700 元就是应该记录的正确的数额。700 乘以 10 之后得到的 7 000 即为实际登记了的错误的金额数字。又如收入现金 500 元，误记为 50 元，对账结果会出现差值 500−50=450（元），用 450 元除以 9，商为 50 元，商数即为实际登记了的错误的金额数字。商数 50 乘以 10 得到的 500 即为应该记录的正确数额。

（2）相邻数字颠倒错误的查找。在记账时，会计人员有时将金额中相邻的两个数字登记颠倒了，此时数字颠倒产生的差额为 9 的倍数，将差额除以 9，得到的商数即为颠倒的两个数字的差额，然后将得出的商连续加 11，直到找出颠倒的数字为止。如将 86 记成 68，其差值为 18，18 除以 9 得 2，表明记颠倒的两个数字之差为 2，将得出的商连续加 11，和依次为 13、24、35、46、57……直到找出颠倒的数字 68 为止。

依据颠倒数位的数字之差最小为 1 最大为 8 的特点，可以将颠倒的数字汇集，汇集的数字颠倒查错表如表 7-41 所示。

表 7-41　　数字颠倒查错表

颠倒数字的差数	1		2		3		4		5		6		7		8	
颠倒的数字	12	21	13	31	14	41	15	51	16	61	17	71	18	81	19	91
	23	32	24	42	25	52	26	62	27	72	28	82	29	92		
	34	43	35	53	36	63	37	73	38	83	39	93				
	45	54	46	64	47	74	48	84	49	94						
	56	65	57	75	58	85	59	95								
	67	76	68	86	69	96										
	78	87	79	97												
	89	98														

5．其他方法

如果用上述方法检查均未发现错误，而对账结果又确实不符，还可以采用顺查、逆查、抽查等方法检查是否有漏记和重记等现象。

顺查法又称正查法，是指按会计核算程序，从检查会计凭证开始，按顺序核对记账凭证、账簿、报表的一种检查方法。顺查法的优点是可以比较系统地了解核算的全过程，漏查的可能性较小。

逆查法又称"倒查法""溯源法"，与顺查法的顺序正好相反，即从出现差错的总账科目入手，逆向地审查总账、明细账、记账凭证和原始凭证。

抽查法又称选查法，是对被查企业的会计凭证和账簿，有针对性地选择出现差错的相关凭证、账簿进行检查的一种方法。

7.3.2 错账的更正方法

通过上述几种方法，查找出记账等处理中的错误后，需要采用正确的方法予以更正。

《会计基础工作规范》第六十二条规定：账簿记录发生错误，不准涂改、挖补、刮擦或者用药水消除字迹，不准重新抄写，必须按照下列方法进行更正。

1．登记账簿时发生错误

这时应当将错误的文字或者数字划红线注销，但必须使原有字迹仍可辨认。然后，在划线上方填写正确的文字或者数字，并由记账人员在更正处盖章。对于错误的数字，应当全部划红线更正，不得只更正其中的错误数字。对于文字错误，可只划去错误的部分。

2．记账凭证错误

由于记账凭证错误而使账簿记录发生错误，应当按更正的记账凭证登记账簿。

具体地，不同类型的错账要采用不同的更正方法。常见的错账更正方法有划线更正法、红字更正法以及补充登记法。这三类方法分别适用于不同类型的差错。

（1）划线更正法适用于记账凭证本身填制正确，在记账或结账过程中发现账簿记录中文字或数字有错误的情况。具体更正方法是：先在错误的文字或数字上划一条红线，表示注销，划线时必须使原有字迹仍可辨认；然后将正确的文字或数字用蓝字写在划线处的上方，并由记账人员在更正处盖章，以明确责任。对于文字的错误，可以只划去错误的部分，并更正错误的部分，对于错误的数字，应当全部划红线更正，不能只更正其中的个别错误数字。例如，把"3 457"元误记为"8 457"元时，不能只是删改一个"8"字，而应将错误数字"8 457"全部用红线注销后，再在其上边写上正确的数字"3 457"，如下所示，左边为错误的更正方法，右边为正确的更正方法。

3（印）	3 457（印）
~~8~~ 457	~~8 457~~

（2）红字更正法适用于更正两种情形的错误。

① 在记账以后，如果发现记账凭证中应借、应贷科目选用错误或者科目写反时，可以用红字更正法进行更正。具体做法是：先用红字金额，填写一张与错误记账凭证内容完全相同的记账凭证，且在摘要栏注明"冲销某月某日第×号凭证"，并据以用红字金额登记入账，以冲销账簿中原有的错误记录，然后再用蓝字重新填制一张正确的记账凭证，且在摘要栏注明"更正某月某日第×号凭证"，登记入账。这样，原来的错误记录便得以更正。

【例 7-3】销售部门领用甲材料 2 000 元用于一般消耗。

（1）填制记账凭证时，误将借方科目写成"生产成本"，并已登记入账。原错误记账凭证如下。

借：生产成本　　2 000

　　贷：原材料　　2 000

（2）发现错误后，用红字填制一张与原错误记账凭证内容完全相同的记账凭证，并据以用红字金额登记对应账簿。

借：生产成本　　　　　　　　　　　　　　　　　　　　2 000
　　贷：原材料　　　　　　　　　　　　　　　　　　　　　2 000

（3）用蓝字填制一张正确的记账凭证，并据以用蓝字金额登记对应账簿。

借：销售费用　　　　　　　　　　　　　　　　　　　　2 000
　　贷：原材料　　　　　　　　　　　　　　　　　　　　　2 000

② 记账后，发现记账凭证和账簿记录中应借、应贷科目选用没有错误，只是所记金额大于应记金额。对于这种账簿记录的错误，更正的方法是：将多记的金额用红字填制一张与原错误记账凭证会计科目相同的记账凭证，并在摘要栏注明“冲减某月某日第×号凭证”，并据以登记入账，以冲销多记的金额，使错账得以更正。

【例 7-4】销售部门领用甲材料 2 000 元用于一般消耗。假设在编制记账凭证时应借、应贷科目没有错误，只是将金额由 2 000 元写成了 20 000 元，并且已登记入账。

该笔业务需用红字更正法编制一张记账凭证，将多记的金额 18 000 元用红字冲销。编制的记账凭证如下。

借：销售费用　　　　　　　　　　　　　　　　　　　　18 000
　　贷：原材料　　　　　　　　　　　　　　　　　　　　　18 000

然后根据红字金额的凭证分别登记销售费用、原材料账簿，冲减多记金额。

（3）补充登记法又称为蓝字更正法。在记账之后，如果发现记账凭证中应借、应贷的科目没有错误，但所记金额小于应记金额，造成账簿中所记金额也小于应记金额，这种错账应采用补充登记法进行更正。更正的方法是：将少记金额用蓝笔填制一张与原错误记账凭证会计科目方向均相同的记账凭证，并在摘要栏内注明“补记某月某日第×号凭证”并予以登记入账，补足原少记金额，使错账得以更正。

【例 7-5】销售部门领用甲材料 2 000 元用于一般消耗。假设在编制记账凭证时应借、应贷账户没有错误，只是金额由 2 000 元写成了 200 元，并且已登记入账。

该笔业务只需用补充登记法编制一张记账凭证将少记的金额 1 800 元补足便可，其记账凭证如下。

借：销售费用　　　　　　　　　　　　　　　　　　　　1 800
　　贷：原材料　　　　　　　　　　　　　　　　　　　　　1 800

错账更正的三种方法中，红字更正法和补充登记法都是用来更正因记账凭证错误而产生的记账错误。如果非因记账凭证的差错而产生的记账错误，则用划线更正法更正。

以上三种方法适用于当年内发现填写记账凭证或者登账错误而采用的更正方法。如果发现以前年度记账凭证中有错误（指会计科目、金额有误）并导致账簿登记出现差错，应当用蓝字或黑字填制一张更正的记账凭证。因错误的账簿记录已经在以前会计年度终了进行结账或决算，不可能将已经决算的数字进行红字冲销，只能用蓝字或黑字凭证对除文字外的一切错误进行更正，并在更正凭证上特别注明“更正××年度错账”的字样。

7.4 期末对账与结账

7.4.1 期末对账

对账指的就是核对账目。企业在期末编制财务报表之前需要保证各项财务数据的正确性，而编制报表的数据来源主要是账簿的记录，为了保证账簿记录的真实、正确、可靠进而为编制报表提供准确的数据，就需要对账簿和账户所记录的有关数据加以检查和核对。确保会计记录正确的方法之一是进行试算平衡，但是如前所述，通过试算平衡并不能发现所有的错误，为了能系统、全面地发现会计记录中可能存在的所有错误，在保证试算平衡的基础上，还需要进行对账工作。《会计基础工作规范》第六十三条规定："各单位应当定期对会计账簿记录的有关数字与库存实物、货币资金、有价证券、往来单位或者个人等进行相互核对，保证账证相符、账账相符、账实相符。"为了保证账证相符、账账相符、账实相符而进行的账证核对、账账核对和账实核对就是对账工作的主要内容。

1．账证核对

账是指账簿，包括总分类账、明细分类账、库存现金日记账、银行存款日记账。证指的是会计凭证，即记账凭证及其所附的原始凭证。进行账证核对，主要就是将账簿与相关凭证之间进行核对，核对内容包括日期、凭证号数、内容、数量、金额、选用账户是否正确、记账方向是否正确等。

2．账账核对

账账核对是对各种账簿之间有关核算指标的核对。具体包括三个方面的核对。

（1）总账账户借贷方的发生额合计数、期末余额与所属各明细账账户发生额及期末余额合计数的核对。

（2）库存现金、银行存款总账账户的发生额、期末余额与库存现金日记账、银行存款日记账发生额、期末余额的核对。

（3）会计部门有关财产物资明细分类账发生额、期末余额与财产物资保管、使用部门有关财产物资明细分类账或保管账目的发生额、期末余额的核对。

3．账实核对

账实核对是指财产物资的账面余额与实存数额进行核对，进而保证账实相符。具体核对内容包括以下几方面。

（1）库存现金日记账账面余额与现金实际库存数的逐日核对。

（2）银行存款日记账的余额与开户银行对账单的核对。

（3）各种实物资产明细分类账账面结存数量与实物资产的实存数的核对。

（4）应收、应付、预收、预付款等各类债权债务明细分类账账面余额与有关债务、债权单位或者个人的相关记录进行核对。其中，对现金、实物资产进行账实核对可以采用实地盘点法，对银行存款进行账实核对则通过编制银行存款余额调节表，而对债权债务的账实核对通常通过函证的方式来进行。

【小提示】

进行账实核对时，对于库存现金、实物资产可以用企业内部的账簿记录与实存数核对，而核对银行存款、债务债权类明细账的记录是否正确则分别需要用企业内部的记录与外部取得的银行存款对账单或者函证取得的被询证者的回函。

7.4.2 期末结账

为了总结一定会计期间的财务状况和经营成果，以便于根据账簿记录编制会计报表，会计人员必须定期地做好结账工作。结账是指为总括一定时期内的全部经济业务，计算并结转各种账簿的本期发生额和期末余额，在会计期末进行的汇总、整理、总结工作。

结账通常包括两个方面的内容：一是结清各损益类账户，并据此计算本期利润；二是结清各资产、负债和所有者权益类账户，分别结出本期发生额和期末余额，并结转至下一会计期间。

1．结账前的准备工作

首先，结账前要查明本期发生的经济业务是否已经全部正确地登记入账，有无漏记、错记等需要补记、更正的情况。然后，根据权责发生制原则进行账项调整，编制调整收入、费用的会计分录并登记入账。在此基础上进行损益类科目的结转，将损益类账户的发生额转入“本年利润”账户。最后，在确保本期所有经济业务登记入账的基础上，计算出各种账户的本期发生额合计和期末余额并结转下期。

2．结账的内容与方法

《会计基础工作规范》第六十四条规定：各单位应当按照规定定期结账。

（1）结账前，必须将本期内所发生的各项经济业务全部登记入账。

（2）结账时，应当结出每个账户的期末余额。需要结出当月发生额的，应当在摘要栏内注明“本月合计”字样，并在下面通栏划单红线。需要结出本年累计发生额的，应当在摘要栏内注明“本年累计”字样，并在下面通栏划单红线。12 月末的“本年累计”就是全年累计发生额。全年累计发生额下面应当通栏划双红线。年度终了结账时，所有总账账户都应当结出全年发生额和年末余额。

（3）年度终了，要把各账户的余额结转到下一会计年度，并在摘要栏注明“结转下年”字样。在下一会计年度新建有关会计账簿的第一行余额栏内填写上年结转的余额，并在摘要栏注明“上年结转”字样。

具体来看，不同的账户结账方法有所不同。

（1）不需要按月结计本期发生额的账户。如各项应收款明细账和各项财产物资明细账等，每次记账之后，都要随时结出余额，每月最后一笔余额即为月末余额。这时，月末余额就是本月最后一笔经济业务记录的同一行内的余额。月末结账时，只需要在最后一笔经济业务记录之下划一通栏单红线，不需要再结计一次余额。

（2）需要按月结计发生额的现金、银行存款日记账及收入、费用等明细账。每月结账时，需要在最后一笔经济业务记录下面划一通栏单红线，结出本月发生额和余额，在摘要栏内注明“本月合计”字样，在下面再划一单红线。如果本月只发生了一笔经济业务，结账时只需要在此行记录下划一单红线，不需要另外结出“本月合计”数额。

（3）需要结计本年累计发生额的明细账。如主营业务收入、成本和费用明细账等，在每月结账时，应在“本月合计”行下结计自年初起至本月末止的累计发生额，登记在月份发生额下面，在摘要栏内注明“本年累计”字样，并在下面再划一单红线。12 月末的“本年累计”就是全年累计发生额，全年累计发生额下划通栏双红线。

（4）平时只需要结计月末余额的总账账户。在年终结账时，为了反映全年各项资产、负债及所有者权益增减变动的全貌，需要将所有总账账户结计全年发生额和年末余额，在摘要栏内注明“本年合计”，并在合计数下划一双红线，以示封账。

（5）年终结账时，对于有余额的账户，要将其余额结转下年，并在摘要栏注明“结转下年”；在下一年度新建有关会计账户的第一行余额栏内填写上年结转的余额，并在摘要栏内写明“上年结转”。如果账页的“结转下年”行以下还有空行，应当自余额栏的右上角至日期栏的左下角用红笔划对角线注销。

7.5 会计账簿的更换与保管

7.5.1 会计账簿的更换

会计账簿的更换通常在新会计年度建账时进行。一般来说，总账、日记账和多数明细账应每年更换一次。但有些财产物资明细账和债权债务明细账材料品种、规格和往来单位较多，更换新账，重抄一遍工作量较大，因此，可以跨年度使用，不必每年更换一次。各种备查簿也可以连续使用。对于变动较小的明细账，如固定资产明细账，也可以连续使用。

7.5.2 会计账簿的保管

年度终了，各种账户在结转下年、建立新账后，一般都要把旧账送交总账会计集中统一管理。会计账簿暂由本单位财务会计部门保管一年，期满之后，由财务会计部门编造清册移交本单位的档案部门保管。

1. 会计账簿的装订整理

年度终了，更换新账簿后，除了跨年使用的账簿外，本年度使用过的各种账簿都要按时装订整理立卷。

装订前，要按照账簿启用和经管人员一览表的使用页数核对各个账户是否相符、页数是否齐全、序号排列是否连续。然后，依次按照账簿封面、账簿启用表、账户目录、按页数顺序排列的账页、装订封底的顺序进行账簿的装订。对于采用活页式账页的账簿，要将已使用过的账页按账页数填写齐全，除去空白账页并去掉账页夹，用质地好的硬纸（如牛皮纸）做封面和封底，装订成册。通常三栏式、多栏式、数量金额式账页格式不同不得混装，应该按照同类业务、同类账页装订在一起。装订好之后应在封面填明账目的种类，编好卷号，并由会计主管人员和装订人签章。装订好之后，会计账簿的封口要密实，封口处要加盖有关印章。封面应做到齐全、平整，并注明所属年度和账簿名称及编号。会计账簿要按照保管期限分别编制卷号。

2. 会计账簿的移交及归档

年度终了结账后，会计账簿可以暂由本单位财务会计部门保管一年，期满之后，由财务会计部门编造清册移交本单位的档案部门保管。移交时要编制移交清册一式三份，并填写交接清单，交接人员按照移交清单进行检查，核对无误后签章，并要在账簿使用日期栏填写移交日期。

已归档的会计账簿作为单位重要的会计档案，原件不得外借，如有特殊需要，须经本单位负责人批准，在不拆解原卷册的前提下，可以供查阅或者复印，但是要办理登记手续。

【小提示】

会计账簿是重要的会计档案之一，必须严格遵守《会计档案管理办法》的保管年限等相关规定妥善保管，不得丢失或者任意销毁。

本章小结

会计账簿是指由一定格式的账页组成的，以经过审核的会计凭证为依据，全面、系统、连续地记录各项经济业务的工具。本章主要介绍会计账簿的概念、内容、启用、登记以及错账的查找与更正、期末的对账与结账、账簿的更换与保管。

会计账簿按照不同的分类标准可以进行不同的分类。会计账簿按其用途不同，可分为序时账簿、分类账簿和备查账簿；按账页格式不同，账簿一般可分为两栏式、三栏式、多栏式和数量金额式四种。

总账和明细账登记时，要遵循平行登记的原则。总分类账户与明细分类账户的平行登记要求做到：依据相同、方向相同（借贷方向）、期间相同。

为了保证账簿记录的真实、正确、可靠进而为编制报表提供准确的数据，就需要对账簿和账户所记录的有关数据加以检查和核对。会计期末对账的主要内容包括账证核对、账账核对和账实核对。会计期末的额结账通常包括两个方面的内容：一是结清各损益类账户，并据此计算本期利润；二是结清各资产、负债和所有者权益类账户，分别结出本期发生额和期末余额，并结转至下一会计期间。

练习题

1. 单选题

（1）多栏式账页适用的明细账户是（　　）。

A. 资产类　B. 负债类　C. 费用类　D. 所有者权益类

（2）库存现金日记账通常采用（　　）账簿。

A. 活页式　B. 订本式　C. 卡片式　D. 两栏式

（3）记账后发现某项经济业务的记账凭证中应借、应贷会计科目无误，只是将 10 000 元写成 1 000 元，在更正该项错账时，应采用的方式是（　　）。

A. 划线更正法　B. 补充登记法　C. 红字更正法　D. 尾数法

（4）下列账簿记录情况中，可以用划线更正法更正错误的是（　　）。

A. 在结账前发现账簿记录有文字或数字错误，而记账凭证没有错

B. 登账后发现记账凭证中会计科目发生错误

C. 登账后发现记账凭证中科目正确但所记金额小于应记金额

D. 登账后发现记账凭证中应借、应贷方向发生错误

（5）对于现金及银行存款日记账，月末结账时应在“本月合计”栏划（　　）。

A. 上下通栏单红线　B. 下面通栏单红线

C. 下面划双红线　D. 金额栏内划单红线

（6）下列不属于账账核对的内容的是（　　）。

A. 总账有关账户的余额核对　B. 总账与明细账核对

C. 总账与日记账核对　D. 会计账簿记录与原始凭证核对

（7）下列账户中，适用多栏式明细分类账的是（　　）。

A. 应收应付类账户　B. 负债类账户　C. 成本费用类账户　D. 存货类账户

（8）企业如果预收账款业务不多且不单独设置“预收账款”账户时，可以将预收账款业务记入（　　）账户核算。

A. 应付账款　B. 其他应收款　C. 应收账款　D. 其他应付款

（9）（　　）提供的核算信息是编制会计报表的主要依据。

A. 分类账簿　B. 日记账簿　C. 备查账簿　D. 序时账簿

（10）下列明细账一般不采用数量金额式账簿的有（　　）。

A. 收入明细账　B. 原材料明细账

C. 库存商品明细账　D. 产成品明细账

（11）三栏式账簿是设置有（　　）三个基本栏目的账簿。

A. 日期、摘要、余额　B. 日期、借方、贷方

C. 摘要、借方、贷方　D. 借方、贷方、余额

2. 多选题

（1）下列各项中，可以作为登记明细分类账依据的是（　　）。

A. 汇总记账凭证　B. 汇总原始凭证　C. 原始凭证　D. 记账凭证

（2）在发现错账时，可以采用的错账更正方法有（　　）。

A. 划线更正法　B. 查询核对法　C. 红字更正法　D. 补充登记法

（3）明细分类账对总分类账起补充说明的作用，其格式有（　　）等多种。

A. 三栏式　　B. 多栏式　　C. 数量金额式　　D. 横线登记式

（4）关于总分类账与明细分类账户平行登记，下列说法正确的是（　　）。

A. 所依据的会计凭证相同

B. 借贷方向相同

C. 所属会计期间不相同

D. 记入总分类账户的金额与记入其所属明细分类账户的合计金额相等

（5）下列情况，可以使用红色墨水记账的有（　　）。

A. 按照红字冲账的记账凭证冲销错误记录

B. 在不设借贷的多栏式账页中，登记减少数

C. 在三栏式账户的余额前，如未印明余额方向的，在余额栏内登记负数余额

D. 进行年结、月结时划线

3. 判断题

（1）在库存现金日记账中，如果摘要栏的内容是"从银行提取现金"，则对方科目栏应填写"库存现金"。（　　）

（2）库存现金日记账应在每日终了时结出余额，并与库存现金核对相符。（　　）

（3）企业为了及时地编制会计报表，可以提前进行结账。（　　）

（4）如果总分类账户与明晰账户的记录不相一致，就说明账户平行登记中出现了错误。（　　）

（5）在记账时如发生跳行或隔页，应将空行、空页划线注销，或者注明"此行空白""此页空白"字样即可。（　　）

（6）复式记账法是指所发生的每项经济业务事项，都是以会计凭证为依据，一方面记入有关总分类账户，另一方面记入总账所属明细分类账户的方法。（　　）

（7）银行存款日记账账面余额与银行对账单的余额核对是账账核对。（　　）

思考题

1. 企业为什么要设置并登记会计账簿？
2. 登记会计账簿时应注意哪些事项？
3. 会计账簿可以有哪些分类？
4. 明细分类账的账页有哪些格式类型，各类格式分别适用哪些账户？
5. 期末对账的内容是什么？
6. 常见的错账类型有哪些？分别适用哪种错账更正方法？
7. 账簿的更换、保管有哪些注意事项？
8. 如何理解总账与明细账的平行登记？

实训题

远光公司 3 月发生如下业务。

（1）5 日，收到李某的投资款 30 万元，已经存入银行。

（2）7 日，收到投资者张某投入的专利权一项，价值 50 万元。

（3）10 日，从胜利公司购入 A 商品 100 件，每件不含税价格 1 000 元，增值税专用发票注明增值税 17 000 元，商品已经入库，款项尚未支付。

（4）16日，通过银行转账支付前欠胜利公司的货款117 000元。

（5）19日，销售给雅琦公司A商品50件，每件不含税售价1 200元，增值税税率17%，货款尚未收到。

（6）20日，通过银行转账方式支付广告费2 500元。

（7）23日，用现金700元购买办公用品。

（8）25日，为利泽公司提供技术服务，取得劳动报酬3 500元，款项已存入银行。

（9）30日，收到雅琦公司本月的前欠货款。

（10）月末，计算应计提办公用固定资产折旧3 000元。

（11）月末，计算应支付行政人员工资9 000元，应支付销售人员工资7 500元。

（12）月末计提本月应负担利息费用3 000元。（到期一次还本付息）

要求：根据上述资料对经济业务进行分析，编制会计分录，并填制专用记账凭证。

转账凭证

年　月　日　　　　字第　号

摘要	总账科目	明细科目	记账	借方金额							贷方金额						
				万	千	百	十	元	角	分	万	千	百	十	元	角	分
合计金额																	

附单据　张

会计主管　　记账　　复核　　出纳　　制单

收款凭证

借方科目：　　年　月　日　　字第　号

摘要	贷方科目		记账	金额							
	总账科目	明细科目		十	万	千	百	十	元	角	分
合计金额											

附单据　张

会计主管　　记账　　复核　　出纳　　制单

付款凭证

贷方科目：　　年　月　日　　字第　号

摘要	借方科目		记账	金额							
	总账科目	明细科目		十	万	千	百	十	元	角	分
合计金额											

附单据　张

会计主管　　记账　　复核　　出纳　　制单

第8章　会计账务处理程序

本章主要介绍会计账务处理程序的概念、类型、各类会计账务处理程序的特点以及具体步骤，并举例说明其中几种程序的运用。

学习目标

- 理解会计账务处理程序的概念。
- 理解常见的几种会计账务处理程序各自的特点及适用范围。
- 掌握记账凭证账务处理程序、科目汇总表账务处理程序以及汇总记账凭证账务处理程序的具体步骤。
- 熟悉日记总账账务处理程序的具体步骤。

【课前思考】

通过会计账簿一章的学习，我们知道了账簿登记的要求与方法，那么在登记总账时，登账的依据有哪些？选择不同的登账依据时对记账凭证的设置有什么要求？具体步骤是怎样的？

8.1　会计账务处理程序概述

日常核算资料是运用会计的一系列核算方法提供的反映日常经济活动的各种核算指标。经济业务发生以后，通过设置会计科目、复式记账、填制会计凭证、登记账簿等一系列会计核算的专门方法取得了日常核算资料。

在实际工作中，因为各单位的业务性质不同，经营规模大小不同，经济业务繁简程度不同，导致会计账务处理的程序和形式也会有所不同。因此，为了使会计工作顺利进行，使企业自经济业务发生到最终形成报表的账务处理过程更合理、顺畅、高效，不同的企业应在遵守国家统一会计制度的前提下，根据其经济业务的具体内容、登记账簿的需要，设计会计凭证的种类、样式，设置账簿的种类及格式，进而明确各种凭证之间、账簿之间和各种凭证与账簿之间，各种报表之间，各种账簿与报表之间的相互联系及编制的流程。这里所说的流程即会计账务处理程序，又称为会计核算组织程序。

会计账务处理程序就是指从取得原始凭证到产生会计信息的会计工作的步骤和方法。其主要内容包括整理、汇总原始凭证及填制记账凭证、登记各种账簿、编制会计报表整个过程的步骤和方法。不同的账簿组织、记账程序和记账方法的有机结合，就构成了不同的账务处理程序。

科学、合理地组织账务处理程序是做好会计工作的重要前提之一。确定账务处理程序一般应符合以下几点要求。

（1）要与本单位的经济性质、经营特点、规模大小、经营管理的要求及业务的繁简程度相适应，有利于加强会计核算工作的分工协作，有利于实现会计控制和监督目标。

（2）要能够及时、准确、全面、系统地提供会计信息，满足各会计信息使用者对会计信息的需要。

（3）要在保证核算资料及时、准确、完整的前提下，减少不必要的会计核算环节，通过井然有序的账务处理程序，尽可能地提高会计工作效率，降低会计信息成本。

在我国，常用的会计账务处理程序主要有：记账凭证账务处理程序、科目汇总表账务处理程序、汇总记账凭证账务处理程序、日记总账账务处理程序以及多栏式日记账账务处理程序等。其中，依据什么来登记总账是区分会计核算程序的重要标志。

8.2 记账凭证账务处理程序

8.2.1 记账凭证账务处理程序的特点

在记账凭证账务处理程序下，对发生的经济业务，都要以原始凭证或原始凭证汇总表编制记账凭证，并根据记账凭证逐笔登记总分类账。记账凭证账务处理程序最主要的特点就是直接根据记账凭证逐笔登记总分类账。记账凭证账务处理程序是最基本的一种账务处理程序，其他各类账务处理程序基本是以此为基础发展演变而来。

8.2.2 记账凭证账务处理程序的设计要求

在记账凭证账务处理程序下，记账凭证可以采用通用格式，也可以采用收款凭证、付款凭证和转账凭证三种格式。账簿的设置一般包括现金日记账、银行存款日记账、总分类账和明细分类账。总分类账应按总账科目设置，总分类账和日记账的格式一般采用三栏式。明细分类账根据管理的实际需要进行设置，根据核算项目的不同特点，可选择三栏式、数量金额式或多栏式的账页。

8.2.3 记账凭证账务处理程序的步骤

记账凭证账务处理程序的基本内容如图 8-1 所示。

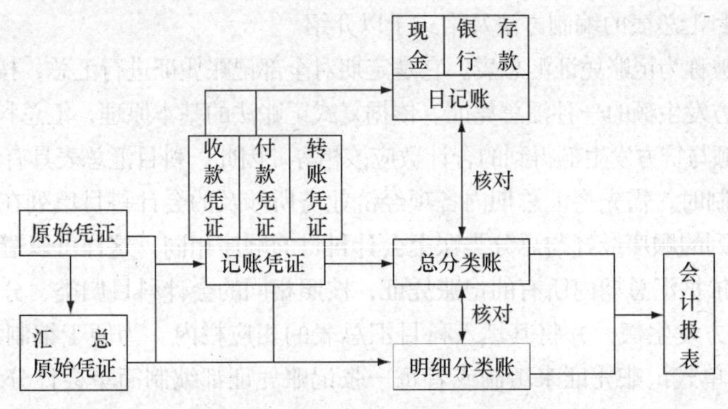

图 8-1 记账凭证账务处理程序图

（1）根据原始凭证或原始凭证汇总表填制记账凭证。

（2）根据收款凭证和付款凭证（采用专用记账凭证格式时）逐笔登记现金日记账和银行存款日

记账。

（3）根据原始凭证、原始凭证汇总表或记账凭证登记各种明细分类账。

（4）根据记账凭证逐笔登记总分类账。

（5）月末，将现金日记账、银行存款日记账的余额以及各种明细分类账的余额合计数，分别与总分类账中相关账户的余额核对相符。

（6）月末，根据核对无误的总分类账和明细分类账的相关资料，编制会计报表。

8.2.4 记账凭证账务处理程序的优缺点及适用范围

这种账务处理程序的主要优点是简单易学，总分类账能详细反映经济业务状况，方便会计核对与查账，但通常登记总分类账的工作量较大，也不利于协作分工。因此，一般适用于规模较小、经济业务较简单的企业。此外，为了减少记账凭证的数量，进而减轻登记总分类账的工作量，简化核算手续，可以尽量将业务内容相同的原始凭证先编制原始凭证汇总表，然后根据原始凭证汇总表编制记账凭证，进而登记总分类账簿。

8.3 科目汇总表账务处理程序

8.3.1 科目汇总表账务处理程序的特点

科目汇总表账务处理程是在记账凭证之后，将所有记账凭证定期汇总编制科目汇总表，根据科目汇总表登记总分类的一种账务处理程序。该程序的主要特点就是：根据实际业务量的大小，每隔一定时期定期根据记账凭证汇总编制科目汇总表，然后根据科目汇总表登记总账。

8.3.2 科目汇总表账务处理程序的设计要求

采用科目汇总表账务处理程序时，一般采用收款凭证、付款凭证和转账凭证三种格式，除此之外，还需要设置科目汇总表。而现金日记账、银行存款日记账以及总分类账和各种明细分类账的设置与记账凭证账务处理程序要求相同。

下面首先对科目汇总表的编制方法及格式予以介绍。

科目汇总表又被称为记账凭证汇总表。它是定期对全部记账凭证进行汇总，按各个会计科目列示其借方发生额和贷方发生额的一种汇总凭证。依据复式记账法的基本原理，汇总科目汇总表中所有会计科目的借方发生额与贷方发生额得到的合计数应该相等。因此，科目汇总表具有试算平衡的作用。

科目汇总表填制时，需先将汇总期内各项经济业务所涉及的会计科目填列在科目汇总表的“会计科目”栏内，填列的顺序最好与总分类账上会计科目的顺序相同。这样可以避免遗漏，便于登记总分类账。然后，依据汇总期内所有的记账凭证，按照相同的会计科目归类，分别计算各会计科目的借方发生额和贷方发生额，并将其填入科目汇总表的相应栏内。为便于编制科目汇总表，所有的记账凭证可采用单式记账凭证来填制或者每一张记账凭证都编制简单会计分录。这样便于汇总计算其借贷方发生额，不易出错。最后，进行本期发生额试算平衡。试算无误后，据以登记总分类账。

科目汇总表可以每月汇总一次编制一张，也可视业务量大小每5天或10天汇总一次，每月编制一张。常见的科目汇总表的格式如表8-1、表8-2所示。

表 8-1 科目汇总表（按月汇总）

年 月 日 字第 号

序号	科目名称	记账凭证起讫号数	借方发生额	贷方发生额	总账页码
1					
2					
3					
4					
5					
6					
7					
……					
合计					

表 8-2 科目汇总表（按旬汇总）

年 月 日 字第 号

会计科目	总账页数	1～10 日		11～20 日		21～31 日		本月合计	
		借方	贷方	借方	贷方	借方	贷方	借方	贷方
……									
合计									

8.3.3 科目汇总表账务处理程序的步骤

科目汇总表账务处理程序的基本内容如下，如图 8-2 所示。

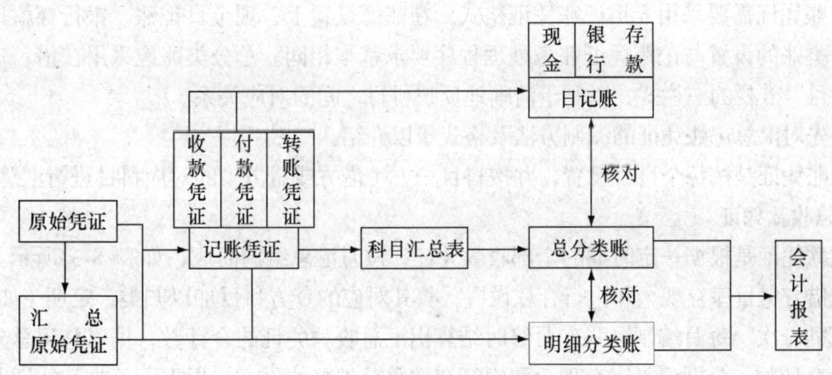

图 8-2 科目汇总表账务处理程序图

（1）根据原始凭证、原始凭证汇总表编制记账凭证。为了便于编制科目汇总表，所有记账凭证中的科目对应关系，最好按一个借方科目和一个贷方科目相对应。转账凭证最好一式两份，以便分别归类汇总借方科目和贷方科目的本期发生额。

（2）根据收款凭证、付款凭证登记现金日记账和银行存款日记账。现金日记账和银行存款日记账通常采用收、付、余三栏式日记账簿。

（3）根据原始凭证、汇总原始凭证和各种记账凭证登记各种明细账。明细账的格式根据各单位的实际情况及管理上的要求可分别采用三栏式、数量金额式和多栏式。

（4）根据各种记账凭证汇总编制科目汇总表。

（5）根据科目汇总表登记总分类账。总账一般采用借、贷、余三栏式。

（6）将现金日记账、银行存款日记账和各种明细账与总分类账进行核对。

（7）月终，根据总分类账和明细分类账编制财务会计报表。

8.3.4 科目汇总表账务处理程序的优缺点及适用范围

科目汇总表账务处理程序的优点：依据科目汇总表登记总账，大大减少了登记总账的工作量；科目汇总表本身能对所编制的记账凭证起到试算平衡作用。科目汇总表账务处理程序的缺点：由于科目汇总表本身只反映各科目的借、贷方发生额，根据其登记的总账，不能反映各账户之间的对应关系，不便于根据账簿记录进行检查和分析经济业务的来龙去脉，不便于查对账目。这种账务处理程序一般适用于经济业务量较多的单位。

8.4 汇总记账凭证账务处理程序

8.4.1 汇总记账凭证账务处理程序的特点

汇总记账凭证账务处理程序是记账凭证账务处理程序的发展，是根据原始凭证或汇总原始凭证编制记账凭证，定期根据记账凭证分类编制汇总收款凭证、汇总付款凭证和汇总转账凭证，再根据汇总记账凭证登记总分类账。它的特点是需要定期根据记账凭证分类编制汇总收款凭证、汇总付款凭证和汇总转账凭证，再根据汇总记账凭证登记总分类账。

8.4.2 汇总记账凭证账务处理程序的设计要求

汇总记账凭证账务处理程序下，由于需要分类编制汇总收款凭证、汇总付款凭证和汇总转账凭证，因此记账凭证需要采用专用记账凭证格式。在账簿设置上，现金日记账、银行存款日记账以及各种明细分类账的设置与记账凭证账务处理程序要求基本相同。总分类账应采用在借、贷两栏内设有“对方科目”专栏的三栏式，以利于清晰地反映科目之间的对应关系。

下面首先对汇总记账凭证的编制方法及格式予以介绍。

汇总记账凭证是按每个科目设置，并按科目一方（借方或贷方）的对应科目进行汇总。

1．汇总收款凭证

汇总收款凭证是根据一定时期的全部收款凭证，按月汇总编制而成，如表 8-3 所示。汇总收款凭证分别按借方科目库存现金和银行存款设置，将其对应的贷方科目加以归类，定期（如 5 天或 10 天）汇总填列一次，每月编制一张，月终时结算出汇总收款凭证的合计数，据以登记总分类账。登记时，根据合计数，分别记入库存现金和银行存款总分类账的借方，根据汇总收款凭证上汇总的各个贷方科目的合计数分别记入相应的总分类账的贷方。

表 8-3　　汇总收款凭证

年　月

借方科目：　　编号

贷方科目	金额			
	1～10 日收款凭证 ×号至×号×张	11～20 日收款凭证 ×号至×号×张	21～31 日收款凭证 ×号至×号×张	合计
……				
合计				

2. 汇总付款凭证

汇总付款凭证是根据一定时期的全部付款凭证，按月汇总编制而成。汇总付款凭证分别按贷方科目库存现金和银行存款设置，将其对应的借方科目加以归类，定期（如5天或10天）汇总填列一次，每月编制一张，月终时结算出汇总付款凭证的合计数，据以登记总分类账。登记时，根据合计数，分别记入库存现金和银行存款总分类账的贷方，根据汇总付款凭证上汇总的各个借方科目的合计数分别记入有关总分类账的借方。汇总付款凭证的格式如表8-4所示。

表8-4 汇总付款凭证

年 月

贷方科目： 编号

借方科目	金额			
	1～10日收款凭证 ×号至×号×张	11～20日收款凭证 ×号至×号×张	21～31日收款凭证 ×号至×号×张	合计
合计				

3. 汇总转账凭证

汇总转账凭证应当按照每一账户的贷方分别设置，并根据转账凭证按对应的借方账户归类，定期汇总填列一次，每月填制一张。为了便于填制汇总转账凭证，平时填制转账凭证时，应使账户的对应关系保持一个贷方账户同一个或几个借方账户相对应，而一个借方账户不要同几个贷方账户相对应。月终，根据汇总转账凭证的合计数，分别记入总分类账中各个应借账户的借方以及该汇总转账凭证所列的应贷账户的贷方。如果在汇总期内某一个贷方账户的转账凭证为数不多时，也可不填制汇总转账凭证，直接根据转账凭证记入总分类账。汇总转账凭证的格式如表8-5所示。

表8-5 汇总转账凭证

年 月

贷方科目： 编号

借方科目	金额			
	1～10日转账凭证 ×号至×号×张	11～20日转账凭证 ×号至×号×张	21～31日转账凭证 ×号至×号×张	合计
合计				

8.4.3 汇总记账凭证账务处理程序的步骤

汇总记账凭证账务处理程序的基本内容如下，如图8-3所示。

（1）根据原始凭证或原始凭证汇总表填制收款、付款和转账凭证。

（2）根据现金、银行存款的收款凭证和付款凭证逐笔登记现金日记账和银行存款日记账。

（3）根据原始凭证或原始凭证汇总表、收款凭证、付款凭证和转账凭证逐笔登记各种明细分类账。

（4）根据收款凭证、付款凭证和转账凭证，定期填制汇总收款凭证，汇总付款凭证和汇总转账凭证。

（5）根据汇总的收款凭证、付款凭证和转账凭证登记总分类账。

（6）月终，现金日记账和银行存款日记账的余额以及各种明细分类账的余额合计数应与总分类账有关账户的余额核对相符。

（7）月终，根据总分类账、各种明细分类账的资料编制会计报表。

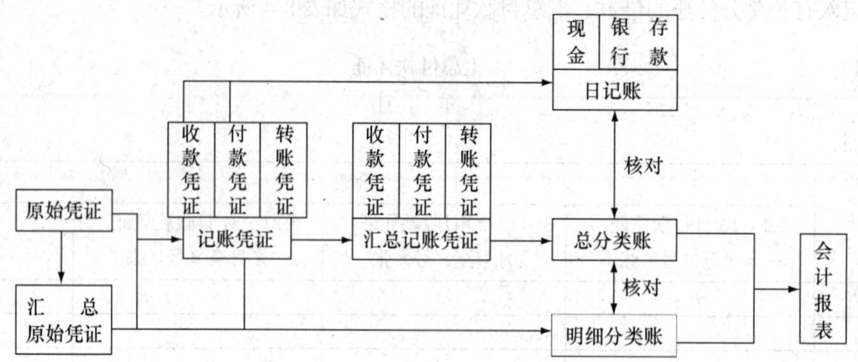

图 8-3　汇总记账凭证账务处理程序图

8.4.4　汇总记账凭证账务处理程序的优缺点及适用范围

汇总记账凭证账务处理程序的优点是：在这种账务处理程序下，利用汇总记账凭证，可以把许多记账凭证上的数据汇总起来，月终一次记入总分类账，简化了总分类账的登记工作；同时，收款凭证以借方账户为主，按照对应的贷方账户进行汇总，付款凭证和转账凭证以贷方账户为主，按照对应的借方账户进行汇总，使凭证的整理归类工作比较简便，而且可以清晰地反映科目之间的对应关系，记账数字不容易出现错误。汇总记账凭证账务处理程序的缺点是：汇总转账凭证按每一贷方科目归类汇总，不利于日常核算工作的合理分工，此外当企业经营规模较小、经营业务比较零散时，在同一贷方科目的转账凭证为数不多的情况下，不仅没有减少登记总账的工作量，而且增加了凭证的汇总工作。因此，这种账务处理程序一般适用于规模较大，业务较多的企业的总账处理。

8.5　日记总账账务处理程序

8.5.1　日记总账账务处理程序的特点

日记总账账务处理程序是指根据记账凭证逐笔登记日记总账的一种账务处理程序，其主要特点是：预先设置日记总账，然后直接根据记账凭证逐笔登记日记总账。

8.5.2　日记总账账务处理程序的设计要求

日记总账账务处理程序下，记账凭证多采用收款凭证、付款凭证、转账凭证的专用记账凭证格式，也可以采用通用的格式。库存现金、银行存款日记账可以采用收、付、余三栏式的日记账簿，也可以采用收、付栏设有对方科目的多栏式日记账簿。明细账的格式可以根据各单位的实际情况及管理要求，分别采用三栏式、多栏式和数量金额式。此外，企业需要设置日记总账。

下面首先对日记总账的编制方法及格式予以介绍。

日记总账是序时账簿与总分类账簿相结合、兼有序时账簿和总分类账簿作用的一种联合账簿。

它将全部总账科目集中在一张账页中，逐日根据记账凭证对全部经济业务，进行序时的和总括的登记，最后按各科目进行汇总，分别计算出借、贷方发生额和期末余额。它既是日记账，又是总分类账，是日记总账核算形式下所采用的一种主要账簿。

日记总账的填制方法是：在同一行将每笔经济业务的借、贷方发生额按应借、应贷账户分别填列到相应账户的借方栏或贷方栏内，同时将这一发生额记入同一行的“发生额”栏内。发生转账业务时，应根据转账凭证逐日、逐笔地登记日记总账。对于收、付款业务，在企业采用三栏式现金、银行存款日记账时，根据收、付款凭证逐日汇总登记日记总账；在采用多栏式现金日记账和银行存款日记账时，则可以在月末根据多栏式现金日记账、银行存款日记账各科目汇总的合计数一次性登入日记总账。到了每月末，应计算出各科目的本期借贷方发生额和月末余额，其中，“发生额”一栏的当月合计数应该与全部科目的借方发生额合计数、贷方发生额合计数分别核对相符。日记总账的格式如表 8-6 所示。

表 8-6　　　　日记总账

年		凭证号数	摘要	发生额	库存现金		银行存款		应收账款		…
					借方	贷方	借方	贷方	借方	贷方	
月	日										
		……									
			本期发生额合计								
			月末余额								

8.5.3　日记总账账务处理程序的步骤

日记总账账务处理程序的基本内容如下，如图 8-4 所示。

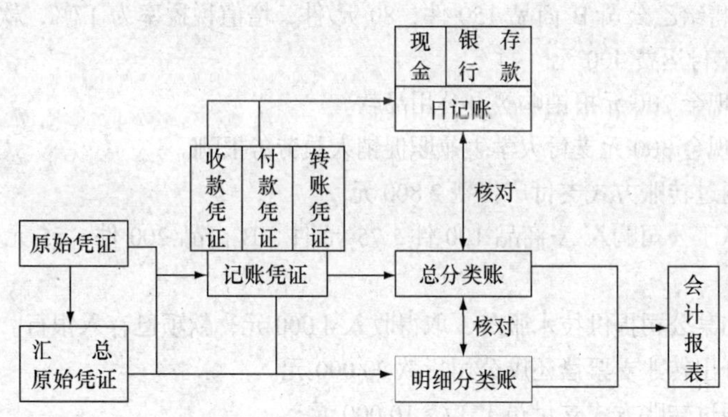

图 8-4　日记总账账务处理程序图

（1）根据原始凭证或原始凭证汇总表填制记账凭证。

（2）根据收款凭证和付款凭证逐笔登记现金日记账和银行存款日记账。

（3）根据原始凭证、原始凭证汇总表或记账凭证登记各种明细分类账。

（4）根据记账凭证逐日逐笔登记日记总账。

（5）月末，将现金日记账、银行存款日记账的余额以及各种明细分类账的余额合计数，分别与日记总账中相关账户的余额核对相符。

（6）月末，根据核对无误的日记总账和明细分类账的相关资料，编制会计报表。

8.5.4 日记总账账务处理程序的优缺点及适用范围

日记总账账务处理程序的主要优点是：账务处理程序较简单，日记总账按全部总账科目分借贷方设置，且直接根据记账凭证逐日逐笔进行登记，便于了解各项经济业务的来龙去脉，有利于会计资料的分析和运用。该程序的缺点是：当企业业务量较大时，涉及的会计科目较多，由于所有会计科目都集中在一张账页上，会导致总分类账的账页过长，不便于记账的分工与查阅。因而，该处理程序主要适用于规模小、经济业务性质单一、使用会计科目不多的企业。

8.6 会计账务处理程序应用举例

本节将通过实例来说明记账凭证账务处理程序和科目汇总表账务处理程序的实际应用。通过两种账务处理程序的运用与对比体现其各自的特点。

【例 8-1】假定 Y 企业 2013 年 9 月发生以下经济业务。

（1）1 日，从银行提取现金 5 000 元，以备零星支出。

（2）3 日，管理部门职工王刚出差回来，报销差旅费 1 700 元，余款交回。

（3）4 日，收到甲公司前欠货款 30 000 元，已经存入银行账户。

（4）5 日，从丙公司购入 A 商品 500 件，70 元/件，B 商品 300 件，50 元/件，增值税税率 17%，取得增值税专用发票，余款转账方式收回。

（5）7 日，收到投资者李源投资款 100 000 元，已存入银行。

（6）9 日，销售给甲公司 A 商品 100 件，100 元/件，增值税税率为 17%，款项尚未收到，另外以现金支付运费 500 元（运费不考虑增值税）。

（7）11 日，销售给乙公司 B 商品 150 件，80 元/件，增值税税率为 17%，款项尚未收到，销售时以现金为乙公司垫付运费 400 元。

（8）17 日，用现金 200 元报销购买办公用品款。

（9）19 日，用现金 300 元支付大学生兼职促销人员劳务报酬。

（10）22 日，通过转账方式支付广告费 2 800 元。

（11）23 日，从丁公司购入 A 商品 100 件，75 元/件，B 商品 200 件，55 元/件，增值税税率为 17%，余款收回。

（12）25 日，为某公司提供技术服务，取得收入 4 000 元，款项已存入银行。

（13）30 日，开出转账支票偿还戊公司货款 20 000 元。

（14）30 日，通过转账方式支付员工工资 10 000 元。

（15）30 日，结转本月销售成本，存货发出采用先进先出法计价。

假定 Y 企业 2013 年 9 月初各账户余额如表 8-7 所示，且该企业选用通用记账凭证。

表 8-7　Y 企业 2013 年 9 月初各账户余额

账户名称	借方金额	账户名称	贷方余额
库存现金	2 000	短期借款	10 000
银行存款	50 000	应付账款	30 000

续表

账户名称	借方金额	账户名称	贷方余额
应收账款	120 000	——戊公司	30 000
——甲公司	50 000	应交税费	5 000
——乙公司	70 000	——应交营业税	5 000
预付账款	83 000	应付职工薪酬	10 000
——丙公司	60 000	——工资	10 000
——丁公司	23 000	实收资本	250 000
其他应收款	3 500	资本公积	10 000
——李强	1 500	盈余公积	30 000
——王刚	2 000	未分配利润	12 500
库存商品	19 000		
——A 商品	14 000		
——B 商品	5 000		
固定资产	80 000		
合计	357 500	合计	357 500

上述业务中，A 商品为 200 件，70 元/件，B 商品为 100 件，50 元/件。

各业务对应的会计分录如下。

（1）借：库存现金　　5 000
　　贷：银行存款　　5 000

（2）借：管理费用　　1 700
　　库存现金　　300
　　贷：其他应收款——王刚　　2 000

（3）借：银行存款　　30 000
　　贷：应收账款——甲公司　　30 000

（4）借：库存商品——A 商品　　35 000
　　——B 商品　　15 000
　　应交税费——应交增值税（进项税额）　　8 500
　　银行存款　　1 500
　　贷：预付账款——丙公司　　60 000

（5）借：银行存款　　100 000
　　贷：实收资本——李源　　100 000

（6）借：应收账款——甲公司　　11 700
　　贷：主营业务收入——A 商品　　10 000
　　　　应交税费——应交增值税（销项税额）　　1 700

同时

借：销售费用　　500
　　贷：库存现金　　500

（7）借：应收账款——乙公司　　14 440
　　贷：主营业务收入——B 商品　　12 000
　　　　应交税费——应交增值税（销项税额）　　2 040
　　　　库存现金　　400

（8）借：管理费用　　200
　　贷：库存现金　　200

（9）借：销售费用　　300
　　贷：库存现金　　300

（10）借：销售费用　　2 800
　　贷：银行存款　　2 800

（11）借：库存商品——A 商品　　7 500
　　　　　　　——B 商品　　11 000
　　应交税费——应交增值税（进项税额）　　3 145
　　银行存款　　1 355
　　贷：预付账款——丁公司　　23 000

（12）借：银行存款　　4 000
　　贷：其他业务收入　　4 000

（13）借：应付账款——戊公司　　20 000
　　贷：银行存款　　20 000

（14）借：应付职工薪酬　　10 000
　　贷：银行存款　　10 000

（15）借：主营业务成本——A 商品　　7 000
　　　　　　　　——B 商品　　7 500
　　贷：库存商品——A 商品　　7 000
　　　　　　　——B 商品　　7 500

思考

A 商品与 B 商品的销售成本是如何计算得到的？

应填制的记账凭证如表 8-8 至表 8-23 所示。

表 8-8　　**记账凭证**

2013 年 9 月 1 日　　记字第 1 号

摘要	总账科目	明细科目	借方金额	贷方金额
提取现金	库存现金		5 000	
	银行存款			5 000
合计			5 000	5 000

表 8-9　　记账凭证

2013 年 9 月 3 日　　记字第 2 号

摘要	总账科目	明细科目	借方金额	贷方金额
报销差旅费	管理费用		1 700	
	库存现金		300	
	其他应收款			2 000
合计			2 000	2 000

表 8-10　　记账凭证

2013 年 9 月 4 日　　记字第 3 号

摘要	总账科目	明细科目	借方金额	贷方金额
收回货款	银行存款		30 000	
	应收账款	甲公司		30 000
合计			30 000	30 000

表 8-11　　记账凭证

2013 年 9 月 5 日　　记字第 4 号

摘要	总账科目	明细科目	借方金额	贷方金额
购入 A、B 商品	库存商品	A 商品	35 000	
		B 商品	15 000	
	应交税费	应交增值税（进项税额）	8 500	
	银行存款		1 500	
	预付账款	丙公司		60 000
合计			60 000	60 000

表 8-12　　记账凭证

2013 年 9 月 7 日　　记字第 5 号

摘要	总账科目	明细科目	借方金额	贷方金额
收到投资	银行存款		100 000	
	实收资本	李源		100 000
合计			100 000	100 000

表 8-13　　记账凭证

2013 年 9 月 9 日　　记字第 6 号

摘要	总账科目	明细科目	借方金额	贷方金额
销售 A 商品	应收账款	甲公司	11 700	
	主营业务收入	A 商品		10 000
	应交税费	应交增值税（销项税额）		1 700
合计			11 700	11 700

表 8-14 记账凭证

2013 年 9 月 9 日 记字第 7 号

摘要	总账科目	明细科目	借方金额	贷方金额
支付销售运费	销售费用		500	
	库存现金			500
合计			500	500

表 8-15 记账凭证

2013 年 9 月 11 日 记字第 8 号

摘要	总账科目	明细科目	借方金额	贷方金额
销售 B 商品，代垫运费	应收账款	乙公司	14 440	
	主营业务收入	B 商品		12 000
	应交税费	应交增值税（销项税额）		2 040
	库存现金			400
合计			14 440	14 440

表 8-16 记账凭证

2013 年 9 月 17 日 记字第 9 号

摘要	总账科目	明细科目	借方金额	贷方金额
购买办公用品	管理费用		200	
	库存现金			200
合计			200	200

表 8-17 记账凭证

2013 年 9 月 19 日 记字第 10 号

摘要	总账科目	明细科目	借方金额	贷方金额
支付兼职促销员报酬	销售费用		300	
	库存现金			300
合计			300	300

表 8-18 记账凭证

2013 年 9 月 22 日 记字第 11 号

摘要	总账科目	明细科目	借方金额	贷方金额
支付广告费	销售费用		2 800	
	库存现金			2 800
合计			2 800	2 800

表 8-19　　　　　　　　　　　　　　　　　　记账凭证

2013 年 9 月 23 日　　　　　　　　　　　记字第 12 号

摘要	总账科目	明细科目	借方金额	贷方金额
购入 A、B 商品	库存商品	A 商品	7 500	
		B 商品	11 000	
	应交税费	应交增值税（进项税额）	3 145	
	银行存款		1 355	
	预付账款	丁公司		23 000
合计			23 000	23 000

表 8-20　　　　　　　　　　　　　　　　　　记账凭证

2013 年 9 月 25 日　　　　　　　　　　　记字第 13 号

摘要	总账科目	明细科目	借方金额	贷方金额
取得技术服务收入	银行存款		4 000	
	其他业务收入			4 000
合计			4 000	4 000

表 8-21　　　　　　　　　　　　　　　　　　记账凭证

2013 年 9 月 30 日　　　　　　　　　　　记字第 14 号

摘要	总账科目	明细科目	借方金额	贷方金额
偿还货款	应付账款	戊公司	20 000	
	银行存款			20 000
合计			20 000	20 000

表 8-22　　　　　　　　　　　　　　　　　　记账凭证

2013 年 9 月 30 日　　　　　　　　　　　记字第 15 号

摘要	总账科目	明细科目	借方金额	贷方金额
发放工资	应付职工薪酬		10 000	
	银行存款			10 000
合计			10 000	10 000

表 8-23　　　　　　　　　　　　　　　　　　记账凭证

2013 年 9 月 30 日　　　　　　　　　　　记字第 16 号

摘要	总账科目	明细科目	借方金额	贷方金额
结转销售成本	主营业务成本	A 商品	7 000	
		B 商品	7 500	
	库存商品	A 商品		7 000
		B 商品		7 500
合计			14 500	14 500

8.6.1 记账凭证账务处理程序的应用

记账凭证账务处理程序下，直接根据记账凭证逐笔登记总分类账，分别如表 8-24 至表 8-38 所示。

表 8-24 总分类账

会计科目：库存现金

2013 年		凭证		摘要	借方	贷方	借或贷	余额
月	日	种类	号码					
9	1			期初余额			借	2 000.00
	1	记	1	提取现金	5 000.00		借	7 000.00
	3	记	2	报销差旅费	300.00		借	7 300.00
	9	记	7	支付销售运费		500.00	借	6 800.00
	11	记	8	代垫运费		400.00	借	6 400.00
	17	记	9	购买办公用品		200.00	借	6 200.00
	19	记	10	支付劳务报酬		300.00	借	5 900.00

表 8-25 总分类账

会计科目：银行存款

2013 年		凭证		摘要	借方	贷方	借或贷	余额
月	日	种类	号码					
9	1			期初余额			借	50 000.00
	1	记	1	提取现金		5 000.00	借	45 000.00
	4	记	3	收回货款	30 000.00		借	75 000.00
	5	记	4	购入 A、B 商品	1 500.00		借	76 500.00
	7	记	5	收到投资款	100 000.00		借	176 500.00
	22	记	11	支付广告费		2 800.00	借	173 700.00
	23	记	12	购入 A、B 商品	1 355.00		借	175 055.00
	25	记	13	取得技术服务收入	4 000.00		借	179 055.00
	30	记	14	偿还货款		20 000.00	借	159 055.00
	30	记	15	发放工资		10 000.00	借	149 055.00

表 8-26　　总分类账

会计科目：应收账款

2013 年		凭证		摘要	借方	贷方	借或贷	余额
月	日	种类	号码					
9	1			期初余额			借	120 000.00
	4	记	3	收回货款		30 000.00	借	90 000.00
	9	记	6	销售 A 商品	11 700.00		借	101 700.00
	11	记	8	销售 B 商品	14 440.00		借	116 140.00

表 8-27　　总分类账

会计科目：预付账款

2013 年		凭证		摘要	借方	贷方	借或贷	余额
月	日	种类	号码					
9	1			期初余额			借	83 000.00
	5	记	4	购入 A、B 商品		60 000.00	借	23 000.00
	23	记	12	购入 A、B 商品		23 000.00	平	0

表 8-28　　总分类账

会计科目：其他应收款

2013 年		凭证		摘要	借方	贷方	借或贷	余额
月	日	种类	号码					
9	1			期初余额			借	3 500.00
	3	记	2	报销差旅费		2 000.00	借	1 500.00

表 8-29　　总分类账

会计科目：库存商品

2013 年		凭证		摘要	借方	贷方	借或贷	余额
月	日	种类	号码					
9	1			期初余额			借	19 000.00
	5	记	4	购入 A、B 商品	50 000.00		借	69 000.00
	23	记	12	购入 A、B 商品	18 500.00		借	87 500.00
	30	记	16	结转销售成本		14 500.00	借	73 000.00

表 8-30　　总分类账

会计科目：应付账款

2013 年		凭证		摘要	借方	贷方	借或贷	余额
月	日	种类	号码					
9	1			期初余额			贷	30 000.00
	30	记	14	偿还货款	20 000.00		贷	10 000.00

表 8-31　　总分类账

会计科目：应付职工薪酬

2013 年		凭证		摘要	借方	贷方	借或贷	余额
月	日	种类	号码					
9	1			期初余额			贷	10 000.00
	30	记	15	发放工资	10 000.00		平	θ

表 8-32　　总分类账

会计科目：应交税费

2013 年		凭证		摘要	借方	贷方	借或贷	余额
月	日	种类	号码					
9	1			期初余额			贷	5 000.00
	5	记	4	购入 A、B 商品	8 500.00		借	3 500.00
	9	记	6	销售 A 商品		1 700.00	借	1 800.00
	11	记	8	销售 B 商品		2 040.00	贷	240.00
	23	记	12	购入 A、B 商品	3 145.00		借	2 905.00

表 8-33　　总分类账

会计科目：实收资本

2013 年		凭证		摘要	借方	贷方	借或贷	余额
月	日	种类	号码					
9	1			期初余额			贷	250 000.00
	7	记	5	收到投资款		100 000.00	贷	350 000.00

表 8-34 **总分类账**

会计科目：主营业务收入

2013 年		凭证		摘要	借方	贷方	借或贷	余额
月	日	种类	号码					
9	9	记	6	销售 A 商品		10 000.00	贷	10 000.00
	11	记	8	销售 B 商品		12 000.00	贷	22 000.00

表 8-35 **总分类账**

会计科目：其他业务收入

2013 年		凭证		摘要	借方	贷方	借或贷	余额
月	日	种类	号码					
9	25	记	13	取得技术服务收入		4 000.00	贷	4 000.00

表 8-36 **总分类账**

会计科目：主营业务成本

2013 年		凭证		摘要	借方	贷方	借或贷	余额
月	日	种类	号码					
9	30	记	16	结转销售成本	14 500.00		借	14 500.00

表 8-37 **总分类账**

会计科目：销售费用

2013 年		凭证		摘要	借方	贷方	借或贷	余额
月	日	种类	号码					
9	9	记	7	支付销售运费	500.00		借	500.00
	19	记	10	支付劳务报酬	300.00		借	800.00

表 8-38　　总分类账

会计科目：管理费用

2013 年		凭证		摘要	借方	贷方	借或贷	余额
月	日	种类	号码					
9	3	记	2	报销差旅费	1 700.00		借	1 700.00
9	17	记	9	购买办公用品	200.00		借	1 900.00

8.6.2 科目汇总表账务处理程序的应用

沿用例 8-1 的资料，根据记账凭证登记库存现金日记账、银行存款日记账，以及根据原始凭证和记账凭证登记明细账的步骤同记账凭证账务处理程序，这里主要说明根据记账凭证填制科目汇总表以及根据科目汇总表登记总账的过程。

（1）根据 9 月 1 日至 10 日发生的经济业务编制科目汇总表，如表 8-39 所示。

表 8-39　　科目汇总表

2013 年 9 月 10 日　　汇字第 1 号

序号	科目名称	记账凭证号数	借方发生额	贷方发生额	总账页码
1	库存现金	1、2、7	5 300	500	
2	银行存款	1、3、4、5	131 500	5 000	
3	应收账款	3、6	11 700	30 000	
4	预付账款	4		60 000	
5	其他应收款	2		2 000	
6	库存商品	4	50 000		
7	应交税费	4、6	8 500	1 700	
8	实收资本	5		100 000	
9	主营业务收入	6		10 000	
10	销售费用	7	500		
11	管理费用	2	1 700		
合计			209 200	209 200	

（2）根据科目汇总表汇总的各账户的借贷方发生额合计数登记相应的总分类账，分别如表 8-40 至表 8-50 所示。

表 8-40　　总分类账

会计科目：库存现金

2013 年		凭证		摘要	借方	贷方	借或贷	余额
月	日	种类	号码					
9	1			期初余额			借	2 000.00
	10	汇	1	1～10 日发生额及余额	5 300.00	500.00	借	6 800.00

表 8-41 总分类账

会计科目：银行存款

2013 年		凭证		摘要	借方	贷方	借或贷	余额
月	日	种类	号码					
9	1			期初余额			借	50 000.00
	10	汇	1	1～10 日发生额及余额	131 500.00	5 000.00	借	176 500.00

表 8-42 总分类账

会计科目：应收账款

2013 年		凭证		摘要	借方	贷方	借或贷	余额
月	日	种类	号码					
9	1			期初余额			借	120 000.00
	10	汇	1	1～10 日发生额及余额	11 700.00	30 000.00	借	101 700.00

表 8-43 总分类账

会计科目：预付账款

2013 年		凭证		摘要	借方	贷方	借或贷	余额
月	日	种类	号码					
9	1			期初余额			借	83 000.00
	10	汇	1	1～10 日发生额及余额		60 000.00	借	23 000.00

表 8-44 总分类账

会计科目：其他应收款

2013 年		凭证		摘要	借方	贷方	借或贷	余额
月	日	种类	号码					
9	1			期初余额			借	3 500.00
	10	汇	1	1～10 日发生额及余额		2 000.00	借	1 500.00

表 8-45　　总分类账

会计科目：库存商品

2013 年		凭证		摘要	借方	贷方	借或贷	余额
月	日	种类	号码					
9	1			期初余额			借	19 000.00
	10	汇	1	1～10 日发生额及余额	50 000.00		借	69 000.00

表 8-46　　总分类账

会计科目：应交税费

2013 年		凭证		摘要	借方	贷方	借或贷	余额
月	日	种类	号码					
9	1			期初余额			贷	5 000.00
	10	汇	1	1～10 日发生额及余额	8 500.00	1 700.00	借	1 800.00

表 8-47　　总分类账

会计科目：实收资本

2013 年		凭证		摘要	借方	贷方	借或贷	余额
月	日	种类	号码					
9	1			期初余额			贷	250 000.00
	10	汇	1	1～10 日发生额及余额		100 000.00	贷	350 000.00

表 8-48　　总分类账

会计科目：主营业务收入

2013 年		凭证		摘要	借方	贷方	借或贷	余额
月	日	种类	号码					
9	10	汇	1	1～10 日发生额		10 000.00	贷	10 000.00

表 8-49 总分类账

会计科目：销售费用

2013 年		凭证		摘要	借方	贷方	借或贷	余额
月	日	种类	号码					
9	10	汇	1	1～10 日发生额	500.00		借	500.00

表 8-50 总分类账

会计科目：管理费用

2013 年		凭证		摘要	借方	贷方	借或贷	余额
月	日	种类	号码					
9	10	汇	1	1～10 日发生额	1 700.00		借	1 700.00

对比科目汇总表账务处理程序与记账凭证账务处理程序，可以看到依据科目汇总表登记总账，大大减少了登记总账的工作量。

本章小结

本章主要介绍了会计账务处理程序的概念、类型、各类会计账务处理程序的特点以及具体步骤，并举例说明了其中几种程序的运用。会计账务处理程序就是指从取得原始凭证到产生会计信息的会计工作的步骤和方法，其主要内容包括整理、汇总原始凭证及填制记账凭证，登记各种账簿、编制会计报表整个过程的步骤和方法。不同的账簿组织、记账程序和记账方法的有机结合，就构成了不同的账务处理程序。

在记账凭证账务处理程序下，对发生的经济业务，都要以原始凭证或原始凭证汇总表编制记账凭证，根据记账凭证逐笔登记总分类账。科目汇总表账务处理程是在记账凭证之后，将所有记账凭证定期汇总编制科目汇总表，并根据科目汇总表登记总分类的一种账务处理程序。采用科目汇总表账务处理程序时，一般采用收款凭证、付款凭证和转账凭证等三种格式。除此之外，还需要设置科目汇总表，一般适用于经济业务量较多的单位。

汇总记账凭证账务处理程序是记账凭证账务处理程序的发展。它是根据原始凭证或汇总原始凭证编制记账凭证，定期根据记账凭证分类编制汇总收款凭证、汇总付款凭证和汇总转账凭证，再根据汇总记账凭证登记总分类账，采用专用记账凭证格式。它适用于规模较大、业务较多的企业的总账处理。

日记总账账务处理程序是指根据记账凭证逐笔登记日记总账的一种账务处理程序，其主要特点是：预先设置日记总账，然后直接根据记账凭证逐笔登记日记总账。日记总账是序时账簿与总分类账簿相结合、兼有序时账簿和总分类账簿作用的一种联合账簿，主要适用于规模小、经济业务性质单一、使用会计科目不多的企业。

练习题

1. 单选题

（1）科目汇总表账务处理程序的优点是（　　）。

A. 详细反映经济业务的发生情况　　B. 可以做到试算平衡

C. 便于了解账户之间的对应关系　　D. 便于查对账目

（2）汇总记账凭证账务处理程序的优点是（　　）。

A. 有利于会计核算的日常分工　　B. 便于了解账户之间的对应关系

C. 手续简便　　D. 便于试算平衡

（3）科目汇总表记账程序下，登记总账的依据是（　　）。

A. 记账凭证　　B. 汇总记账凭证　　C. 科目汇总表　　D. 明细账

（4）各种账务处理程序之间的主要区别在于（　　）。

A. 总账的格式不同　　B. 登记总账的程序和方法不同

C. 会计凭证的种类不同　　D. 编制会计报表的依据不同

（5）直接根据记账凭证逐笔登记总分类账的账务处理程序是（　　）。

A. 记账凭证账务处理程序　　B. 汇总记账凭证账务处理程序

C. 科目汇总表账务处理程序　　D. 日记账账务处理程序

（6）科目汇总表是依据（　　）编制的。

A. 记账凭证　　B. 汇总记账凭证　　C. 原始凭证　　D. 汇总原始凭证

（7）不同账务处理程序下，会计报表是根据（　　）编制的。

A. 日记账、总账和明细账　　B. 日记账和总账

C. 明细账和总账　　D. 日记账和明细账

（8）在不同账务处理程序下，下列说法错误的是（　　）。

A. 总账可以根据记账凭证直接登记　　B. 总账可以根据汇总记账凭证登记

C. 总账可以根据科目汇总表登记　　D. 总账可以根据明细账登记

2. 判断题

（1）汇总记账凭证账务处理程序，能够反映账户之间的对应关系。（　　）

（2）不同企业采用的账务处理程序可以不同。（　　）

（3）汇总记账凭证账务处理一般适用于规模较大，业务较多的企业的账务处理程序。（　　）

（4）将科目汇总表中所有会计科目的借方发生额与贷方发生额分别汇总得到的合计数应该相等。（　　）

（5）科目汇总表不仅能起到试算平衡的作用，而且能反映账户的对应关系。（　　）

思考题

1. 记账凭证账务处理程序的基本步骤包括哪些？
2. 什么是科目汇总表？如何编制科目汇总表？
3. 如何编制汇总收款凭证、汇总付款凭证和汇总转账凭证？
4. 各种账务处理程序的基本步骤有什么异同？
5. 各种账务处理程序的优缺点及适用范围是什么？

第 9 章　财务会计报告

本章主要介绍财务会计报告，包括资产负债表、利润表、现金流量表、所有者权益变动表及财务报表附注。

学习目标

- 熟悉资产负债表的概念及其编制基础；
- 掌握资产负债表的编制；
- 熟悉利润表的概念及其编制基础；
- 掌握利润表的编制；
- 了解现金流量表的概念、格式；
- 了解所有者权益变动表的概念、格式及内容；
- 了解财务报表附注的内容。

【课前思考】

据统计，2015 年中国企业 500 强的营业收入总额达到了 59.5 万亿元，其中，293 家国有企业的营业收入 46.6 万亿元，占 500 强的 78.3%。

世界 500 强中，营收利润率排名首位的是建筑和农业机械业，占比 26.4%，排名第二的是纺织业，占比 25.17%，而中国 500 强中这两个行业的营收利润率仅约 3%。行业平均利润最高的仍是建筑和农业机械业，每家企业的平均利润高达 165.16 亿美元，远高于中国银行业的企均利润。另外，世界 500 强中，服装业的平均利润甚至高过了中石油、中石化、中海油这“三桶油”的企均利润。

2015 年，中国制造业企业入围中国企业 500 强的数量、规模均比去年有所提高。2009 年以来，中国制造业企业入围中国企业 500 强的企业数量持续减少，但今年有 266 家企业榜上有名，比上年增加 6 家。这 266 家制造企业的营业收入总额也比上年增长了 3.25%，甚至制造业占 500 强总营业收入的比值都较上年提高了 4.7 个百分点。

然而，制造业总体盈利能力未有大的改观，且亏损企业数量及亏损额均有增加。2015 年中国制造业企业 500 强去年共实现净利润 5737.4 亿元，比上年增长 2.27%，增幅较上年下降了 5.57 个百分点。在这些制造业企业中，六成企业年利润额仅在 10 亿元以内，只有 8 家企业利润额超过 100 亿元。另有 46 家企业亏损，比上年多 15 家。

思考：对于制造业企业的业绩分析可以选取哪些关键指标？财务会计报告包含哪些内容？财务会计报告有哪些作用？

9.1　财务会计报告概述

9.1.1　财务会计报告的涵义

根据《企业会计准则——基本准则》第四十四条，财务会计报告是指企业对外提供的反映企业某一特定日期的财务状况和某一会计期间的经营成果、现金流量等会计信息的文件。财务会计报告包括财务报表和其他应当在财务报告中披露的相关信息和资料。

根据上述定义可知，财务会计报告有以下几个含义。

（1）财务会计报告是对外报告，其主要服务于企业外部的利益相关者，如投资者、债权人、供应商、政府管理部门和社会监管部门等。

（2）财务会计报告应能综合反映企业的生产经营状况，包括某一时点的静态的财务状况和某一段时期的动态的经营成果和现金流量信息。

（3）财务会计报告应该是一个内容全面完整的系统性文件，是一个有机的整体，不能是零散不完整信息的简单堆砌。

财务会计报告是企业财务会计确认与计量的最终结果的体现。企业外部的利益相关者主要是通过企业对外提供的财务报告来了解企业的财务状况经营成果和现金流量等情况，进而为其做出投资、借贷、交易等决策提供有用的参考。因此，财务会计报告对于企业的外部信息使用者具有重要意义，我国会计法、公司法、证券法等出于保护投资者、债权人等利益的需要，均规定企业应当定期编制财务会计报告。

9.1.2 财务会计报告的构成

财务会计报告包括财务报表及其附注和其他应当在财务会计报告中披露的相关信息和资料。财务报表由报表本身及其附注两部分构成，附注是财务报表的有机组成部分，而报表则至少应当包括资产负债表、利润表、现金流量表等报表。需要注意的是，2013 年 1 月 1 日开始实施的《小企业会计准则》要求小企业必须编制现金流量表，而不再是之前允许小企业可以根据需要有选择地编制现金流量表。此外，全面执行企业会计准则体系的企业所编制的财务报表还应当包括所有者权益变动表。

资产负债表是反映企业在某一特定日期的财务状况的报表。企业通过编制资产负债表，可以将企业的资产、负债、所有者权益的金额及构成情况予以反映，进而帮助信息使用者对企业的资产质量、资本权益结构、偿债能力等进行分析。

利润表是反映企业在一定会计期间的经营成果的报表。企业通过编制利润表，可以将企业在一定会计期间实现的收入、发生的费用、应当计入当期损益的利得和损失以及其他综合收益予以反映，进而可以帮助信息使用者对企业利润的质量、企业的盈利能力等方面进行分析评价。

现金流量表是反映企业在一定会计期间现金和现金等价物的流入和流出情况的报表。企业通过编制现金流量表，可以将企业经营活动、投资活动和筹资活动引起的现金及现金等价物的流入和流出情况予以反映，进而可以帮助信息使用者分析评价企业的现金流和资金周转情况。

所有者权益变动表反映企业一定会计期间构成所有者权益的各组成部分的增减变动情况。企业通过编制所有者权益变动表，既可以为报表使用者提供所有者权益总量增减变动的信息，也能为其提供所有者权益增减变动的结构性信息，特别是能够让报表使用者理解所有者权益增减变动的根源。

附注是对在财务报表中列示项目所作的进一步说明和对未能在这些报表中列示项目的说明等。企业通过编制附注，可以对财务报表予以补充说明，可以更加全面、系统地反映企业财务状况、经营成果和现金流量的全貌，进而帮助信息使用者做出更加科学合理的决策。

9.1.3 财务会计报告的作用

根据财务会计报告的涵义以及财务会计报告各部分所反映的内容，财务会计报告的作用主要表现在以下几个方面。

（1）财务会计报告是企业的投资者、债权人、供应商等会计信息使用者了解企业单位的财务状况、经营成果和经济效益及为投资者进行投资决策、债权人决定贷款去向、供应商决定销售策略等提供重要依据。

（2）财务会计报告可以为国家经济管理部门制定宏观经济管理政策、经济决策提供重要的信息来源，更好地发挥各类政府部门的经济监督和调控作用。

（3）财务会计报告可以为企业内部管理人员了解企业经营状况和经营成果、管理企业日常经济活动提供重要经济信息来源。

9.1.4 财务报表的分类

财务会计报告的核心是财务报表，而财务报表依据不同的分类标准可以有不同的分类。

1．按编报期间的不同分类

财务报表按照编报期间的不同，可以分为中期财务报表和年度财务报表。广义的中期财务报表包括月份、季度、半年期财务报表。狭义的中期财务报表仅指半年期财务报表。年度财务报表是全面反映企业整个会计年度的经营成果、现金流量情况及年末财务状况的财务报表。企业每年年底必须编制并报送年度财务报表。

2．按编报会计主体的不同分类

财务报表按编报的会计主体不同，分为个别财务报表和合并财务报表。个别财务报表是指在以母公司和子公司组成的具有控股关系的企业集团中，由母公司和子公司各自为主体分别单独编制的报表，用以分别反映母公司和子公司本身各自的财务状况和经营成果。合并财务报表是以母公司和子公司组成的企业集团为会计主体，以母公司和子公司单独编制的个别财务报表为基础，由母公司编制的综合反映企业集团经营成果、财务状况及其资金变动情况的财务报表。

3．按反映内容的不同分类

财务报表按反映的经济内容的不同，可以分为静态报表和动态报表。静态报表是指综合反映企业某一特定日期资产、负债和所有者权益状况的报表，如资产负债表。动态报表是指综合反映企业一定期间的经营成果或现金流量情况的报表，如利润表、现金流量表。

9.1.5 财务会计报告的编制要求

财务会计报告中，财务报表的种类、格式、内容和编制方法由财政部统一制定。企业应严格地按照统一规定填制和上报，才能保证会计报表口径一致，便于各有关部门通过财务报表，了解、考核和管理企业的经济活动。

为确保财务会计报告质量，编制财务会计报告表必须符合以下要求。

1．数字真实

企业财务会计报告所填列的数字必须真实可靠，需能准确地反映企业的财务状况和经营成果。不得以估计数字填列财务报表，更不得弄虚作假、篡改伪造数字。

2．计算准确

为了确保财务会计报告的数字准确，在编制财务报表之前，必须将报告期内所有的经济业务全部登记入账，应认真核对账簿记录，做到账证相符、账账相符。此外，企业应定期进行财产清查，对各项财产物资、货币资金和往来款项进行盘点、核实，使得账实相符。发现有不符之处，应先查明原因，加以更正，最终根据核对无误的账簿记录编制财务报表。在编制财务报表时，要核对财务报表之间的数字，有勾稽关系的数字应要认真核对；本期财务报表与上期财务报表之间的数字应相对衔接一致、本年度财务报表与上年度财务报表之间相关指标数字应衔接一致。

3．内容完整

财务会计报告必须全面反映企业生产经营状况和经营业绩。财务报表中各项指标和数据是相互联系、相互补充的，企业必须按国家统一的规定填列齐全、完整，不能漏填、漏报。各财务报表之间，项目之间凡有对应关系的项目的数据，应该相互一致，做到表表相符。

4．编报及时

企业应按规定的时间编报财务会计报告，及时逐级汇总，以便报表的使用者及时、有效地使用财务报表资料。为此，企业应科学地组织好会计的日常核算工作，加强企业内部各有关部门的协作，相互配合，选择适合本企业具体情况的会计核算组织程序，认真做好记账、算账、对账和按期结账工作。企业编制的月报通常应于月份终了后 6 天对外提供；季报应当于季度终了后 15 天内对外提供；年报应于年度终了后 60 天内对外提供。

5．指标可比

财务会计报告列报的经济指标，应当尽可能做到口径一致，计算方法一致，以便于报表使用者比较企业不同时期的财务状况和经营成果，有利于报表使用者用来比较不同企业的财务状况和经营成果。为此，企业在不同时期的报表指标和同类型企业之间的报表指标，应尽可能口径一致，如确需变动应把变动的原因、对报表指标的影响予以说明。

9.1.6 编制财务会计报告前的准备工作

从会计循环的整个流程看，会计工作的最终成果是财务会计报告。在编制财务会计报告前需要做以下几项工作。

1．期末账项调整

期末账项调整是指为了准确计量当期收入、费用以及资产和负债，在会计期末，按照权责发生制对有关的会计事项进行调整的过程。通过期末账项调整可以帮助企业正确地反映本期的经营成果以及期末的财务状况。

2．全面清查财产，核实债务

企业应在编制财务会计报告之前，组织财务和其他相关部门进行资产清查、减值测试和债权债务核实工作，具体包括以下内容。

（1）清理结算款项，包括应收款项、应付款项、应交税金等是否存在，与债务、债权单位的相应债务、债权金额是否一致。

（2）清理存货，包括原材料、在产品、自制半成品、库存商品等各项存货的实存数量与账面是否一致，是否有报废损失和积压物资等。

（3）清理投资，核对各项投资是否存在、投资收益是否按照国家统一的会计制度规定进行确认和计量。

（4）清理固定资产，核对房屋建筑物、机器设备、运输工具等各项固定资产的实存数量与账面是否一致。

（5）在建工程的实际发生额与账面记录是否一致。

（6）需要清查、核实的其他内容。

3．对账

通过对账保证账证相符、账账相符、账实相符。

4．结账

结账就是在会计期末计算并结转各账户的本期发生额和期末余额。

5．编制工作底稿

工作底稿是指将一定会计期间核算所得到的会计资料汇集到一起，为最终取得一定的会计信息而进行调整、试算、分析的表式。工作底稿的编制包括以下步骤。

（1）试算表的填制。这时需将总分类账各账户的名称填入会计科目栏内，同时将各账户的余额填入试算表的借方栏和贷方栏。

（2）账项调整的填写。首先，应确定其应借、应贷账户及金额，然后在账户调整栏内填写账项调整分录。

（3）将“试算表”与“账项调整”两栏相同科目的借、贷金额合并，同方向金额相加，反方向金额相减。合并所得的金额就是“调整后试算表”相应会计科目的金额，将其填入“调整后试算表”栏内。

（4）账项结转的填写。对于期末应予结转的账项，首先应确定应借、应贷账户及金额。然后在“账项结转”栏内填写结转分录。

编制工作底稿的目的是保证迅速得编制高质量财务会计报告，如果企业能够及时提供准确的报表，也可以不编制工作底稿。因此，在财务会计报告编制时，编制工作底稿不是一项必须进行的会计工作。

9.2 资产负债表

9.2.1 资产负债表的概念及作用

资产负债表是反映企业某一特定日期财务状况的报表。该表能提供企业在某一特定日期（会计期末）所掌握的经济资源、应偿付的债务、所有者在企业中所拥有的权益、企业的偿债能力、财务前景等重要资料。资产负债表的编制基础是资产=负债+所有的权益这一基本的会计等式。

资产负债表的具体作用包括以下几个方面。

（1）资产负债表提供了企业所拥有的经济资源及其结构，经营者具体可以分析企业资产分布是否合理，评价企业的资产质量。

（2）资产负债表总括反映了企业的资金来源渠道和构成情况，投资者和债权人据此可以分析企业资本结构的合理性及其所面临的财务风险。投资者和债权人通过对资产负债表的分析可以了解企业的财务实力、短期偿债能力和支付能力，据此可以做出相应的决策。

（3）通过对前后期资产负债表的对比分析，可以了解企业最近结构变化情况，经营者、投资者和债权人据此可以掌握企业财务状况的变化情况和变化趋势。

9.2.2 资产负债表的结构与内容

资产负债表的结构分为两类，即账户式和报告式。账户式结构下资产负债表分为左右两部分，左方列报企业所拥有的全部资产项目，右方列报企业的负债和所有者权益项目，左右两方项目合计数相等。报告式又被称为垂直式。此结构下资产负债表分为上下两部分，上方列报资产项目，下方列报负债和所有者权益项目，上下两方项目合计数相等。我国会计准则规定企业编制资产负债表时应采用账户式格式。

资产负债表列报的内容包括资产、负债和所有者权益项目。资产部分是根据资产的流动性由强到弱来列示，一般分为流动资产和非流动资产。流动资产是指企业可以在一年或者越过一年的一个营业周期内变现或者运用的资产，是企业资产中必不可少的组成部分。流动资产主要包括货币资金、应收票据、应收账款、预付账款、其他应收款、存货、一年内到期的非流动资产等。非流动资产是指流动资产以外的资产，主要包括可供出售金融资产、持有至到期投资、长期应收款、长期股权投资、投资性房地产、固定资产、在建工程、无形资产、长期待摊费用等。

负债部分是根据偿还期限由短到长来进行列示，一般分为流动负债和非流动负债。流动负债是指资产负债表中，一年内或者超过一年的一个营业周期内需要偿还的债务合计。流动负债主要包括短期借款、应付票据、应付账款、预收款项、应付职工薪酬、应交税费、应付利息、应付股利、其他应付款、一年内到期的非流动负债等。非流动负债指偿还期在一年或超过一年的一个经营周期以上的债务，主要包括长期借款、应付债券、长期应付款等。

所有者权益部分包括实收资本（或股本）、资本公积、其他综合收益、盈余公积和利润分配。

【小提示】

2014 年新准则修订后，增加了一个权益类科目“其他综合收益”。其他综合收益是指企业根据企业会计准则规定未在损益中确认的各项利得和损失扣除所得税影响后的净额。此会计科目的相关核算是中级财务会计需掌握的内容。

9.2.3　资产负债表的编制方法

资产负债表中项目填列时分为“期初余额”和“期末余额”两栏。“期初余额”栏各项的数字，应按上年年末资产负债表中“期末余额”栏中的数字填列。“期末余额”栏内各项数字根据会计期末各总账账户及所属明细账户余额填列。资产负债表各项目的填列方法如下。

【小提示】

此部分主要介绍本书常用的资产负债表项目的填列方法，其余的资产负债表项目的填列方法属于中级财务会计范畴。

1．资产项目的填列方法

（1）“货币资金”项目，反映企业库存现金、银行结算户存款、外埠存款、银行汇票存款、银行本票存款、信用卡存款、信用证保证金存款等的合计数。本项目应根据“库存现金”“银行存款”“其他货币资金”科目期末余额的合计数填列。

（2）“应收票据”项目，反映企业因销售商品、提供劳务等经营活动应收取的款项，包括商业承兑汇票和银行承兑汇票。本项目应根据“应收票据”科目的期末余额填列，减去“坏账准备”科目中有关应收票据计提的坏账准备期末余额后的金额填列。

（3）“应收账款”项目，反映企业因销售商品、产品和提供劳务等应向购买单位收取的各种款项，减去已计提的坏账准备后的净额。本项目应根据“应收账款”科目所属各明细科目的期末借方余额合计，减去“坏账准备”科目中有关应收账款计提的坏账准备期末余额后的金额填列。如“应收账款”科目所属明细科目期末有贷方余额，应在资产负债表“预收款项”项目内填列。

（4）“预付款项”项目，反映企业预付给供应单位的款项。本项目应根据“预付账款”“应付账款”科目所属各明细科目的期末借方余额合计，减去“坏账准备”科目中有关预付账款计提的坏账准备期末余额后的金额填列。如“预付账款”科目所属有关明细科目期末有贷方余额的，应在资产负债表“应付账款”项目内填列。

（5）“应收股利”项目，反映企业因股权投资而应收取的现金股利，企业应收其他单位的利润，也包括在本项目内。本项目应根据“应收股利”科目的期末余额填列。

（6）“应收利息”项目，反映企业因债权投资而应收取的利息。本项目应根据“应收利息”科目的期末余额填列。

（7）“其他应收款”项目，反映企业对其他单位和个人的应收和暂付的款项，减去已计提的坏账准备后的净额。本项目应根据“其他应收款”科目的期末余额，减去“坏账准备”科目中有关其他应收款计提的坏账准备期末余额后的金额填列。

（8）“存货”项目，反映企业期末在库、在途和在加工中的各项存货的可变现净值，包括各种材料、商品、在产品、半成品、包装物、低值易耗品、分期收款发出商品、委托代销商品、受托代销商品等。本项目应根据“材料采购”“原材料”“库存商品”“周转材料”“委托加工物资”“生产成本”等科目的期末余额合计，减去“存货跌价准备”科目期末余额后的金额填列。材料采用计划成本核算及库存商品采用计划成本核算的企业，还应按加或减“材料成本差异”后的金额填列。

（9）“其他流动资产”项目，反映企业除以上流动资产项目外的其他流动资产，本项目应根据有关科目的期末余额填列。如其他流动资产价值较大的，应在会计报表附注中披露其内容和金额。

（10）“固定资产”项目，反映企业的各种固定资产原价及累计折旧。本项目应根据“固定资产”科目的期末余额，减去“累计折旧”和“固定资产减值准备”科目期末余额后的金额填列。

（11）“在建工程”项目，反映企业期末各项未完工程的实际支出，包括交付安装的设备价值，未完建筑安装工程已经耗用的材料、工资和费用支出、预付出包工程的价款、已经建筑安装完毕但尚未交付使用的工程等的可收回金额。本项目应根据“在建工程”科目的期末余额减去“在建工程减值准备”科目期末余额后的金额填列。

（12）“固定资产清理”项目，反映企业因出售、毁损、报废等原因转入清理但尚未清理完毕的固定资产的账面价值及固定资产清理过程中所发生的清理费用和变价收入等各项金额的差额。本项目应根据“固定资产清理”科目的期末借方余额填列，如“固定资产清理”科目期末为贷方余额，以“-”号填列。

（13）“无形资产”项目，反映企业各项无形资产原值扣除累计摊销后的净额。本项目应根据“无形资产”科目的期末余额减去“累计摊销”“无形资产减值准备”科目期末余额后的金额填列。

（14）“长期待摊费用”项目，反映企业尚未摊销的摊销期限在 1 年以上（不含 1 年）的各种费用，如租入固定资产改良支出、大修理支出以及摊销期限在 1 年以上（不含 1 年）的其他待摊费用。长期待摊费用中在 1 年内（含 1 年）摊销的部分，应在资产负债表“1 年以内到期的非流动资产”项目填列。本项目应根据“长期待摊费用”科目的期末余额减去将于 1 年内（含 1 年）摊销的数额后的金额填列。

（15）“其他非流动资产”项目，反映企业除以上资产以外的其他非流动资产。本项目应根据有关科目的期末余额填列。

2．负债项目的填列方法

（1）“短期借款”项目，反映企业向银行或者其他金融机构等借入的期限在1年以下（含1年）的各种借款。本项目应根据“短期借款”科目的期末余额填列。

（2）“应付票据”项目，反映企业购买材料、商品和接受劳务等而开出、承兑的商业汇票，包括银行承兑汇票和商业承兑汇票。本项目应根据“应付票据”科目的期末余额填列。

（3）“应付账款”项目，反映企业购买原材料、商品和接受劳务供应等而应付给供应单位的款项。本项目应根据“应付账款”和“预付账款”科目所属各有关明细科目的期末贷方余额合计填列，如“应付账款”科目所属各明细科目期末有借方余额，应在资产负债表“预付款项”项目内填列。

（4）“预收款项”项目，反映企业预收购买单位的账款。本项目应根据“预收账款”和“应收账款”科目所属各有关明细科目的期末贷方余额合计填列。比如，“预收账款”科目所属有关明细科目有借方余额的，应在“应收账款”项目内填列；“应收账款”科目所属明细科目有贷方余额的，也应包括在本项目内。

（5）“应付职工薪酬”项目，反映企业应付未付的职工工资、职工福利、社会保险费、住房公积金、工会经费、职工教育经费等。本项目应根据“应付职工薪酬”科目期末贷方余额填列。

（6）“应交税费”项目，反映企业期末未交、多交或未抵扣的各种税金。本项目应根据“应交税费”科目的期末贷方余额填列，如“应交税费”科目期末为借方余额，以“-”号填列。

（7）“应付股利”项目，反映企业尚未支付的现金股利或利润。本项目应根据“应付股利”科目的期末余额填列。

（8）“其他应付款”项目，反映企业除应付票据、应付账款、预收账款、应付职工薪酬、应付股利、应付利息、应交税费等经营活动以外的各种应付、暂收款项。本项目应根据“其他应付款”科目的期末贷方余额填列。

（9）“1 年以内到期的非流动负债”项目，反映企业非流动负债中将于资产负债表日后 1 年内到期部分的金额。本项目应根据有关科目的期末贷方余额填列。

（10）“其他流动负债”项目，反映企业除以上流动负债以外的其他流动负债。本项目应根据有关科目的期末余额填列。

（11）“长期借款”项目，反映企业向银行或者其他金融机构等借入的期限在 1 年以上的各种借款。本项目应根据“长期借款”科目的期末余额填列。

（12）“应付债券”项目，反映企业发行的尚未偿还的各种长期债券的本息。本项目应根据“应付债券”科目的期末余额填列。

（13）“长期应付款”项目，反映企业除长期借款和应付债券以外的其他各种长期应付款。本项目应根据“长期应付款”科目的期末余额，减去“未确认融资费用”科目期末余额后的金额填列。

（14）“其他非流动负债”项目，反映企业除以上长期借款、应付债券等负债以外的其他非流动负债。本项目应根据有关科目的期末余额减去将于 1 年内（含 1 年）到期偿还数后的余额填列。非流动负债各项目中将于 1 年内（含 1 年）到期的非流动负债，应在“1 年内到期的非流动负债”项目填列。

3．所有者权益项目的填列方法

（1）“实收资本（或股本）”项目，反映企业各投资者实际投入的资本（或股本）总额。本项目应根据“实收资本（或股本）”科目的期末余额填列。

（2）“资本公积”项目，反映企业资本公积的期末余额。本项目应根据“资本公积”科目的期末余额填列。

（3）“盈余公积”项目，反映企业盈余公积的期末余额。本项目应根据“盈余公积”科目的期末余额填列。

（4）“未分配利润”项目，反映企业尚未分配的利润。本项目应根据“本年利润”科目和“利润分配”科目的余额计算填列。未弥补的亏损在本项目内以“-”号填列。

综上所述，资产负债表各项目填列方法有以下四种。

（1）根据各总账余额直接填列，如应收票据、应收股利、应收利息、短期借款、应付票据、其他应付款、应付股利、资本公积、盈余公积等。

（2）根据几个总账余额分析填列，如货币资金、存货、在建工程等。“货币资金”项目需要根据“库存现金”“银行存款”“其他货币资金”科目的期末余额合计数计算填列。

（3）根据总账与明细账分析填列，如长期借款、应付债券、其他应收款等。例如，“长期借款”项目需要根据“长期借款”总账科目期末余额，扣除“长期借款”科目所属明细科目中反映的将于 1 年内到期的长期借款部分，分析计算填列；“固定资产”项目需要根据“固定资产”总账科目的期末余额减去“累计折旧”“固定资产减值准备”等科目的期末余额，分析计算填列。

（4）根据明细账余额分析填列，如应收账款、预收款项、应付账款、预付款项等。“应付账款”项目需根据“应付账款”“预付账款”科目所属相关明细科目期末贷方余额计算填列。

9.2.4 资产负债表编制实例

【例 9-1】甲公司 20×5 年 12 月 31 日有关账户的余额资料，如表 9-1 所示。

说明：以下资料中有三个账户，经查明应在列表时按规定予以调整：在“应收账款”账户中有明细账贷方余额 10 000 元；在“应付账款”账户中有明细账借方余额 20 000 元；在“预付账款”账户中有明细账贷方余额 5 000 元。

表 9-1 甲公司 20×5 年 12 月 31 日有关账户余额表

账户名称	借方余额	贷方余额	账户名称	借方余额	贷方余额
库存现金	60 000		短期借款		295 000
银行存款	240 000		应付票据		140 000
其他货币资金	215 000		应付账款		530 000
应收票据	45 000		预收账款		30 000
应收股利	25 000		应付职工薪酬		165 000
应收利息	16 000		应付股利		110 000
应收账款	358 000		应交税费		46 000
坏账准备		8 000	其他应付款		38 000
预付账款	40 000		长期借款		600 000
其他应收款	14 000		实收资本		1 350 000
原材料	340 000		资本公积		90 000
库存商品	195 000		盈余公积		259 000
生产成本	175 000		利润分配		117 000
固定资产	2 400 000				
累计折旧		535000			
在建工程	80 000				
无形资产	110 000				
合计	4 313 000	543 000			3 770 000

将上列资料经归纳分析后填入资产负债表。

（1）将“库存现金”“银行存款”“其他货币资金”科目余额合并列入“货币资金”项目（60 000+240 000+215 000=515 000），共计 515 000 元。

（2）将“坏账准备”项目 8 000 元从应收账款项目中减去；将“应收账款”明细账中的贷方余额 10 000 元列入“预收款项”项目。计算结果，“应收账款”项目的账面价值为 360 000 元（358 000−8 000+10 000=360 000）；“预收款项”项目为 40 000 元（30 000+10 000=40 000）。

（3）将“应付账款”明细账中的借方余额 20 000 元列入“预付款项”项目；将“预付账款”账户明细账中的贷方余额 5 000 元列入“应付账款”项目。计算结果，“预付款项”项目的余额为 65 000（40 000+20 000+5 000=65 000）元，“应付账款”项目的余额为 555 000（530 00+20 000+5 000=555 000）元。

（4）将“原材料”“库存商品”“生产成本”及其他有关存货账户余额合并为存货项目，共计 710 000（340 000+195 000+175 000=710 000）元。

（5）将“固定资产”账户借方余额减去“累计折旧”贷方余额得到“固定资产”项目列示金额为 1 865 000（2 400 000−535 000=1 865 000）元。

（6）其余各项目按账户余额表数字直接填入资产负债表。

根据资料编制资产负债表，如表 9-2 所示。

表 9-2 资产负债表

编制单位：甲公司 20×5 年 12 月 31 日 单位：元

资产	期末余额	年初余额（略）	负债和所有者权益	期末余额	年初余额（略）
流动资产：			流动负债：		
货币资金	515 000		短期借款	295 000	
以公允价计量且变动计入当期损益的金融资产			以公允价值计量且变动计入当期损益的金融负债		
应收票据	45 000		应付票据	140 000	
应收账款	360 000		应付账款	555 000	
预付款项	65 000		预收款项	40 000	
应收利息	16 000		应付职工薪酬	165 000	
应收股利	25 000		应交税费	46 000	
其他应收款	14 000		应付利息		
存货	710 000		应付股利	110 000	
其中：消耗性生物资产			其他应付款	38 000	
划分为持有待售的资产			划分为持有待售的负债		
一年内到期的非流动资产			一年内到期的非流动负债		
其他流动资产			其他流动负债		
流动资产合计	1 750 000		流动负债合计	1 389 000	
非流动资产：			非流动负债：		
可供出售金融资产			长期借款	600 000	
持有至到期投资			应付债券		
长期应收款			长期应付款		
长期股权投资			专项应付款		
投资性房地产			预计负债		
固定资产	1 865 000		递延所得税负债		
在建工程	80 000		其他非流动负债		
工程物资			非流动负债合计	600 000	
固定资产清理			负债合计	1 989 000	
生产性生物资产			所有者权益：		
油气资产			实收资本（或股本）	1 350 000	
无形资产	110000		资本公积	90 000	
开发支出			其他综合收益		
商誉			盈余公积	259 000	
长期待摊费用			未分配利润	117 000	
递延所得税资产			所有者权益合计	1 816 000	
其他非流动资产					
非流动资产合计	2 055 000				
资产总计	3 805 000		负债及所有者权益合计	3 805 000	

9.3 利润表

9.3.1 利润表概念及作用

利润表是指反映企业在一定会计期间内的经营成果的报表。通过提供利润表，可以反映企业在一定会计期间的收入、费用、利润（或亏损）的数额、形成情况，帮助财务报表使用者全面了解企业的经营成果，分析企业的获利能力及盈利增长趋势，从而为其做出经济决策提供依据。利润表的编报基础是利润=收入-费用这一会计恒等式。

利润表的作用有：反映经营业绩的主要来源和构成、反映收入实现、费用耗费情况以及经营活动的成果；有助于分析、评价、预测经营成果和获利能力；有助于分析、评价、预测企业偿债能力；有助于评价考核管理人员的绩效，为企业经营成果的分配提供重要依据。

9.3.2 利润表与资产负债表的区别与联系

利润表与资产负债表的主要区别如下。

（1）报表性质。资产负债表是反映企业某个特定日期——某一时点上的存量信息的静态报表，利润表是反映企业一定会计期间的经济利益流入流出的流量信息的动态报表。

（2）列示金额。资产负债表反映的是某一特定日期的余额数，利润表反映的是一定会计期间的累计发生数。

（3）报表内容。资产负债表反映的是企业某一特定日期的财务状况，利润表反映的是一定会计期间的经营成果。

（4）编报基础。资产负债表的编报基础是资产=负债+所有者权益，利润表的编报基础是利润=收入-费用。

利润表与资产负债表之间的联系如下。

（1）资产负债表反映企业的经济实力，表中的资源是利润表中所有经营活动开展的基础，企业通过发挥所拥有的资产创造利润。

（2）利润表反映企业的盈利水平，表中的经营成果是资产负债表中所列示的资源的使用效益的综合反映。

9.3.3 利润表的结构与内容

利润表的结构有单步式和多步式，而我国企业的利润表采用多步式结构。

单步式是指只通过一个步骤就能够计算出利润，即将所有收入加在一起、所有费用加在一起，总的收入减去总的费用，以此计算出本期收益。此种格式的利润表特点是简单明了、直观、方便，但是不利于进行分析、比较，适于经济业务简单的企业。

多步式利润表中利润的计算通过多步骤来完成，便于将不同性质的收入与费用相互配比。多步式利润表需依次计算营业收入、营业利润、利润总额、净利润以及每股收益。这样便于对企业的生产经营状况进行分析，利于不同企业之间的比较，利于预测企业的盈利能力，符合我国企业会计准则的规定。

9.3.4 利润表的编制方法

我国企业利润表的主要编制步骤和内容如下。

（1）在营业收入的基础上，减去营业成本、营业税金及附加、销售费用、管理费用、财务费用、资产减值损失，加上公允价值变动收益（减去公允价值变动损失）和投资收益（减去投资损失），计算出营业利润。

（2）以营业利润为基础，加上营业外收入，减去营业外支出，计算出利润总额。

（3）以利润总额为基础，减去所得税费用，计算出净利润（或亏损）。

利润表的栏目分为“本期金额”栏和“上期金额”栏。“上期金额”栏各项的数字，应按上年度利润表中“本期金额”栏中的数字填列。“本期金额”栏根据各损益类科目的发生额分析填列。

利润表中“本期金额”各项目的填列方法如下。

（1）“营业收入”项目，反映企业经营主要业务和其他业务所取得的收入总额。本项目应根据“主营业务收入”和“其他业务收入”科目的发生额分析填列。

（2）“营业成本”项目，反映企业经营主要业务和其他业务发生的实际成本。本项目应根据“主营业务成本”和“其他业务成本”科目的发生额分析填列。

（3）“营业税金及附加”项目，反映企业经营主要业务应负担的营业税、消费税、城市维护建设税、资源税、土地增值税和教育费附加等。本项目应根据“营业税金及附加”科目的发生额分析填列。

（4）“销售费用”项目，反映企业在销售商品和提供劳务过程中发生的各种费用及专设销售机构的各项经费。本项目应根据“销售费用”科目的发生额分析填列。

（5）“管理费用”项目，反映企业为组织和管理生产经营活动发生的管理费用。本项目应根据“管理费用”科目的发生额分析填列。

（6）“财务费用”项目，反映企业筹集生产经营活动所需资金发生的筹资费用。本项目应根据“财务费用”科目的发生额分析填列。

（7）“资产减值损失”项目，反映企业发生的各项减值损失。本项目应根据“资产减值损失”账户的发生额分析填列。

（8）“公允价值变动收益”项目，反映企业应计入当期损益的资产或负债的公允价值变动收益。本项目应根据“公允价值变动收益”科目的发生额分析填列，如为净损失以“-”号填列。

（9）“投资收益”项目，反映企业以各种方式对外投资所取得的收益。本项目应根据“投资收益”科目的发生额分析填列，如为投资损失以“-”号填列。

（10）“营业利润”项目，反映企业实现的营业利润，如为亏损以“-”号填列。

（11）“营业外收入”项目和“营业外支出”项目，反映企业发生的与其生产经营无直接关系的各项收入和支出。这两个项目应分别根据“营业外收入”科目和“营业外支出”科目的发生额分析填列。

（12）“所得税费用”项目，反映企业按规定从本期损益中减去的所得税。本项目应根据“所得税费用”科目的发生额分析填列。

（13）“利润总额”项目，反映企业实现的利润总额，如为亏损总额以“-”号填列。

（14）“净利润”项目，反映企业实现的净利润，如为净亏损以“-”号填列。

“营业利润”“利润总额”“净利润”项目根据本表中相关项目计算填列。在计算利润的过程中涉及的主要计算公式如下。

营业利润=营业收入-营业成本-营业税金及附加-销售费用-管理费用-财务费用
-资产减值损失+公允价值变动收益+投资收益

利润总额=营业利润+营业外收入-营业外支出

净利润=利润总额-所得税费用

其中：营业收入=主营业务收入+其他业务收入

营业成本=主营业务成本+其他业务成本

9.3.5 利润表编制实例

【例 9-2】甲公司 20×5 年度各个损益类科目的累计发生额如表 9-3 所示，要求根据资料编制甲公司 20×5 年度的利润表，如表 9-4 所示。

表 9-3　损益类科目余额表

单位：元

科目名称	借方发生额	科目名称	贷方发生额
主营业务成本	600 000	主营业务收入	700 000
其他业务成本	140 000	其他业务收入	180 000
营业税金及附加	1 800	营业外收入	8 900
销售费用	9 000	投资收益	15 000
管理费用	62 380		
财务费用	11 490		
营业外支出	6 800		
所得税费用	18 108		

表 9-4　利润表

编制单位：甲公司　20×5 年度　单位：元

项目	本期金额（略）	上期金额（略）
一、营业收入	880 000	
减：营业成本	740 000	
营业税金及附加	1 800	
销售费用	9 000	
管理费用	62 380	
财务费用	11 490	
资产减值损失		
加：公允价值变动收益（损失以“-”填列）		
投资收益（损失以“-”填列）	15 000	
二、营业利润（亏损以“-”填列）	70 330	
加：营业外收入	8 900	
减：营业外支出	6 800	
其中：非流动资产处置损失		
三、利润总额（亏损总额以“-”填列）	72 430	
减：所得税费用	18 108	
四、净利润（净亏损以“-”填列）	54 322	

续表

项目	本期金额（略）	上期金额（略）
五、每股收益	（略）	
（一）基本每股收益	（略）	
（二）稀释每股收益	（略）	
六、其他综合收益	（略）	
七、综合收益总额	（略）	

利润表各个项目填写方法如下。

（1）将“主营业务收入”及“其他业务收入”本期发生额合并列入“营业收入”项目，共计880 000（700 000+180 000=880 000）元。

（2）将“主营业务成本”及“其他业务成本”本期发生额合并列入“营业成本”项目，共计740 000（600 000+140 000=740 000）元。

（3）其余各项目按账户本期发生额表数字直接填入利润表。

9.4 现金流量表

9.4.1 现金流量表的概念及作用

现金流量表反映企业在一定会计期间现金和现金等价物流入和流出的报表。现金流量表的编制基础是收付实现制。现金等价物是指企业持有的期限短、流动性强、易于转化为已知金额的现金、价值变动风险很小的投资。一般是指从购买之日起，3 个月或更短时间内到期的债权投资。

现金流量表的作用有：帮助报表使用者了解企业获取现金和现金等价物的能力；利于评价企业支付能力、偿债能力和周转能力；利于预测企业未来的现金流量；利于分析企业的收益质量和现金净流量的影响因素；便于报表使用者分析本期净利润与经营活动现金流量之间差异的原因；便于报表使用者对报告期内与现金有关或无关的投资及筹资活动进行恰当的评估。

资产负债表可以反映企业所拥有的资产、承担的债务和所有者享有的权益，但是无法反映筹资、投资活动提供的现金流量。利润表可以反映企业一定期间的经营成果，但是不能反映从营业活动中获得了多少可供周转使用的现金。现金流量表所列示的内容则弥补了资产负债表和利润表的这些不足。

9.4.2 现金流量的分类

根据企业业务活动的性质和现金流量的来源，现金流量表在结构上将企业一定期间产生现金流量分为以下三类。每类活动又分为各具体项目，这些项目从不同角度反映企业业务活动的现金流入与流出。

1．经营活动产生的现金流量

企业产生现金流的经营活动主要包括销售商品、提供劳务、税费返还、购买商品、支付工资、缴纳税费等。

2．投资活动产生的现金流量

企业产生现金流的投资活动是指企业长期资产的购建和不包括在现金等价物范围内的投资及其

处置活动。长期资产是指固定资产、无形资产、在建工程、其他资产等持有期限在一年或一个营业周期以上的资产。

3．筹资活动产生的现金流量

企业产生现金流的筹资活动是指导致企业资本及债务规模和构成发生变化的活动，主要包括吸收投资、取得借款、发行债券、分配利润、偿还债务、支付借款利息等。

9.4.3 现金流量表的结构与内容

现金流量表包含正表和补充资料两部分，其结构和格式如表9-5及表9-6所示。

表9-5 现金流量表

编制单位：××公司　　××××年度　　单位：元

项目	本期金额	上期金额
一、经营活动产生的现金流量：		
销售商品、提供劳务收到的现金		
收到的税费返还		
收到的其他与经营活动有关的现金		
经营活动现金流入小计		
购买商品、接受劳务支付的现金		
支付给职工以及为职工支付的现金		
支付的各项税费		
支付的其他与经营活动有关的现金		
经营活动现金流出小计		
经营活动产生的现金流量净额		
二、投资活动产生的现金流量：		
收回投资所收到的现金		
取得投资收益所收到的现金		
处置固定资产、无形资产和其他长期资产所收回的现金净额		
处置子公司及其他营业单位收到的现金净额		
收到的其他与投资活动有关的现金		
投资活动现金流入小计		
购建固定资产、无形资产和其他长期资产所支付的现金		
投资所支付的现金		
取得子公司及其他营业单位支付的现金净额		
支付的其他与投资活动有关的现金		
投资活动现金流出小计		
投资活动产生的现金流量净额		
三、筹资活动产生的现金流量		
吸收投资所收到的现金		
取得借款所收到的现金		

续表

项目	本期金额	上期金额
收到的其他与筹资活动有关的现金		
筹资活动现金流入小计		
偿还债务所支付的现金		
分配股利、利润和偿付利息所支出的现金		
支付的其他与筹资活动有关的现金		
筹资活动现金流出小计		
筹资活动产生的现金流量净额		
四、汇率变动对现金及现金等价物的影响		
五、现金及现金等价物净增加额		

表 9-6 现金流量表补充资料

编制单位：××公司 ××××年度 单位：元

项目	金额
1. 将净利润调节为经营活动现金流量：	
净利润	
加：计提的资产减值准备	
固定资产折旧	
无形资产摊销	
长期待摊费用摊销	
待摊费用减少（减：增加）	
预提费用增加（减：减少）	
处置固定资产、无形资产和其他长期资产的损失（减：收益）	
固定资产报废损失	
财务费用	
投资损失（减：收益）	
递延税款贷项（减：借项）	
存货的减少（减：增加）	
经营性应收项目的减少（减：增加）	
经营性应付项目的增加（减：减少）	
其他	
经营活动产生的现金流量净额	
2. 不涉及现金收支的投资和筹资活动：	
债务转为资本	
一年内到期的可转换公司债券	
融资租入固定资产	

续表

项目	金额
3. 现金及现金等价物净增加情况：	
现金的期末余额	
减：现金的期初余额	
加：现金等价物的期末余额	
减：现金等价物的期初余额	
现金及现金等价物净增加额	

9.4.4 现金流量表的编制方法

现金流量表的编制方法有直接法和间接法。根据我国《企业会计准则》的规定，企业应当采用直接法编报现金流量表，同时以附注提供以间接法反映经营活动的现金流量。

直接法直接确定每笔涉及现金收支业务的属性，归入按现金流动属性分类形成经营、投资、筹资三部分的现金收支项目。二者的现金流入流出净额合计就得到一个企业整个期间的现金净流量。

间接法，将净利润调整为现金净流入，并剔除投资活动对现金流量的影响。便于将净利润与经营活动产生的现金流量净额进行比较，了解净利润与经营活动产生差异的原因，从现金流量的角度分析净利润的质量。间接法下可以从另外一个会计职业角度（直接法下现金流量项目是从收支业务本身划分的）看出企业期间内的经营现金流量来源。

【小提示】

现金流量表各项目的填列方法将在中级财务会计中讲解。

9.5 所有者权益变动表

9.5.1 所有者权益变动表的概念及作用

所有者权益变动表是指反映构成所有者权益各组成部分当期增减变动情况的报表。所有者权益变动表应当全面反映一定时期所有者权益变动的情况。

所有者权益变动表既可以为报表使用者提供所有者权益总量增减变动的信息，也能提供所有者权益增减变动的结构性信息，特别是能够让报表使用者理解所有者权益增减变动的根源。

9.5.2 所有者权益变动表的结构

所有者权益变动表的结构如表9-7所示。

【小提示】

所有者权益变动表各项目的填列方法属中级财务会计范畴。

表 9-7

所有者权益变动表

编制单位：　　　　××××年度　　　　单位：元

项目	本年金额						上年金额					
	实收资本（或股本）	资本公积	减：库存股	盈余公积	未分配利润	所有者权益合计	实收资本（或股本）	资本公积	减：库存股	盈余公积	未分配利润	所有者权益合计
一、上年年末余额												
加：会计政策变更												
前期差错更正												
二、本年年初余额												
三、本年增减变动金额（减少以“-”号填列）												
（一）净利润												
（二）其他综合收益												
上述（一）和（二）小计												
（三）所有者投入和减少资本												
1. 所有者投入资本												
2. 股份支付计入所有者权益的金额												
3. 其他												
（四）利润分配												
1. 提取盈余公积												
2. 对所有者（或股东）的分配												
3. 其他												
（五）所有者权益内部结转												
1. 资本公积转增资本（或股本）												
2. 盈余公积转增资本（或股本）												
3. 盈余公积弥补亏损												
4. 其他												
四、本年年末余额												

9.6 财务报表附注

9.6.1 财务报表附注的概念及作用

财务报表附注是财务报表的重要组成部分，是对财务报表本身无法或难以充分表达的内容和项目所作的补充说明和详细解释。

财务报表附注的作用主要有：突出了财务报表信息的重要性；一定程度上提高了财务报表内信息的可靠性；增加了报表内信息的可理解性。

9.6.2 财务报表附注的内容

财务报表附注一般包括如下项目。

（1）企业的基本情况。包括：企业注册地、组织形式和总部地址；企业的业务性质和主要经营活动；母公司以及集团最终母公司的名称；财务报告的批准报出者和财务报告批准报出日。按照有关法律、行政法规等规定，企业所有者或其他方面有权对报出的财务报告进行修改的事实。

（2）财务报表的编制基础。主要有：会计年度；记账本位币；会计计量所运用的计量基础；现金和现金等价物的构成。

（3）遵循企业会计准则的声明。企业应当声明编制的财务报表符合企业会计准则的要求，真实、完整地反映企业的财务状况、经营成果和现金流量等有关信息。

（4）重要会计政策和会计估计。重要会计政策的说明，包括财务报表项目的计量基础和在运用会计政策过程中所做的重要判断等。重要会计估计的说明，包括可能导致下一个会计期间内资产、负债账面价值重大调整的会计估计的确定依据等。

企业应当披露采用的重要会计政策和会计估计，并结合企业具体实际披露其重要会计政策的确定依据和财务报表项目的计量基础，以及其会计估计所采用的关键假设和不确定因素。

（5）会计政策和会计估计变更以及差错更正的说明。企业应当按照《企业会计准则第 28 号——会计政策、会计估计变更和差错更正》的规定，披露会计政策和会计估计变更以及差错更正的情况。

（6）报表重要项目的说明。企业应当按照资产负债表、利润表、现金流量表、所有者权益变动表及其项目列示的顺序，对报表重要项目的说明采用文字和数字描述相结合的方式进行披露。报表重要项目的明细金额合计，应当与报表项目金额相衔接。

（7）或有和承诺事项、资产负债表日后非调整事项、关联方关系及其交易等需要说明的事项。

（8）有助于财务报表使用者评价企业管理资本的目标、政策及程序的信息。

本章小结

本章主要介绍了财务会计报告的涵义、构成、分类等内容，介绍了资产负债表、利润表的概念格式及填列方法以及现金流量表、所有者权益变动表的内容及格式和财务报表附注。

财务会计报告包括财务报表及其附注和其他应当在财务会计报告中披露的相关信息和资料。财务报表由报表本身及其附注两部分构成。附注是财务报表的有机组成部分，而报表则至少应当包括资产负债表、利润表、现金流量表、所有者权益变动表。

财务会计报告的核心是财务报表。财务报表依据不同的分类标准可以有不同的分类。财务报表按照编报期间的不同，可以分为中期财务报表和年度财务报表。财务报表按编报的会计主体不同，分为个别财务报表和合并财务报表。财务报表按反映的经济内容的不同，可以分为静态报表和动态报表。

静态报表是指综合反映企业某一特定日期资产、负债和所有者权益状况的报表，如资产负债表。动态报表是指综合反映企业一定期间的经营成果或现金流量情况的报表，如利润表、现金流量表。

资产负债表是反映企业某一特定日期财务状况的报表，其编制基础是资产=负债+所有的权益这一基本的会计等式。利润表是指反映企业在一定会计期间内的经营成果的报表，其编报基础是利润=收入-费用这一会计恒等式。

练习题

1. 单选题

（1）某企业期末应收账款总分类账户的借方余额 97 000 元，其中，应收账款明细账户中借方余额合计为 98 000 元，明细账户中贷方余额合计为 1 000 元。根据上述资料，应列入资产负债表中“应收账款”项目期末数应为（　　）。

A. 97 000 元　B. 98 000 元　C. 1 000 元　D. 96 000 元

（2）在资产负债中，资产方下列各项目的排列顺序正确的是（　　）。

A. 货币资金、应收账款、长期待摊费用、存货

B. 货币资金、长期待摊费用、应收账款、存货

C. 货币资金、应收账款、存货、长期待摊费用

D. 长期待摊费用、货币资金、应收账款、存货

（3）关于资产负债表，下列说法错误的是（　　）。

A. 是根据“资产=负债+所有者权益”的会计平衡公式设计的

B. 其正表格式分为单步式和多步式两种

C. 其“期末数”一栏是依据有关账户的期末余额填列的

D. 反映企业某一特定日期全部资产、负债和所有者权益的情况；

（4）会计报表是根据（　　）资料编制的。

A. 日记账与总账　B. 日记账与明细账　C. 总账与明细账　D. 总账和备查账

2. 多选题

（1）资产负债表中项目的“期末数”需要根据几个总分类账户或明细分类账户的记录分析计算填列的有（　　）。

A. 应收账款项目　B. 预付账款项目　C. 存货项目　D. 货币资金项目

（2）损益表反映的会计要素的内容有（　　）。

A. 资产　B. 负债　C. 收入　D. 费用

3. 判断题

（1）收入-费用=利润这一会计等式可以表示一个企业的财务状况。（　　）

（2）资产负债表是总括反映企业某一特定日期资产、负债和所有者权益的动态报表。（　　）

思考题

1. 财务会计报告体系包含哪些内容？
2. 什么是资产负债表？它的编制基础是什么？
3. 什么是利润表？它的编制基础是什么？
4. 简述资产负债表与利润表的区别和联系。
5. 现金流量表中的现金流量分为哪几类？试举例说明。

第 10 章　财务报表的分析

本章主要介绍财务分析的目的与意义、财务分析的方法，重点说明偿债能力、营运能力、盈利能力的分析方法以及综合分析的方法及常用财务指标。

学习目标

- 理解财务分析的目的和意义。
- 掌握财务分析的方法。
- 能够进行偿债能力、营运能力、盈利能力的分析。
- 能够运用杜邦分析法和沃尔评分法全面评价企业的财务状况。
- 理解财务报表的局限性。

【课前思考】

最早的财务报表分析开始于银行家，主要是为银行信用进行分析。1885 年纽约州的银行协会要求贷款人在信贷时提供签字的书面资产负债表，但此时提供的资产负债表仅仅是形式，并没有得到有效地利用。直到 20 世纪初，纽约第四银行副总经理杰姆斯认为，在对贷款人的信用进行分析时，贷款人不仅要提供报表，还应该进一步对贷款人的偿债能力进行预测。这便要求对财务报表进行分析。此后，银行家们开始对报表进行比率分析。随后，财务报表分析流行于投资领域。1900 年，托马斯·乌杜洛发表了《铁路报告分解》一文。文中，他在处理铁路报表因素时，使用了现代的财务报表分析方法。

后来，现代的财务报表分析领域已经开始扩展到筹资分析、投资分析、经营分析等领域，并逐步拓展到企业评估、绩效评估、企业重组等领域。企业逐渐意识到对自身分析的重要性，进而产生了内部分析的需求。单一的指标分析已经不能满足使用者需求，因此财务报表的综合分析方法诞生。杜邦系统是由美国的杜邦公司创造出来的，是一种财务比率分解的方法。它通过对各项指标的分解，具体分析综合指标的变化因素，自此，财务报表分析发展成为具有科学性的一系列综合指标系统。亚历山大·沃尔的沃尔分析法提出了财务报表综合比率评价体系，把若干个财务比率用线性关系结合起来，以此来评价企业的财务状况，使财务报表分析趋于系统化。

小企业 A 是从事专业器材生产的企业。2014 年有关财务会计资料分别如表 10-1（资产负债表）、表 10-2（利润表）所示，另外还包含其他资料。假定 2014 年年末有关行业平均值：流动比率 2.3，资产负债率 0.5，应收账款周转率 6 次，存货周转率 3 次，净资产利润率 24%。

思考：结合小企业 A 的资产负债表（简表）、利润表，若要对 A 企业进行财务报表分析，可以运用哪些方法进行分析？选择哪些财务指标？这些方法有哪些局限性？

表 10-1　　资产负债表（简表）

编制单位：A 企业　　2014 年 12 月 31 日　　单位：万元

项目	年初数	年末数
货币资金	60	26
短期投资	120	30

续表

项目	年初数	年末数
应收账款	150	238
存货	480	686
流动资产合计	810	980
固定资产账面价值	1190	1100
资产总计	2000	2080
短期借款	400	380
应付账款	200	232.5
流动负债小计	600	612.5
长期借款	800	742.7
负债合计	1400	1355.2
所有者权益合计	600	724.8
负债和所有者权益合计	2000	2080

表 10-2　　利润表（简表）

编制单位：A 企业　　2014 年度　　单位：万元

项目	金额
营业收入	1746
减：营业成本	932.8
营业税金及附加	85.2
销售费用	150
管理费用	300
财务费用	93.2
加：投资收益	15.2
营业利润	200
加：营业外收入	3
减：营业外支出	16.6
利润总额	186.4
减：所得税费用	46.6
净利润	139.8

10.1 财务报表分析概述

10.1.1 财务报表概述

财务报表是指对企业财务状况、经营成果和现金流量等所作的结构性表达的文件。按我国《企业会计准则第 30 号——财务报表列报》的规定，财务报表一般可由资产负债表、利润表、现金流量表、所有者权益（或股东权益）变动表及附注组成。资产负债表、利润表和现金流量表是财务报表的基本报表。财务报表是传输财务信息的基本载体。资产负债表、利润表和现金流量表分别从不同角度反映企业的财务状况、经营成果和现金流量。

资产负债表反映企业在某一特定日期所拥有的资产、需偿还的债务以及股东（投资者）拥有的净资产情况。利润表反映企业在一定会计期间的经营成果，即利润或亏损情况，表明企业运用所拥有的资产的获利能力。现金流量表反映企业在一定会计期间现金和现金等价物流入和流出的情况。所有者权益（或股东权益）变动表反映所有者权益的各组成部分当期的增减变动情况。财务报表附注是指为便于报表使用者理解会计报表的内容而对会计报表的编制基础、编制依据、编制原则和编制方法及主要项目等所作的文字描述或明细资料，是财务报表的重要组成部分。

10.1.2 财务报表分析的概念

财务报表分析又称财务分析，是公司利益相关者采用科学的分析方法，通过收集、整理企业财务会计报告中的有关数据，利用财务报告及会计、统计、市场等相关经济信息资料，对企业的财务状况、经营成果和现金流量情况进行综合比较和评价，以全面、客观地评价公司财务状况和经营成果，并为财务控制和财务决策提供基础的活动，为财务会计报告使用者提供管理决策和控制依据的一项管理工作。

【思考】

财务报表分析的概念有狭义和广义之分。狭义的财务报表分析是指以企业的财务报表为主要依据，通过对财务会计报告数据的进一步加工，生成一些新的数据、指标等，对企业在运营过程中的利弊得失、企业的财务状况和经营成果进行评价和剖析，为报表使用者投资决策提供重要财务信息的分析活动。广义的财务报表分析是指在狭义分析的基础上，进行相对宏观的分析，即除了分析财务会计信息之外，还对企业的内部环境和外部环境进行分析，其中，内部环境分析主要包括对企业的经营战略和目标、企业文化、企业各项规章制度、人员素质、企业研发能力、设备状况、产品的市场竞争地位、市场营销能力等进行的分析。

10.1.3 财务报表分析的目的与意义

财务报表分析的目的是将财务报表数据转换成有用的信息，以帮助报表使用人改善决策。财务报表分析以企业财务报告反映的财务指标为主要依据，对企业的财务状况和经营成果进行评价和剖析，可以正确评价企业的财务状况、经营成果和现金流量情况，揭示企业未来的报酬和风险。同时，财产报表分析可以检查企业预算完成情况，考核经营管理人员的业绩，为建立健全合理的激励机制提供帮助，以反映企业在运营过程中的利弊得失、财务状况及发展趋势。它既是对已完成财务活动的总结和评价，又是对企业发展趋势的财务预测，是报表使用者深刻认识企业财务状况的“探测仪”。虽然财务报表能够全面反映企业的财务状况、经营成果和现金流量情况，但是单纯从财务报表上的数据还不能直接或全面说明企业的财务状况，特别是不能说明企业经营状况的好坏和经营成果的高低，只有将企业的财务指标与有关的数据进行比较才能说明企业财务状况所处的地位，因此要进行财务报表分析。

10.1.4 财务报表分析的主体

财务报表分析信息的需求者主要包括企业所有者、企业债权人、企业经营决策者和政府等。不同主体出于不同的利益考虑，对财务分析信息有着各自不同的要求。

（1）企业所有者作为投资人，关心其资本的保值和增值状况，因此较为重视企业获利能力指标，主要进行企业盈利能力分折。

（2）企业债权人因不能参与企业剩余收益分享，首先关注的是其投资的安全性，因此更重视企业偿债能力指标，主要进行企业偿债能力分析，同时也关注企业盈利能力分析。

（3）企业经营决策者必须对企业经营理财的各个方面，包括运营能力、偿债能力、获利能力及发展能力的全部信息，予以详尽地了解和掌握，主要进行各方面综合分析，并关注企业财务风险和经营风险。

（4）政府兼具多重身份，既是宏观经济管理者，又是国有企业的所有者和重要的市场参与者，因此政府对企业财务分析的关注点因所具身份不同而异。

尽管不同企业的经营状况、经营规模、经营特点不同，作为运用价值形式进行的财务分析，归纳起来其分析的内容不外乎偿债能力分析、营运能力分析、盈利能力分析等几个方面。

10.1.5 财务报表分析的作用

1．财务报表分析能合理评价企业经营者的经营业绩

不仅仅是报表使用者需要进行财务报表分析，企业经营者在编制完财务报表后，一定会先于报表使用者做财务报表分析。通过财务报表分析，企业经营者可以确认企业的偿债能力、营运能力、盈利能力和现金流量等状况。这样，从财务角度出发，为决策者提供支持，合理地评价自己的经营业绩，并促进管理水平的提高。

2．财务报表分析是企业经营者实现理财目标的重要手段

企业生存和发展的根本目的是实现企业价值最大化。企业经营者通过财务报表分析，能促进自身目标的实现。首先，通过分析资产负债表，可以了解公司的财务状况，对公司的偿债能力、资本结构是否合理、流动资金充足性等做出判断。其次，通过分析损益表，可以了解分析公司的盈利能力、盈利状况、经营效率，对公司在行业中的竞争地位、持续发展能力做出判断。最后，通过分析现金流量表，可以了解和评价公司获取现金和现金等价物的能力，并据以预测公司未来现金流量。从现金流量表来分析企业的利润水平，与财务部门进行卓有成效地沟通，学会分析企业的营运资本，审视企业存在的弊病，对症下药，从而实现企业的理财目标。

3．财务报表分析能为不同视角的报表使用者做出决策提供有效依据

财务报表分析能帮助报表使用者正确评价企业的过去，全面了解企业现状，并有效地预测企业的未来发展。这就为做出决策提供了有效的依据。可从所有者和经营者不同的角度理解企业三大报表。首先，企业投资者或者潜在投资者是企业财务报表使用者之一，他们通过对企业财务报表的分析，可以了解企业获利能力的高低，营运能力的大小以及发展能力的强弱。这样可以进一步确认自己投资的收益水平和风险程度，从而决定是否投资。其次，企业债权人也是财务报表使用者之一。他们通过对企业财务报表的分析，可以了解企业偿债能力的高低、现金流的充足程度，从而确认自己债权的风险程度，并决定是否马上收回债权或要求企业提供担保等。最后，企业的供应商也是财务报表的使用者之一。他们通过对企业财务报表的分析，可以了解企业营运能力的大小、偿债能力的高低，从而确认是否需要与企业长期合作。

4．财务报表分析能为国家行政部制定宏观政策提供依据

国家作为市场经济的调控者，通过对统计部门核算出的整个国民经济的财务数据进行分析后，可以快速识别财务数据中可能存在的造假成分，可以有效地了解目前经济的发展趋势及存在的不足，从而有针对性地调整税收政策和货币政策等，进行合理的宏观调控，以促进整个国民经济的平稳发展。

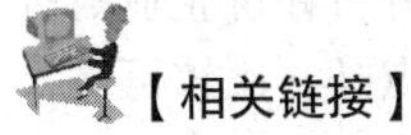【相关链接】

飞机驾驶员仅仅知道仪表上的各项数字的含义是不够的，还必须清楚各项数字之间的关系，清楚哪些指标是正常的，哪些指标是异常的，进而做出调整飞行的决策。企业也一样，你无法管理你所无法度量的东西。

——威廉·休利特

10.2 财务报表分析基本方法

财务报表分析的方法主要有比较分析法、比率分析法、因素分析法三种。财务比率是指企业报表中有重要或内在联系的指标间所形成的比率。在这里，必须注意：在运用比率分析方法进行分析时，在某一特定比率中涉及的各项目之间必须有联系。把互不相联的两个财务数据放在一起所计算出来的比率无任何意义。水平分析有时又可以被称为趋势分析。它是最简单的一种分析方法，具体分析方法为：将某特定企业连续若干会计年度的报表资料在不同年度间进行横向对比，确定不同年度间的差异额或差异率，以分析企业各报表项目的变动情况及变动趋势。共同比报表分析方法具体地说：只对当期损益表或资产负债表作纵向分析而不是横跨几年进行分析。那么，我们如何要进行财务报表分析呢？我们在规定的时期内进行报表分析，这主要归纳为：先以比率为中心，采取点面结合的方式进行分析，进行专业比较是关键所在。这就是说，损益表、资产负债表、现金流量表这三个表格来进行全面的分析，以收集完整的资料来进行使用，运用财务比较的方法对企业各期的经济指标进行比较与分析。经过分析的报表必须要有一定的针对性，同时不完全丧失完整性。这是经营事项的侧重点进行专项分析。

10.2.1 比较分析法

比较分析法是将相关数据进行比较，揭示差异并寻找差异原因的分析方法，是财务报表分析中最常用也是最基本的一种方法，是其他分析方法产生的基础。它通过对比两期或连续数期财务报表中的主要项目或指标数值的增减变动的方向、数额和幅度，说明企业财务状况、经营成果和现金流量变化的趋势。比较分析法在会计报表分析中的作用主要表现在：通过比较分析，可以发现差距，找出产生差异的原因，进一步判定企业的财务状况和经营成果；通过比较分析，可以确定企业生产经营活动的收益性和资金投向的安全性。比较分析法的理论基础是客观事物的发展变化是统一性与多样性的辩证结合。共同性使它们具有了可比的基础，差异性使它们具有了不同的特征。在实际分析时，这两方面的比较往往结合使用。

1．常见的比较标准

（1）经验标准。经验标准是依据大量且长期的实践经验总结而成，通常是指制造业企业的平均状况。这种标准的主要优点有：客观和相对稳定，有助于分析者观察企业的经营活动是否合乎常规。该标准的主要不足有：受行业限制，不能广泛适用于所有行业的企业，尤其不能适用于银行、保险等特殊行业的企业；经验标准来源于特定的经营环境，如果企业经营环境发生了变化，经验标准可能失去其原有的意义。一般而言，经验标准并非适用于所有方面的分析和评价，而是主要适用于偿债能力等方面的分析与评价。例如，一定行业范围内企业盈利水平的平均值，不应该是该范围内所有企业的追求。盈利能力类财务指标通常越大越好，因此，此类财务指标的平均值就不构成经验性的标准值。

（2）历史标准。历史标准是以企业过去某一时间的实际业绩为标准，在分析评价企业财务状况和盈利水平是否得到改善方面具有不可替代的作用。历史标准的主要优点是：比较可靠，因为它是企业曾经发生的事实情况；通常具有较强的可比性，因为这是同一个会计主体不同时期之间的比较。历史标准的主要不足是：比较保守，不能很好地反映现实中经济社会环境的快速变化；适用范围较窄，只能说明企业自身的发展变化，不能反映企业相对于竞争者的财务能力；当企业主体发生重大变化，如发生企业合并时，历史标准就会失去意义或至少不便直接使用；在企业外部环境发生重大变化的情况下，如在严重通货膨胀的环境下，历史标准的作用就可能变得很有限。

（3）行业标准。行业标准是行业的平均水平或同行业中某一先进企业水平。行业标准具有主要优点是：运用行业标准分析与评价企业财务状况，可以说明企业在行业中所处的相对地位和竞争水平，体现了"知己知彼"的思想，例如，在一个经济萧条时期，某一企业的资金利润率从15%下降为10%，而同期该企业所在行业的平均资金利润率则由10%下降为3%，那么，就可以认为该企业的盈利能力相对而言是比较好的；同行业企业由于从事相同或类似的业务活动，可比性比较强。

（4）预算标准。预算标准是指企业制定的财务预算指标。预算标准的主要优点是：综合性较强；有助于推动财务预算管理的有效实施；新建企业由于缺乏历史标准、垄断性企业由于缺乏可比较的同行业企业，可能就更为依赖于预算标准。预算标准的主要不足是：财务预算的编制存在不确定性，甚至主观随意性，财务预算指标未必可靠；企业财务预算不是企业所需公开披露的信息，即预算标准通常适用于企业内部的财务分析与评价。

2．根据基准的分类比较分析法

比较方式是多种多样的，根据基准的不同，也就形成了比较分析法不同的具体表现形式，可以分为三类：纵向对比、横向对比以及预算差异分析。

（1）纵向对比。纵向对比是指将企业本期的财务报表及其相关数据与以前各期的同类数据进行对比，以评价企业财务状况和经营成果的变化规律及趋势。前后期的比较还可以进行多期的比较。例如，在我国上市公司的年度财务报告中，要求企业提供最近三年的主要会计数据和财务指标。通过分析期与前期（上季、上年同期）财务报表中有关项目金额的对比，可以从差异中及时发现问题，查找原因，改进工作。连续数期的财务报表项目的比较，能够反映出企业的发展动态，以揭示当期财务状况和营业情况增减变化，判断引起变动的主要项目是什么及这种变化的性质是有利还是不利，发现问题并评价企业财务管理水平，可以考察其发展变化情况，同时也可以预测企业未来的发展趋势。

（2）横向对比。横向对比是将企业的主要财务指标与同行业的平均指标或同行业中先进企业指标对比，可以全面评价企业的经营成绩。与行业平均指标的对比，可以分析判断该企业在同行业中所处的位置。和先进企业的指标对比，有利于吸收先进经验，克服本企业的缺点。企业间的比较分析一般用相对数或平均数，通过相对指标来进行差异分析。需要找到本企业的所需分析的指标的数据以及比行业同一时期同类指标数值，通过差异分析可找出企业存在的差距及其原因，采取积极措施消除差异。具体计算如下。

差异=本企业实际水平−同行业平均水平（先进水平）　　式（10-1）

（3）预算差异分析。这时将分析期的预算数额作为比较的标准，实际数与预算数的差距就能反映完成预算的程度，可以给进一步分析和寻找企业潜力提供方向。将企业的财务报表及其相关数据与本期的计划（预算）资料进行对比，确定实际同计划的差距，反映出计划的完成情况。例如，在我国上市公司的年度报告中，就要求企业管理当局在业务报告中分析说明本年度的主要财务数据与计划（预算）数的差异及其原因。

3．根据对比对象分类的比较分析法

使用比较分析法时，要注意对比指标之间的可比性。这是用好比较分析法的必要条件，否则就不能正确地说明问题，甚至得出错误的结论。所谓对比指标之间的可比性是指相互比较的指标，必须在指标内容、计价基础、计算口径、时间长度等方面保持高度的一致性。如果是企业之间进行同类指标比较，还要注意企业之间的可比性。根据对比对象分类的不同，可以将比较分析法分为三类：绝对数比较分析法、绝对数增减变动比较分析法以及百分比增减变动分析法。

（1）绝对数比较分析法。绝对数比较分析法是直接以数值进行比较，根据差异进行分析。绝对数中的总量是指财务报表某个项目的金额总量，如净利润、应收账款、存货等。由于不同企业的会计报表项目的金额之间不具有可比性，因此总量比较主要用于历史和预算比较。有时候总量指标也用于不同企业的比较。它一般通过编制比较财务报表进行，包括比较资产负债表和利润表。比较资产负债表是将两期或两期以上的资产负债表项目予以并列，以直接观察资产、负债及所有者权益每一项目增减变化的绝对数。比较利润表是将两期以上的利润表各有关项目的绝对数予以并列，直接分析利润表内每一项目的增减变化情况。

（2）绝对数增减变动比较分析法。通过绝对数比较分析法对资产负债表、利润表和现金流量表的比较，报表分析则很难对各项目的增减变动有一个清晰的认识。为了使比较进一步明晰化，可以在比较会计报表内，增添绝对数字“增减金额”一栏，以便计算比较对象各有关项目之间的差额，借以帮助会计报表使用者获得比较明确的增减变动数字。

（3）百分比增减变动分析法。绝对数增减变动比较会计报表虽然比绝对数比较财务报表能提供更多的财务信息，但增减变动的比较仍然是绝对数，无法消除总量因素的影响。例如，某资产负债表项目增加 100 万元，仅仅通过这一数据无法判断被分析企业与分析标准之间是否存在较大差异，若该项目绝对数为 100 万元，则这一差异便具有重要意义了，需要进行深入细致的分析。百分比增减变动比较就是在绝对数字增减变动额的基础上计算出增减变动百分比，以便显示不同年度各项目的增减变动幅度。通过计算增减变动百分比，并列示于比较会计报表中，可以使财务报表的阅读者更加清楚每一个项目的具体增减变化程度，便于更好地了解有关财务情况。计算相关指标变动百分比虽然能在一定程度上反映企业相关财务指标的增长率，但也有局限性，这主要是因为变动百分比的计算受基数的影响。解决变动百分比局限性问题的办法是：如果基数为负数，则取按公式计算出的变动百分比的相反数；若基数为零或太小，则放弃使用变动百分比分析法，仅分析其绝对金额变动情况。

4．根据比较的指标分类的比较分析法

根据比较的指标分类的不同，可以将比较分析法分为三类：总量指标分析法、财务比率比较分析法以及结构百分比比较分析法。

（1）总量指标分析法。总量是指财务报表某个项目的金额总量，如净利润、应收账款、存货等。由于不同企业的会计报表项目的金额之间不具有可比性，因此总量比较主要用于历史和预算比较。有时候总量指标也用于不同企业的比较，例如，证券分析机构按资产规模或利润多少建立的企业排行榜。

（2）财务比率比较分析法。财务比率是用倍数或比例表示的分数式，反映的是各会计要素的相互关系和内在联系，代表了企业某一方面的特征、属性或能力。财务比率的比较是最重要的比较。它们是相对数，排除了规模的影响，使不同比较对象建立起可比性，因此，广泛用于历史比较、同业比较和预算比较。

（3）结构百分比比较分析法。结构百分比是用百分率表示某一报表项目的内部结构。它反映该项目内各组成部分的比例关系，代表了企业某一方面的特征、属性或能力。结构百分比实际上是一种特殊形式的财务比率。它们同样排除了规模的影响，使不同比较对象建立起可比性，可以用于本

企业历史比较、与其他企业比较和与预算比较。

10.2.2 比率分析法

比率分析法是通过计算各种比率指标来确定财务活动变动程度的方法。比率指标的类型主要有构成比率、效率比率、相关比率三类。

1．构成比率

构成比率又称结构比率，是反映某项经济指标的各个组成部分与总体之间关系的财务比率，如流动资产与资产总额的比率、流动负债与负债总额的比率。

2．效率比率

效率比率是某项财务活动中所费与所得的比率，反映投入与产出的关系。利用效率比率指标，可以进行得失比较，考察经营成果，评价经济效益。比如，将利润项目与销售成本、销售收入、资本金等项目加以对比，可以计算出成本利润率、销售利润率和资本金利润率等利润率指标，从不同角度观察比较企业获利能力的高低及其增减变化情况。

3．相关比率

相关比率是以某个项目和与其有关但又不同的项目加以对比所得的比率，反映有关经济活动的相互关系。利用相关比率指标，可以考察企业相互关联的业务安排得是否合理，以保障经营活动顺畅进行。比如，将流动资产与流动负债进行对比，计算出流动比率，可以判断企业的短期偿债能力，将负债总额与资产总额进行对比，可以判断企业长期偿债能力。

采用比率分析法时，应当注意：比项目的相关性；对比口径的一致性；衡量标准的科学性。

10.2.3 因素分析法

因素分析法也是财务报表分析常用的一种技术方法。它是指把整体分解为若干个局部的分析方法，是从数值上测定各个相互联系的因素对财务报表中某一项目差异影响程度的方法。应用这种方法可以查明各相关因素对某一项目的影响程度，有助于分清责任，更有说服力地评价企业各方面的经济管理工作；同时，可以在复杂的经济活动中，寻找出影响企业的主要因素，以集中精力，抓主要矛盾，解决问题。包括财务的比率因素分解法和差异因素分解法。

1．比率因素分解法

比率因素分解法是指把一个财务比率分解为若干个影响因素的方法。因素分解应具有相关性即确定分析指标构成体系或分析模型必须是客观上存在一定的因果关系，要能够反映形成该项指标差异的内在构成原因，否则就失去了存在的价值。例如，资产收益率可以分解为资产周转率和销售利润率两个比率的乘积。财务比率是财务报表分析的特有概念，财务比率分解是财务报表分析所特有的方法。在实际的分析中，分解法和比较法是结合使用的。比较之后需要分解，以深入了解差异的原因。分解之后还需要比较，以进一步认识其特征。不断地比较和分解，构成了财务报表分析的主要过程。

2．差异因素分解法

为了解释比较分析中所形成差异的原因，需要使用差异分解法。例如，产品材料成本差异可以分解为价格差异和数量差异。差异因素分解法又分为定基替代法和连环替代法两种。

（1）定基替代法是测定比较差异成因的一种定量方法。按照这种方法，需要分别用标准值（历史的、同业企业的或预算的标准）替代实际值，以测定各因素对财务指标的影响。

（2）连环替代法是另一种测定比较差异成因的定量分析方法，是因素分析法的一种具体分析方法，是把综合指标分解后，顺序地把其中第一个因素作为可变量，其他因素暂作为不变量，依次逐项进行替换，逐步测定出各项因素的变化对综合指标的影响程度，从而可以掌握指标变动的原因，分清经济责任，找出关键问题，做出正确的财务评价。按照这种方法，需要依次用标准值替代实际值，以测定各因素对财务指标的影响。

采用因素分析法时，必须注意以下问题。

（1）因素分解的关联性。

（2）因素替代的顺序性——先数量，后质量；先实物量指标，后价值量指标。

（3）顺序替代的连环性。

（4）计算结果的假定性。

【例 10-1】设某一分析指标 M 是由相互联系的 A、B、C 三个因素相乘得到，报告期（实际）指标和基期（计划）指标如下。

报告期（实际）指标 $M_1=A_1\times B_1\times C_1$

基 期（计划）指标 $M_0=A_0\times B_0\times C_0$

在测定各因素变动指标对指标 R 影响程度时可按顺序进行。

基 期（计划）指标 $M_0=A_0\times B_0\times C_0$……（1）

第一次替代 $A_1\times B_0\times C_0$……（2）

第二次替代 $A_1\times B_1\times C_0$……（3）

第三次替代 $A_1\times B_1\times C_1$……（4）

分析如下。

（2）-（1）→A 变动对 M 的影响。

（3）-（2）→B 变动对 M 的影响。

（4）-（3）→C 变动对 M 的影响。

把各因素变动综合起来，总影响可表示如下。

$$\Delta M = M_1 - M_0 = (4) - (3) + (3) - (2) + (2) - (1) = (4) - (1)$$

（3）差额计算法是连环替代法的一种简化形式，确定各因素实际数与基期数之间的差额，并在此基础上乘以排列在该因素前面各因素的实际数和排列在该因素后面各因素的基期数，所得出的结果是该因素变动对分析指标的影响数。

【例 10-2】汇泉公司 2013 年和 2014 年的相关财务指标如表 10-3 所示，使用差额计算法进行因素分析，进行以下处理。

表 10-3　　汇泉公司 2013—2014 年的相关财务指标

指标	2014 年	2013 年
总资产产值率	80%	82%
产品销售率	98%	94%
销售利润率	30%	22%
总资产报酬率	23.52%	16.96%

分析对象：实际数与基期数之间的差额=23.52% - 16.96% = + 6.56%

因素分析如下。

（1）总资产产值率的影响：（80%-82%）×94%×22% = -0.42%

（2）产品销售率的影响：80%×（98%-94%）×22% = 0.71%

（3）销售利润率的影响：80%×98%×（30%-22%）= 6.27%

最后检验分析结果：-0.42% + 0.71% + 6.27% = +6.56%

在财务报表分析中，除了普遍、大量地使用比较法和因素分析法之外，有时还使用回归分析、模拟模型等技术方法。

10.3 财务报表分析内容

财务报表分析由不同的使用者进行，他们各自有不同的分析重点，也有共同的要求。财务报表分析的原则是各类报表使用人在进行财务分析时应遵循的一般规范，可以概括为：目的明确原则、实事求是原则、全面分析原则、系统分析原则、动态分析原则、定量分析与定性分析结合原则、成本效益原则等。从企业总体来看，财务报表分析的基本内容，主要包括以下三个方面。

（1）分析企业的偿债能力，分析企业权益的结构，估量对债务资金的利用程度。

（2）评价企业资产的营运能力，分析企业资产的分布情况和周转使用情况。

（3）评价企业的盈利能力，分析企业利润目标的完成情况和不同年度盈利水平的变动情况。

以上三个方面的分析内容互相联系，互相补充，可以综合地描述出企业生产经营的财务状况、经营成果和现金流量情况，以满足不同使用者对会计信息的基本需要。偿债能力是企业财务目标实现的稳健保证，而营运能力是企业财务目标实现的物质基础，盈利能力则是前两者共同作用的结果，同时也对前两者的增强其推动作用。

10.3.1 偿债能力分析

偿债能力是指企业用其资产偿还长期债务与短期债务的能力。企业有无支付现金的能力和偿还债务能力，是企业能否健康生存和发展的关键。企业偿债能力是反映企业财务状况和经营能力的重要标志。偿债能力是企业偿还到期债务的承受能力或保证程度，包括偿还短期债务和长期债务的能力。对偿债能力进行分析，有利于债权人做出正确的借贷决策；有利于投资者进行正确的投资决策；有利于企业经营者进行正确的经营决策；有利于正确评价企业的财务状况。企业偿债能力，静态地讲，就是用企业资产清偿企业债务的能力；动态地讲，就是用企业资产和经营过程创造的收益偿还债务的能力。企业有无现金支付能力和偿债能力是企业能否健康发展的关键。偿债能力分析反映上市公司偿债能力的指标。这些指标主要有流动比率、速动比率、现金比率、资本周转率、清算价值比率和利息支付倍数等。

1．短期偿债能力

短期偿债能力是指企业以流动资产对流动负债及时足额偿还的保证程度，即企业以流动资产偿还流动负债的能力，反映企业偿付日到期债务的能力，是衡量企业当前财务能力，特别是流动资产变现能力的重要指标。企业短期偿债能力的衡量指标主要有流动比率、速动比率和现金比率。

（1）流动比率是指流动资产总额和流动负债总额之比，用来衡量企业流动资产在短期债务到期以前，可以变为现金用于偿还负债的能力，其计算公式如下。

流动比率=流动资产÷流动负债　　　式（10-2）

【例 10-3】本章引导案例中，由表 10-1 中数据计算 A 企业 2014 年年初流动比率以及年末流动比率。

2014 年年初流动比率=810÷600=1.35

2014 年年末流动比率=980÷612.5=1.6

该比率越高，说明企业偿还流动负债的能力越强，流动负债得到保障越大。但应注意的是，过高的流动比率也并非好现象。因为流动比率过高，可能是企业滞留在流动资产上的资金过多。流动比率高的企业并不一定偿还短期债务的能力就很强，因为流动资产之中虽然现金、有价证券、应收账款变现能力很强。但是存货、待摊费用等也属于流动资产的项目且变现时间较长，特别是存货很可能发生积压、滞销、残次、冷背等情况，流动性较差，可能会影响企业的获利能力。根据经验，流动比率一般应保持在 1.5～2 之间较为理想。

（2）速动比率是指速动资产对流动负债的比率。它是衡量企业流动资产中可以立即变现用于偿还流动负债的能力。速动资产包括货币资金、短期投资、应收票据、应收账款、其他应收款项等，可以在较短时间内变现。而流动资产中存货、预付账款、一年内到期的非流动资产及其他流动资产等则不应计入。速动比率的计算公式如下。

速动比率=速动资产÷流动负债　　式（10-3）

【例 10-4】本章引导案例中，由表 10-1 中数据计算 A 企业 2014 年年初速动比率以及年末速动比率。

2014 年年初速动比率=（810−480）÷600=0.55

2014 年年末速动比率=（980−686）÷612.5=0.48

速动比率的高低能直接反映企业的短期偿债能力强弱。它是对流动比率的补充，并且比流动比率反映得更加直观可信。比率越高说明偿还流动负债的能力越强，比率越低则偿还流动负债的能力越弱。如果流动比率较高，但流动资产的流动性却很低，则企业的短期偿债能力仍然不高。在流动资产中，有价证券一般可以立刻在证券市场上出售，转化为现金、应收账款、应收票据、预付账款等项目，可以在短时期内变现。而存货、待摊费用等项目变现时间较长，特别是存货很可能发生积压，滞销、残次等情况，其流动性较差，因此流动比率较高的企业，并不一定偿还短期债务的能力很强，而速动比率就避免了这种情况的发生。根据经验，速动比率一般应保持在 1 左右比较理想。

（3）现金比率是所有资产中相对于当前负债最具流动性的项目，因此它也是三个流动性比率中最保守的一个。现金比率也被称之为现金资产比率，其计算公式如下。

现金比率=现金及其等价物÷流动负债　　式（10-4）

【例 10-5】本章引导案例中，由表 10-1 中数据计算 A 企业 2014 年年初以及年末现金比率如下。

2014 年年初现金比率=（810−480−120）÷600=0.35

2014 年年末现金比率=（980−686−30）÷612.5=0.43

这个公式反映出公司在不依靠存货销售及应收款的情况下，支付当前债务的能力。现金比率是速动资产扣除应收账款后的余额与流动负债的比率，最能反映企业直接偿付流动负债的能力。现金比率一般认为在 0.2 以上为好，比率高说明企业有较好的支付能力。这一比率过高，就意味着企业流动资产未能得到合理运用。现金类资产获利能力低，这类资产金额太高会导致企业机会成本增加。

流动资产、流动负债的相互依存关系是短期偿债能力分析的基础。二者很少或不涉及盈利性，因此企业短期偿债能力分析的相关面较单一，通常只与企业现有资产的变现能力和企业的再借款或再融资能力有关。由于过强的短期偿债能力可能意味着在一定程度上占用了盈利能力较强的非流动资产，所以分析要考虑偿债能力和盈利能力对流动和非流动资产的最佳比例要求。

2．长期偿债能力

长期偿债能力是指企业对债务的承担能力和对偿还债务的保障能力。长期偿债能力分析是企业债权人、投资者、经营者和与企业有关联的各方面等都十分关注的重要问题。企业利用借入资金开展生产经营活动，一方面可以促进企业生产的快速发展，另一方面也会加大企业的资金成本和财务风险。长期偿债能力指标主要包括资产负债率、股东权益比率、产权比率、利息保障倍数。

（1）资产负债率是负债总额除以资产总额的百分比，也就是负债总额与资产总额的比例关系。资产负债率反映在总资产中有多大比例是通过借债来筹资的，也可以衡量企业在清算时保护债权人利益的程度，其计算公式如下。

资产负债率=负债总额÷资产总额　　式（10-5）

【例 10-6】本章引导案例中，由表 10-1 中数据计算 A 企业 2014 年年初资产负债率以及年末资产负债率。

2014 年年初资产负债率=1400÷2000=0.7

2014 年年末资产负债率=1355.2÷2080=0.65

资产负债率反映企业偿还债务的综合能力；比率越高，企业偿还债务的能力越差；反之则偿还债务能力越强。如果资产负债比率达到 100%或超过 100%，则说明公司已经没有净资产或资不抵债。事实上，对这一比率的分析，还要看站在谁的立场上。从债权人的立场看，债务比率越低越好，企业偿债有保证，贷款不会有太大风险。从股东的立场看，在全部资本利润率高于借款利息率时，负债比率越大越好，因为股东所得到的利润就会加大。从财务管理的角度看，在进行借入资本决策时，企业应当审时度势，全面考虑，充分估计预期的利润和增加的风险，权衡利害得失，做出正确的分析和决策。

（2）股东权益比率也叫净资产比率，是股东权益与资产总额的比率。该比率反映企业资产中有多少是所有者投入的，股东权益比率应当适中，其公式如下。

股东权益比率=所有者权益总额÷资产总额　　式（10-6）

【例 10-7】本章引导案例中，由表 10-1 中数据计算 A 企业 2014 年年初股东权益比率以及年末股东权益比率。

2014 年年初股东权益比率=600÷2000=0.3

2014 年年末股东权益比率=724.8÷2080=0.35

如果权益比率过小，表明企业过度负债，容易削弱公司抵御外部冲击的能力。股东权益比率越大，负债比率就越小，企业的财务风险也越小，偿还长期债务的能力就越强，同样也意味着企业没有积极地利用财务杠杆作用来扩大经营规模。股东权益比率的倒数即为权益乘数，即资产总额是所有者权益的多少倍数。该乘数越大，说明股东投入的资本在资产中所占比重越小。特别注意以下两个特殊的等式关系。

股东权益比率+资产负债率=1　　式（10-7）

股东权益比率×权益乘数=1　　式（10-8）

（3）产权比率是负债总额与所有者权益总额的比率，是为评估资金结构合理性的一种指标。产权比率可反映股东所持股权的多少等情况，从另一个侧面表明企业借款经营的程度。这一比率是衡量企业长期偿债能力的指标之一，是企业财务结构稳健与否的重要标志，其公式如下。

产权比率=负债总额÷所有者权益　　式（10-9）

【例 10-8】本章引导案例中，由表 10-1 中数据计算 A 企业 2014 年年初产权比率以及年末产权比率。

2014 年年初产权比率=1400÷600=2.33

2014 年年末产权比率=1355.2÷724.8=1.87

产权比率可以揭示企业财务风险以及股东权益对债务的保障程度。比率越低说明企业长期财务状况越好，自有资本占总资产的比重越大，从而其资产结构越合理，长期偿债能力越强，企业财务风险越小，债权人的债务越安全。根据经验，企业设置的标准值一般为 1.2。

（4）利息保障倍数是指企业生产经营所获得的息税前利润与利息费用的比率，其是衡量企业支付负债利息能力的指标。企业生产经营所获得的息税前利润与利息费用相比，倍数越大，说明企业支付利息费用的能力越强。因此，债权人要分析利息保障倍数指标，以此来衡量债权的安全程度。利息保障倍数的计算公式如下。

利息保障倍数=息税前利润÷利息费用

=（利润总额+利息费用）÷利息费用　　式（10-10）

【例 10-9】本章引导案例中，由表 10-2 中数据计算出的 A 企业 2014 年利息保障倍数如下。

2014 年利息保障倍数=（186.4+93.2）÷93.2=3

利息保障倍数不仅反映了企业获利能力的大小，而且反映了获利能力对偿还到期债务的保证程度。它既是企业举债经营的前提依据，也是衡量企业长期偿债能力大小的重要标志。要维持正常偿债能力，利息保障倍数至少应大于 1，且比值越高，企业长期偿债能力越强。如果利息保障倍数过低，企业将面临亏损、偿债的安全性与稳定性下降的风险。

10.3.2 营运能力分析

营运能力分析是指通过计算企业资金周转的有关指标分析其资产利用的效率，是对企业管理层管理水平和资产运用能力的分析。营运能力分析是对企业资金周转状况进行的分析，资金周转得越快，说明资金利用效率越高，企业的经营管理水平越好。营运能力指标包括应收账款周转率、存货周转率、流动资产周转率和总资产周转率等指标。

（1）应收账款周转率又称为应收账款周转次数，指年度内应收账款转为现金的平均次数，它说明应收账款的变现速度。从时间角度分析，反映企业应收账款变现的指标应该是应收账款周转天数，即企业从发生应收账款到收回现金所需要的时间。相关计算公式如下。

应收账款周转率（次）=主营业务收入净额÷平均应收账款余额　　式（10-11）

应收账款平均余额=（应收账款年初数+应收账款年末数）÷2　　式（10-12）

应收账款周转天数=平均应收账款×360÷主营业务收入净额　　式（10-13）

【例 10-10】本章引导案例中，由表 10-1、表 10-2 中数据计算 A 企业 2014 年应收账款周转率。

2014 年应收账款平均余额=（150+238）÷2=194

2014 年应收账款周转率=1746÷194=9

2014 年应收账款周转天数=360÷9=40

该公司应收账款周转率高于行业平均值，表明公司应收账款周转较快。

一般而言，企业的应收账款周转率越高，平均收账期越短，说明企业的应收账款回收得越快；反之，则企业的营运资金过多地呆滞在应收账款上，会严重影响企业资金的正常周转。同时，也有一些因素会影响应收账款周转率和周转天数的计算。

① 由于企业生产经营的季节性原因，使应收账款周转率不能正确反映企业销售的实际情况。

② 企业在产品销售过程中大量使用分期付款的方式。

③ 有些企业采取大量收取现金方式进行销售。

④ 有些企业年末销售量大增或年末销售量大幅度下降。

这些因素都会对应收账款周转率或周转天数造成很大的影响。会计报表的分析者应将企业的应收账款周转率、周转天数与企业前期指标、与行业平均水平和其他类似企业相比较，才能分析、判断企业该指标的水平。

（2）存货周转率也叫存货周转次数，是企业一定时期的主营业务成本与平均存货的比率。存货周转率可用以测定企业存货的变现速度，衡量企业的销货能力及存货是否储备过量。它是对企业供、产、销各环节管理状况的综合反映。用时间表示的存货周转率就是存货周转天数，指企业的存货自入库登账之日起到发运出售之日止的平均天数。相关计算公式如下。

存货周转率（次数）=主营业务成本÷平均存货　　式（10-14）

存货平均余额=（期初存货+期末存货）÷2　　式（10-15）

存货周转天数=存货平均余额×360÷主营业务成本　　式（10-16）

【例 10-11】本章引导案例中，由表 10-1、表 10-2 中数据计算 A 企业 2014 年存货周转及存货平均周转天数。

2014 年存货平均余额=（480+686）÷2=583

2014 年存货周转率=932.8÷583=1.6

2014 年存货平均周转天数=360÷1.6=225

该公司存货周转率远低于行业平均值，表明公司的存货周转速度较慢。

存货周转率是用来测定企业存货的变现速度，衡量企业的销货能力及存货是否储备过量的指标，是对企业供、产、销各环节管理状况的综合反映。在企业的流动资产中，通常存货所占的比重较大，而企业存货的流动性如何，将直接影响企业的流动比率。一般而言，企业存货的周转速度越快，存货的资金占用水平就越低，流动性就越强，存货的变现速度越快。因此，提高存货周转率可以提高企业的变现能力。存货周转率和存货周转天数分析的目的是找出企业存货管理中存在的问题，从而提高存货管理的水平，使存货管理在保证企业生产经营连续性的同时，尽可能少占用企业的经营资金，提高企业资金的使用效率，促进企业管理水平的提高。但是存货周转率分析中，应注意剔除存货计价方法不同所产生的影响。

（3）流动资产周转率又叫流动资产周转次数，是销售收入与全部流动资产平均余额的比率。它反映的是全部流动资产的利用效率。用时间表示流动资产周转速度的指标叫流动资产周转天数，表示流动资产平均周转一次所需的时间。相关计算公式为：

流动资产周转率（次数）=主营业务收入净额÷流动资产平均余额　　式（10-17）

流动资产平均余额=（流动资产期初余额+流动资产期末余额）÷2　　式（10-18）

流动资产周转期（天数）=平均流动资产总额×360÷主营业务收入净额　　式（10-19）

【例 10-12】本章引导案例中，由表 10-1、表 10-2 中数据计算 A 企业 2014 年流动资产周转率及流动资产平均周转天数。

2014 年流动资产平均余额=（810+980）÷2=895

2014 年流动资产周转率=1746÷895=1.95

2014 年流动资产平均周转天数=360÷1.95=184.62

流动资产周转率是分析流动资产周转情况的一个综合指标。流动资产周转快，会相对节约流动资产，相当于扩大了企业资产投入，增强了企业盈利能力。若周转速度慢，为维持正常经营，企业必须不断投入更多的资源，以满足流动资产周转需要，导致资金使用效率低，也降低了企业盈利能力。

（4）固定资产周转率是指企业主营业务收入净额与固定资产平均净值的比率。它是反映企业固定资产周转情况，从而衡量固定资产利用效率的一项指标，其计算公式如下。

固定资产周转率=主营业务收入净额÷固定资产平均净值　　式（10-20）

固定资产平均净值=（年初固定资产净值+年末固定资产净值）÷2　　式（10-21）

【例 10-13】本章引导案例中，由表 10-1、表 10-2 中数据计算 A 企业 2014 年固定资产周转率。

2014 年平均固定资产净值=（1190+1100）÷2=1145

2014 年固定资产周转率=1746÷1145=1.52

固定资产周转率高，不仅表明了企业充分利用了固定资产，同时也表明企业固定资产投资得当，固定资产结构合理，能够充分发挥其效率。固定资产周转率低，表明固定资产使用效率不高，提供的生产成果不多，企业的营运能力欠佳。在实际分析该指标时，应剔除某些因素的影响。一方面，固定资产的净值随着折旧计提而逐渐减少，因固定资产更新，净值会突然增加。另一方面，由于折旧方法不同，固定资产净值缺乏可比性。

（5）总资产周转率是企业主营业务收入与平均资产总额的比率，反映企业用销售收入收回总资产的速度以及企业全部资产的利用效率，其计算公式如下。

总资产周转率=主营业务收入净额÷平均资产总额　　式（10-22）

平均资产总额=（期初资产总额+期末资产总额）÷2　　式（10-23）

【例 10-14】本章引导案例中，由表 10-1、表 10-2 中数据计算 A 企业 2014 年总资产周转率。

2014 年平均总资产净值=（2000+2080）÷2=2040

2014 年总资产周转率=1746÷2040=0.86

资产平均占用额应按分析期的不同分别加以确定，并应当与分子的主营业务收入净额在时间上保持一致。总资产周转率反映了企业全部资产的使用效率。该周转率高，说明全部资产的经营效率高，取得的收入多。该周转率低，说明全部资产的经营效率低，取得的收入少，最终会影响企业的盈利能力。企业应采取各项措施来提高企业的资产利用程度，如提高销售收入或处理多余的资产。

10.3.3 盈利能力分析

盈利能力是指企业获取利润的能力。利润是企业内外有利益相关者关心的中心问题，是投资者取得投资收益，是债权人收取本息的资金来源，是经营者经营业绩和管理效能的集中表现，也是职工集体福利设施不断完善的重要保障。因此，盈利能力分析十分重要。反映公司盈利能力的指标很多，通常使用的主要有销售净利率、销售毛利率、资产净利率、净资产收益率等。

（1）销售利润率是企业利润总额与企业销售收入净额的比率。它反映企业销售收入中，职工为社会劳动新创价值所占的份额，其计算公式如下。

销售利润率=利润总额÷主营业务收入×100%　　式（10-24）

该项比率越高，表明企业为社会新创价值越多，贡献越大，也反映企业在增产的同时，为企业多创造了利润，实现了增产增收。

【例 10-15】本章引导案例中，由表 10-2 中数据计算 A 企业 2014 年销售利润率。

2014 年销售利润率=186.4÷1746×100%=10.68%

（2）营业利润率是指企业的营业利润与营业收入的比率。它是衡量企业经营效率的指标，反映了在考虑营业成本的情况下，企业管理者通过经营获取利润的能力，其计算公式如下。

营业利润率=营业利润÷主营业务收入×100%　　式（10-25）

【例 10-16】本章引导案例中，由表 10-2 中数据计算 A 企业 2014 年营业利润如下。

2014 年营业利润率=200÷1746×100%=11.45%

营业利润率表明企业通过生产经营获得利润的能力。该比率越高表明企业的盈利能力越强。营业利润是企业最基本经营活动的成果，也是企业一定时期获得利润中最主要、最稳定的来源。

（3）主营业务净利率是企业净利润与主营业务收入净额的比率。该指标体现了企业经营活动最基本的获利能力，没有足够大的主营业务利润率就无法形成企业的最终利润。为此，结合企业的主营业务收入和主营业务成本分析，能够充分反映出企业成本控制、费用管理、产品营销、经营策略等方面的不足与成绩。相关计算公式如下。

主营业务净利润率=净利润÷主营业务收入×100%　　式（10-26）

净利润=利润总额−所得税额　　式（10-27）

【例 10-17】本章引导案例中，由表 10-2 中数据计算 A 企业 2014 年主营务业利润率。

2014 年主营业务利润率=139.8÷1746×100%=8%

主营业务净利润率是反映企业盈利能力的一项重要指标。该指标越高，说明企业产品或商品定价科学，产品附加值高，营销策略得当，主营业务市场竞争力强，发展潜力大，获利水平高。

（4）总资产报酬率又叫资产净利润率、投资报酬率或资产收益率，是企业在一定时期内的净利润和资产平均总额的比率，英文缩写 ROA（Return on Assets），其计算公式如下。

总资产报酬率=净利润÷资产平均总额×100%　　式（10-28）

资产平均总额=（期初资产总额+期末资产总额）÷2　　式（10-29）

【例 10-18】本章引导案例中，由表 10-1、表 10-2 中数据计算 A 企业 2014 年总资产报酬率。

2014 年资产平均总额=（2000+2080）÷2=2040

2014 年总资产报酬率=139.8÷2040×100%=6.85%

总资产报酬率主要用来衡量企业利用资产获取利润的能力，反映了企业总资产的利用效率，表示企业每单位资产能获得净利润的数量。这一比率越高，说明企业全部资产的盈利能力越强。该指标与主营业务净利率成正比，与资产平均总额成反比。把公司一定期间的净利与公司的总资产相比较，可表明公司资产利用效果。指标越高，表明资产的利用效率越高，说明公司在增加收入资金使用等方面取得了良好的效果；否则，得出的结果相反。资产净利率是一个指标。公司的资产是由投资人投资或举债形成的。净利润的多少与公司规模、资产结构、经营管理水平有着密切的关系。为了正确评价公司价值的高低、挖掘提高利润水平的潜力，证券分析师可以用该项指标与本型期、与计划、与本行业平均水平和本行业内先进公司进行对比，分析差异原因。影响资产净利率高低的因素主要有产品的价格、单位成本低、产品的产量和销售的数量、资金占用量的大小等。

（5）净资产收益率是企业净利润与平均净资产的比率，又称股东权益报酬率，是衡量上市公司盈利能力的重要指标，其是利润额与平均股东权益（平均净资产）的比值，反映所有者权益所获报酬的水平，英文缩写 ROE（Rate of Return on Common stockholders' Equity），其计算公式如下。

净资产收益率=净利润÷平均净资产×100%　　式（10-30）

平均净资产=（年初净资产+年末净资产）÷2　　式（10-31）

【例 10-19】本章引导案例中，由表 10-1、表 10-2 中数据计算 A 企业 2014 年净资产报酬率。

2014 年平均净资产=（600+724.8）÷2=662.4

2014 年净资产利润率=139.8÷662.4=21.11%

该公司的净资产利润率低于行业平均值，表明公司净资产的盈利能力较弱。

一般来说，负债增加会导致净资产收益率的上升。净资产收益率越高，说明企业所有者权益的盈利能力越强。影响该指标的因素，除了企业的盈利水平以外，还有企业所有者权益的大小。对所有者来说，该比率越大，投资者投入资本盈利能力越强。在我国，该指标既是上市公司对外必须批露的信息内容之一，也是决定上市公司能否配股进行再融资的重要依据。

（6）普通股每股收益也称普通股每股利润或每股盈余，是衡量上市公司获利能力的重要财务指标，是股份有限公司实现的净利润总额减去优先股股利后与已发行在外的普通股股数的比率，其计算公式如下。

普通股每股收益=（净利润-优先股股利）÷发行在外的普通股股数　　式（10-32）

该指标能反映普通股每股的盈利能力，便于对每股价值的计算，因此被广泛使用。每股收益越多，说明每股盈利能力越强。影响该指标的因素有两个方面，一是企业的获利水平，二是企业的股利发放政策。

（7）市盈率是普通股每股市价与每股收益的比率，也叫本益比，指在一个考察期（通常为 12 个月的时间）内，股票的价格和每股收益的比率，是最常用来评估股价水平是否合理的指标之一。投资者通常利用该比例值估量某股票的投资价值，或者用该指标在不同公司的股票之间进行比较。相关计算公式如下。

市盈率=普通股每股市场价格÷普通股每股收益×100%　　式（10-33）

市盈率越高，表明投资者对公司未来充满信心，愿意为每一元盈余多付买价。通常认为，市盈率在 5～20 是正常的。当股市受到不正常的因素干扰时，某些股票的市场被哄抬到不应有的高度，市盈率会过高。超过 20 的市盈率被认为不是正常的，很可能是股价下跌的前兆，风险较大。股票的市盈率比较低，表明投资者对公司的前景缺乏信心，不愿为每一元盈余多付买价。一般认为，市盈率在 5 以下的股票，其前景黯淡，持有这种股票的风险较大。不同行业股票市盈率是不相同的，而且会将常发生变化。当人们预期将发生通货膨胀或提高利率时，股票市盈率会普遍下降，当人们预期公司的利润将增长时，市盈率通常会上升。此外，债务比重大的公司，股票市盈率通常较低。

（8）资本保值增值率反映了企业资本的运营效益与安全状况，是评价企业经济效益状况的辅助指标。资本保值增值率是指企业本年末所有者权益扣除客观增减因素后同年初所有者权益的比率。该指标表示企业当年资本在企业自身的努力下的实际增减变动情况，反映了企业资本的运营效益与安全状况，其计算公式如下。

资本保值增值率=（年末所有者权益÷年初所有者权益）×100%　　式（10-34）

【例 10-20】本章引导案例中，由表 10-1 中数据计算 A 企业 2014 年资本保值增值率。

2014 年资本保值增值率=（724.8÷600）×100%=120.8%

这一指标是根据资本保全原则设计的，反映企业资本的保全和增值情况。它充分体现了对所有者权益的保护，能够及时、有效地发现所有者权益减少的现象。该指标越高，说明企业资本保全状况越好，所有者权益增长越快，债权人的权益越有保障，企业发展的潜力更强。

10.4 财务报表综合分析

单独分析任何一项财务指标或一张会计报表，都难以全面评价企业的财务状况和经营成果，要想对企业财务状况和经营成果有一个总的评价，就必须进行相互关联的分析，采用适当的标准进行综合性的评价。因此，必须对企业财务状况作综合分析。财务报表综合分析的方法主要有两种：杜邦财务分析体系法和沃尔比重评分法。

10.4.1 杜邦财务分析体系法

杜邦分析法又称杜邦财务分析体系法，简称杜邦体系。该方法首先由美国杜邦公司的经理创立并首先在杜邦公司成功运用。它是利用财务指标间的内在联系，对企业综合经营理财能力及经济效益进行系统的分析评价的方法。它也是利用各主要财务比率指标间的内在联系，对企业财务状况及经济效益进行综合系统分析和评价的方法，重点揭示企业获利能力及其前因后果，有助于深入分析比较企业经营业绩。

在杜邦分析法的模型中，净资产收益率是核心。它具有综合性，能够表明企业财务管理的目标。然后，模型进一步将净资产报酬率分解为总资产报酬率和权益乘数的乘积。杜邦分析模型所使用的权益乘数也叫杠杆率，是平均总资产与平均普通股股东权益的比率。杜邦分析法的原理并不复杂。该原理的思维方法体现了基本的综合财务分析的原理和指标之间的相互关系的构成。杜邦分析模型的结构如图 10-1 所示。

杜邦体系各主要指标之间的关系如下。

净资产收益率=主营业务净利率×总资产周转率×权益乘数　　式（10-35）

主营业务利润率=-净利率÷主营业务收入　　式（10-36）

总资产周转率=主营业务收入÷资产总额　　式（10-37）

权益乘数=资产总额÷所有者权益总额=1÷（1-资产负债率）　　式（10-38）

从公式中看，决定自有资金利润率高低的因素有三个方面，分别为销售净利率、资产周转率和权益乘数。这样分解之后，就可以把自有资金利润率这样一项综合性指标发生升、降变化的原因具体化，比只用一项综合性指标更能说明问题。

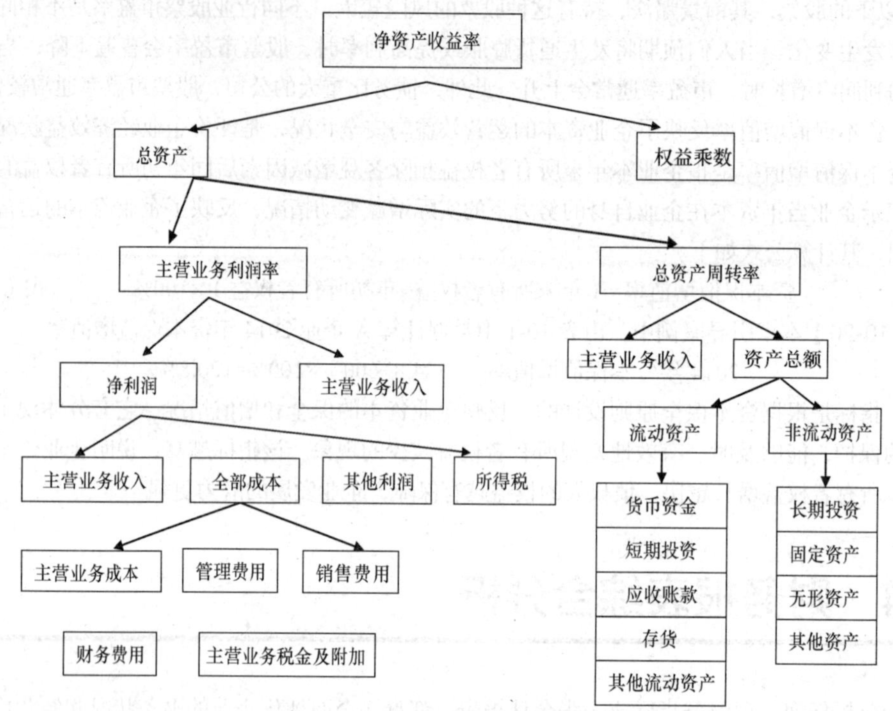

图 10-1　杜邦分析模型结构图

（1）权益乘数主要受资产负债率的影响。负债比例大，权益乘数就高，说明企业有较高的负债程度，能给企业带来较大的财务杠杆利益，同时也给企业带来较大的财务风险。

（2）销售净利率高低的因素分析，需要我们从销售额和销售成本两个方面进行。这方面的分析可以参见有关盈利能力指标的分析。当然经理人员还可以根据企业的一系列内部报表和资料更详尽地分析，而企业外部财务会计报告使用者则不具备这个条件。

（3）资产周转率是反映企业运用资产以产生销售收入能力的指标。对资产周转率的分析，则需对影响资产周转的各因素进行分析。除了对资产的各构成部分从占用量上是否合理进行分析外，还可以通过对流动资产周转率、存货周转率、应收账款周转率等有关各资产组成部分使用效率的分析，判明影响资产周转的主要问题出在哪里。

通过杜邦分析体系自上而下地分析，可以了解企业财务状况的全貌以及各项财务指标间的结构关系，查明各项主要财务指标增减变动的影响因素及存在的问题。杜邦分析体系提供的上述财务信息，较好地解释了指标变动的原因和趋势。这为进一步采取具体措施指明了方向，而且还为决策者优化经营结构和理财结构，提高企业偿债能力和经营效益提供了基本思路，即要提高净资产收益率的根本途径在于扩大销售、改善经营结构、节约成本费用开支、合理资源配置、加速资金周转、优化资本结构等。

10.4.2　沃尔比重评分法

沃尔比重评分法是指将选定的财务比率用线性关系结合起来，并分别给定各自的分数比重，然后通过与标准比率进行比较，确定各项指标的得分及总体指标的累计分数，从而对企业的信用水平做出评价的方法。

亚历山大·沃尔在20世纪初出版的书籍《信用晴雨表研究》和《财务报表比率分析》中提出了信用能力指数的概念。他选择了七个财务比率即流动比率、产权比率、固定资产比率、存货周转率、应收账款周转率、固定资产周转率和自有资金周转率，分别给定各指标的比重，然后确定标准比率（以行业平均数为基础），将实际比率与标准比率相比，得出相对比率，将此相对比率与各指标比重相乘，得出总评分，如表10-4所示。沃尔比重评分法的基本步骤如下。

（1）选定若干财务比率，按其重要程度给定一个分值，即重要性权数，其总和为100分。

（2）确定各个指标的标准值。财务指标的标准值，可以采用行业平均值、企业的历史先进数、国家有关标准或国际公认的基准等。

（3）计算出各指标的实际值，并与所确定的标准值进行比较，计算一个相对比率，将各项指标的相对比率与其重要性权数相乘，得出各项比率指标的指数。

（4）将各项比率指标的指数相加，最后得出企业的综合指数，即可以判明企业财务状况的优劣。

沃尔比重评分法的公式为：实际分数=实际值÷标准值×权重。当实际值＞标准值为理想时，此公式正确，但当实际值＜标准值为理想时，实际值越小得分应越高，用此公式计算的结果却恰恰相反。另外，当某一单项指标的实际值畸高时，会导致最后总分大幅度增加，掩盖情况不良的指标，从而给管理者造成一种假象。因此，沃尔比重评分法有两个缺陷：一是选择这七个比率及给定的比重缺乏说服力；二是如果某一个指标严重异常时，会对总评分产生不合逻辑的重大影响。

表10-4　　沃尔比重评分法评分过程

序号	财务比率	计算公式	比重 ①	标准比率 ②	实际比率 ③	相对比率 ④=③/②	评分 ⑤=①×④
1	流动比率	流动资产/流动负债	25	2			
2	产权比率	净资产/负债总额	25	1.5			
3	固定资产比率	资产总额/固定资产	15	2.5			
4	存货比率	销售成本/存货	10	8			
5	应收账款周转率	销售收入/应收账款	10	6			
6	固定资产周转率	销售收入/固定资产	10	4			
7	自有资金周转率	销售收入/净资产	5	3			
合计			100				

10.5 财务报表分析的局限

10.5.1 财务报表本身的局限性

1. 会计政策的选择使报表数据缺乏可比性

新企业会计准则允许企业对会计政策与会计处理方法的进行选择，使不同企业同类的报表数据缺乏可比性。即使是两个企业实际经营完全相同，两个企业的财务分析的结论也可能有差异。有时，企业为了使报表显示出企业良好的财务状况及经营成果，会在会计核算方法上采用其他手段来粉饰财务报表。这时财务报表分析就容易误入歧途。

【提示】

根据《企业会计准则》的规定，企业存货发出计价方法、固定资产折旧方法、坏账的计提方法、对外投资收益的确认方法、所得税会计的确认方法等，都可以有不同的选择。

2．会计估计的存在直接影响报表数据的质量

会计报表中的某些数据并不是十分精确，有些项目数据是会计人员根据经验和实际情况加以估计计量的，例如坏账准备的计提比例、固定资产的净残值率、无形资产的摊销。

3．通货膨胀的影响使报表数据不真实

由于我国的财务报表是按照历史成本原则编制的，所以，在通货膨胀时期，有关数据会受到物价变动的影响，使其不能真实地反映企业的财务状况和经营成果，引起报表使用者的误解。

（1）通货膨胀影响企业资产负债表的可靠性。由于通货膨胀，对货币性资产而言，当物价上涨，其实际购买力下降，报表中列示的货币资产额与实际购买力不一致。从负债方面来看，货币性负债在物价上升时可为企业带来利润，而非货币性负债由于需要在将来以商品或劳务偿还，物价上涨时会使企业造成损失。

（2）通货膨胀同样影响着利润表的可靠性。损益的确定是按照权责发生制原则。收入是现时的，而成本是历史的，在通货膨胀情况下，由于资产的低估导致成本偏低，会使收益虚增。

4．报表数据信息量的限制

由于报表本身的原因，其提供的数据是有限的。对报表使用者来说，可能不少需要使用的信息，在报表或附注中找不到，因此，报表数据信息量可能不能满足不同视角的利益相关者的使用需求。

10.5.2 财务分析方法的局限性

从财务报表分析方法来看，某些指标计算方法不同也会给不同企业之间的比较带来不同程度的影响。例如应收账款周转率、存货周转率等的平均余额的计算，报表使用者由于数据的限制，往往用年初数与年末数进行平均，这样平均计算应收账款余额与存货余额，在经营业务一年内各月各季较均衡的企业尚可，但在季节性经营的企业或各月变动情况较大的情况下，如期初与期末正好是经营旺季，其平均余额就会过大，如是淡季，则又会过小，从而影响到指标的准确性。

1．比率分析法的局限性

（1）比率分析法自身的局限性。比率分析法是一种事后分析方法，均是分析企业过去经济活动的结果。用这些数据来预测企业未来的动态，只有参考价值，并非绝对合理可靠。在市场经济条件下，已表现出一定的滞后性。

（2）比率分析法受财务报表局限性影响。由于报表中的数据主要采用货币计量，对报表内的数据资料能够计量，而对一些报表外的信息，如未做记录的或有负债，未决诉讼，为他人担保等都没有在报表中反映，所以也无法通过比率分析进行企业财务报表分析，事后财务分析很难满足相关使用者的需求。

（3）比率分析法缺乏一定的相关性和预见性。比率指标的计算一般都是建立在以历史成本、历史数据为基础的财务报表之上的。这使比率指标提供的信息与决策之间的相关性大打折扣，弱化了其为企业决策提供有效服务的能力。

2．比较分析法的局限性

比较分析法在实际操作时，比较的双方必须具备可比性才有意义。然而数据是否可比则受众多条件的制约，如计算方法相同、计价标准一致、时间长度相等；在进行同行业比较时，要使其具有可比性，至少应具备三个条件：同行业的业务性质相同或相似；企业的经营规模较为接近；经营方式相近或相同。这些条件自然限制了比较分析法的应用范围。

10.5.3 财务指标分析的局限性

财务报表分析、指标评价要与其他企业以及行业平均指标比较才有意义。但各企业不同的情况，如环境影响、企业规模、会计核算方法的差别，会对可比性产生影响。而行业平均指标往往是各种各样情况的综合或折中。如果行业平均指标是采用抽样调查得到的，在抽到极端样本时，还会歪曲整个行业情况。因此，在对比分析时，应慎重使用行业平均指标，对不同企业进行比较时应注意调整一些不可比因素的影响。

1．财务指标分析的主观局限性

由于财务报表是由企业的财务人员根据有关的法规、制度、准则等编制，不可避免地会出现一些人为的差错和失误，甚至恶意隐瞒。不同的分析者对同一张报表可能得出不一样的结论，对报表分析的结果有直接影响。

2．财务指标分析的客观局限性

财务指标分析具有一定的局限性，例如，流动比率这一指标的计算中，流动资产中有相当部分是不具有清偿能力的；其次，流动资产中还有一些项目是不能变现的。因此，有时候，高流动比率并不一定表示企业对短期债务具有很高的清偿能力。再如，速动比率的计算过程中，由于速动资产扣除了变现能力较慢的存货，在一定程度上弥补的流动比率的不足。但流动资产中，应收账款能否收回，坏账准备是否足额计提都直接影响速动资产，进而影响速动比率。因此，当速动资产中含有大量的不良应收账款时，企业就必然无法准确判断其短期负债偿还能力。许多企业正是抓住了此弱点进行报表粉饰误导信息使用者。

本章小结

财务报表分析是公司利益相关者采用科学的分析方法。利益相关者通过收集、整理企业财务会计报告中的有关数据，利用财务报告及会计、统计、市场等相关经济信息资料，对企业的财务状况、经营成果和现金流量情况进行综合比较和评价，以全面、客观地评价公司财务状况和经营成果。财务报表分析为财务控制和财务决策提供基础的活动，为财务会计报告使用者提供管理决策和控制依据的一项管理工作。财务报表分析信息的需求者主要包括企业所有者、企业债权人、企业经营决策者和政府等。不同主体出于不同的利益考虑，对财务分析信息有着各自不同的要求。财务报表分析的方法主要有比较分析法、比率分析、因素分析三种。

财务报表分析的基本内容，主要包括：分析企业的偿债能力，分析企业权益的结构，估量对债务资金的利用程度；评价企业资产的营运能力，分析企业资产的分布情况和周转使用情况；评价企业的盈利能力，分析企业利润目标的完成情况和不同年度盈利水平的变动情况。在联系的指标间所形成的比率，单独分析任何一项财务指标或一张会计报表，都难以全面评价企业的财务状况和经营成果。要想对企业财务状况和经营成果有一个总的评价，就必须进行相互关联的分析，并采用适当的标准进行综合性的评价。因此，必须对企业财务状况作综合分析。财务报表综合分析的方法主要有两种：杜邦财务分析体系法和沃尔比重评分法。与此同时财务报表分析也具有一定的局限性，在使用过程中应该重点关注。

练习题

1．单选题

（1）某企业年销售收入为 3000 万元，其中，销货退回、转让和折扣 30%，应收账款年初数为

199 万元，年末数为 398 万元，则应收账款周转率为（ ）。

A. 4 B. 5 C. 6 D. 7

（2）某公司普通股股票每股面值 1 元，每股市价 3 元，每股利润 0.2 元，每股股利 0.15 元，该公司无优先股，则该公司市盈率为（ ）。

A. 15% B. 20% C. 15 D. 20

（3）某公司年初存货为 15 000 元，年初应收账款为 12 700 元，年末流动比率为 3:1，年末速动比率为 1.3:1，存货周转率为 4 次，流动资产合计为 27 000 元。则该公司年末流动负债为（ ）元。

A. 9 000 B. 8 000 C. 7 000 D. 6 000

（4）接上题，该公司的年末存货为（ ）元。

A. 15 000 B. 15 300 C. 12 700 D. 17 000

（5）接上题，该公司本年销售成本为（ ）元。

A. 9 000 B. 60 600 C. 15 300 D. 66 000

（6）某公司“坏账准备”账户有贷方余额 2 000 元，此时注销一笔无法收回的应收账款 300 元，设注销前的流动比率为 X，注销这笔账款后的流动比率为 Y，X 与 Y 之间的数量关系为（ ）。

A. X>Y B. X=Y C. X D. 不能确定

（7）下列各项中，不会影响流动比率的业务是（ ）。

A. 用现金购买短期债 B. 用现金购买固定资产

C. 用存货进行对外长期投资 D. 从银行取得长期借款

（8）某企业 2003 年主营业务收入净额为 36 000 万元，流动资产平均余额为 4 000 万元，固定资产平均余额为 8 000 万元。假定没有其他资产，则该企业 2003 年的总资产周转率为（ ）次。

A. 3.0 B. 3.4 C. 2.9 D. 3.2

（9）某企业税后净利为 67 万元，所得税率 33%，利息费用为 50 万元，则该企业利息保障倍数为（ ）。

A. 1.3 B. 1.73 C. 2.78 D. 3

（10）某企业 2004 年初与年末所有者权益分别为 240 万元和 288 万元，则资本保值增值率为（ ）。

A. 167% B. 120% C. 150% D. 20%

2. 多选题

（1）应收账款率的提高，表明（ ）。

A. 企业收账速度迅速，账龄较短 B. 企业资产流动性较强，短期偿债能力较强

C. 企业可以减少收账费用和坏账损失 D. 应收账款占用的资金将会增加

（2）如果流动比率过高，意味着企业（ ）。

A. 存在闲置现金现象 B. 存在存货积压现象

C. 应收账款周转缓慢 D. 偿债能力很差

（3）反映企业偿债能力的财务比率有（ ）。

A. 流动比率 B. 资产负债率

C. 应收账款周转率 D. 利息保障倍数

（4）影响资产净利率的因素有（ ）。

A. 流动负债与长期负债的比率 B. 资产负债率

C. 销售净利率 D. 资产周转率

（5）财务分析虽然能够为决策者提供有用的信息，但也有它的局限性，主要因为（　　）。

A. 报表提供的数据不够全面　　B. 报表提供的数据不够真实

C. 会计政策的选择不同　　D. 比较的标准选择不同

3. 判断题

（1）财务报表分析的最终目的是决策支持。（　　）

（2）财务报表分析基本原则目的明确原则、实事求是原则、全面分析原则等。（　　）

（3）收集、整理分析资料不属于财务报表分析基本程序。（　　）

（4）通过相关经济指标的对比分析以确定指标之间差异或指标发展趋势的方法是比率分析法。（　　）

（5）股东进行财务报表分析时将更为关注企业的盈利能力。（　　）

（6）下列方法中常用于因素分析的是连环替代法。（　　）

4. 计算题

（1）某公司 2014 年年末有关财务指标如下：流动比率=200%；速动比率=100%；现金比率=20%；资产负债率=50%； 流动负债对负债总额比率=70%；负债及所有者权益总额=100000 元。

要求：计算下列各项目的金额：现金、存货、流动负债、所有者权益和资产总额。

（2）某企业 2014 公司年销售收入为 144 万元，税后净利为 14.4 万元，资产总额为 90 万元，负债总额为 27 万元。

要求：计算总资产周转率、总资产收益率、权益乘数、净资产收益率。计算结果保留四位小数，资产负债表数据均使用期末数。

（3）某公司 2013 年销售净利率为 8%，总资产周转率 1.3，平均资产负债率为 41%；2013 年部分报表数据如下：年初资产总额 900 万元，负债总额 350 万元，年末资产总额 1 000 万元，负债总额 400 万元，2013 年销售收入 1 200 万元，实现净利 120 万元。

根据数据完成下述题目，其中，计算结果保留四位小数。

① 计算 2013 年净资产收益率。

② 计算 2013 年销售净利率、资产周转率、平均资产负债率、加权平均净资产收益率。

③ 运用杜邦分析原理，定性分析说明该公司净资产收益率变动的原因。

思考题

1. 在财务报表分析采用比较分析法时，常用的比较标准有哪些？各有什么作用？

2. 简述企业债权人、投资人和经营者进行融资结构分析的目的？

第 11 章 会计工作组织

本章主要介绍会计工作组织，包括会计机构和会计人员及会计规范体系、会计档案管理及会计工作交接等内容。

学习目标

- 了解会计机构的设置及会计人员职责及法律责任。
- 掌握会计规范体系及适用范围。
- 熟悉会计档案的保管，了解会计档案的移交及销毁。
- 了解会计工作交接的相关规定。

【课前思考】

（1）会计机构应该如何设置？

（2）会计凭证、记账凭证等会计档案应该如何进行保管？

（3）会计档案在移交、销毁时应遵循哪些程序？

会计工作组织是指如何安排、协调和管理好企业的会计工作，会计机构和会计人员是会计工作系统运行的必要条件，而会计法规是保证会计工作系统正常运行的必要的约束机制。

11.1 会计机构和会计人员

企业合理设置会计机构，明确工作任务，是保证会计工作顺利进行的重要条件。会计机构必须配备适当的会计人员，明确会计人员的职责和权限，充分发挥会计人员积极性。

11.1.1 会计机构

会计机构是贯彻执行党和国家方针政策，制订和执行会计制度，组织领导和处理会计工作的职能机构。根据《中华人民共和国会计法》（以下简称《会计法》）的规定，各单位应当根据会计业务的需要，设置会计机构，或者在有关机构中设置会计人员并指定会计主管人员；不具备设置条件的，应当委托经批准设立从事会计代理记账业务的中介机构代理记账。

我国会计管理机构的设置一般分为三个层次：中央和省、市地方财政设立会计事务管理机构，负责领导全国会计工作；中央和地方各级企业管理机关设置会计事务管理机构，负责组织、领导和监督所属单位的会计工作；基层企业设置会计事务管理机构（如会计处、科、组），在厂长、经理或总会计师领导下，负责办理本单位的会计工作，接受上级会计事务管理机构的指导和监督。

由于会计工作（主要是会计核算）同财务工作（主要是财务管理）都是综合性的经济管理工作，它们之间的关系又非常密切，所以，通常把二者结合起来，设置一个财务会计机构（如财会处、科、组）来统一办理财务工作和会计工作。企业和机关、事业单位都应当单独设置财务会计机构。会计机构是各单位内部组织领导和直接从事会计工作的职能部门。目前，我国应逐步推行财务与会计分设机构，以便于相互监督、互相促进，防止职责不清、相互扯皮，并避免“重会计核算轻财务管理”的现象出现。对规模小、人员少、业务简单的单位，可以在有关机构中设置会计人员，并指定会计主管人员。不具备条件的，可以委托经批准设立的会计咨询、服务机构进行代理记账。

国有和国有资产占控股地位或者主导地位的大中型企业必须设置总会计师。事业单位和业务主管部门经批准可以设置总会计师。总会计师由取得会计师任职资格后主管一个单位内一个重要方面的财务会计工作时间不少于 3 年的人员担任。会计机构内部应当建立稽核制度。出纳人员不得兼任稽核、会计档案保管和收入、支出、费用、债权债务账目的登记工作。同时，应当根据业务的繁简进行合理分工。规模较大的企业，在财务会计科内还分设若干职能组，例如，有些工业企业的财务会计科分设材料组、工资组、成本组、财务组、费用组，分别负责有关业务的核算、分析和检查工作，不属于各职能组的财务会计工作以及全科的各项综合性工作，则另设综合组负责办理。

11.1.2 会计人员

我国《会计法》规定，从事会计工作的人员，必须取得会计从业资格证书。担任单位会计机构负责人（会计主管人员）的，除取得会计从业资格证书外，还应当具备会计师以上专业技术职务资格或者从事会计工作三年以上经历。

会计人员应当遵守职业道德，提高业务素质。因有提供虚假财务会计报告，做假账，隐匿或者故意销毁会计凭证、会计账簿、财务会计报告，贪污，挪用公款，职务侵占等与会计职务有关的违法行为被依法追究刑事责任的人员，不得取得或者重新取得会计从业资格证书。除前款规定的人员外，因违法违纪行为被吊销会计从业资格证书的人员，自被吊销会计从业资格证书之日起五年内，不得重新取得会计从业资格证书。

1．会计人员的职责

会计工作岗位责任制是在财务会计机构内部，按照财务会计工作的内容和会计人员的配备情况，进行合理的分工，使每一项财务会计工作都有专人负责，每一个会计人员都有明确的职责。会计人员岗位责任制要同本单位责任制相联系，以责定权，责权明确，严格考核，有奖有惩。

企业应根据规模和经营管理的要求建立财务会计处（或科、组），并在其内部设立各个职能组负责有关的财务与会计工作。会计主管负责组织领导本企业的财务会计工作，参与企业预测、决策、经济计划和有关经营管理工作。具体工作人员一般分为会计员、出纳员、成本员、稽核员、计划员、综合员等，负责执行各职能组的财会工作，配有计算机的单位还要配备程序设计员和操作员。各单位应该根据业务繁简和人员多少，实行一人一岗，一人多岗或一岗多人，明确职责，各司其职。但出纳人员不得兼管稽核、会计档案保管和收入、费用、债权、债务账目的登记工作，出纳以外的会计人员不得经管现金、有价证券和票据，会计主管人员不得兼任出纳工作，实现会计电算化的单位，出纳员、程序编制人员，不得兼任微机录入工作，不得进行系统操作。

2．会计人员的法律责任

单位负责人对本单位的会计工作和会计资料的真实性、完整性负责。会计机构、会计人员依照《会计法》进行会计核算，实行会计监督。任何单位或者个人不得以任何方式授意、指使、强令会计机构、会计人员伪造、变造会计凭证，会计账簿和其他会计资料，提供虚假财务会计报告。任何单位或者个人不得对依法履行职责、抵制违反《会计法》规定行为的会计人员实行打击报复。单位负责人和其他人员对依法履行职责的会计人员进行打击报复的，给予行政处分；构成犯罪的，依法追究刑事责任。

单位负责人、会计人员和其他人员伪造、编造、故意毁灭会计凭证、会计账簿、财务会计报告和其他会计资料的，或者利用虚假的会计凭证、会计账簿、财务会计报告和其他会计资料偷税或损害国家利益、社会公众利益的，由县级以上财政、审计、税务机关或者其他有关主管部门依据法律、行政法规规定的职责负责处理并追究责任，具体包括：责令限期改正、通报、罚款；属于国家工作人员的，还可以由其所在单位或者有关单位依法给予行政处分；情节严重的，由县级以上人民政府财政部门吊销会计从业资格证书；构成犯罪的，依法追究刑事责任。

会计机构、会计人员必须按照国家统一的会计制度的规定对原始凭证进行审核，对不真实、不合法的原始凭证有权不予接受，并向单位负责人报告；对记载不准确、不完整的原始凭证予以退回，并要求按照国家统一的会计制度的规定更正、补充。各单位应当建立、健全本单位内部会计监督制度。会计机构、会计人员对违反《会计法》和国家统一的会计制度规定的会计事项，有权拒绝办理或者按照职权予以纠正。任何单位和个人对违反《会计法》和国家统一的会计制度规定的行为，有权检举。收到检举的部门有权处理的，应当依法按照职责分工及时处理；无权处理的，应当及时移送有权处理的部门处理。收到检举的部门、负责处理的部门应当为检举人保密、不得将检举人姓名和检举材料转给被检举单位和被检举人个人。

国有企业、事业单位的会计机构负责人、会计主管人员的任免应当经过主管单位同意，不得任意调动和撤换；会计人员忠于职守，坚持原则，受到错误处理的，主管单位应当责成所在单位予以纠正。

会计人员调动工作或者离职，必须与接管人员办清交接手续。一般会计人员办理交接手续，由会计机构负责人、会计主管人员监交。会计机构负责人、会计主管人员办理交接手续，由单位领导人监交，必要时可以由主管单位派人会同监交。交接双方及监交人均应签字以示负责。

11.2 会计规范体系

为了保证会计工作能够顺利进行，贯彻财政方针和政策，执行财经纪律，充分发挥会计工作人员的作用，实现预期的会计目标，会计工作必须要做到有法可依，有章可循。制订并执行会计法规是我们国家的必然选择。目前，我国已经建设成了一套比较完整的会计规范体系。按照各法规之间的相互关系，可以分为三个层次：第一层次，会计法律；第二层次，会计准则；第三层次，会计制度。

11.2.1 会计法律

我国会计的基本法律是《中华人民共和国会计法》，是 1985 年由全国人民代表大会常务委员会第九次会议通过后颁布的。现行的《会计法》是经过了 1993 年 12 月 29 日第八届全国人民代表大会常务委员会的第一次修订以及 1999 年 10 月 31 日第九届全国人民代表大会常务委员会的第二次修订，于 2000 年 7 月 1 日起施行的，包括七章共五十二条，内容包括总则、会计核算、企业会计核算的特别规定、会计监督、会计机构和会计人员、法律责任以及附则。

11.2.2 会计准则

会计准则是我国会计核算工作的基本规范，是会计人员进行会计处理、提供财务报告所应遵循的原则，由财政部负责制定。目前，我国企业适用的会计准则有《企业会计准则》和《小企业会计准则》两大类。

1.《企业会计准则》

《企业会计准则》由财政部制定，于 2006 年 2 月 15 日发布，自 2007 年 1 月 1 日起首先在上市公司范围内施行，之后逐步扩大到几乎所有大中型企业。《企业会计准则》包括基本会计准则和具体会计准则。我国最早的《企业会计准则》（称为基本会计准则）是 1992 年 11 月经国务院批准、财政部以部长令的形式发布的，自 1993 年 7 月 1 日起正式施行。现行的《企业会计准则——基本准则》经过了 2006 年的第一次修订和 2014 年的第二次修订，于 2014 年 7 月 23 日发布并施行。《企业会计准则》在上市公司范围内施行，同时鼓励其他企业执行。

《企业会计准则——基本准则》包括十一章五十条，主要规范了财务报告目标、会计基本假设、会计信息质量要求、会计要素的分类及其确认、计量原则、财务报告等基本问题。基本准则是具体准则及应用指南和解释等的制定依据和基础。为了适应我国会计实务工作的需求，自 1997 年起我国开始颁布具体会计准则，截至 2015 年 4 月，经过修订和新增的正式施行的具体会计准则共有 41 项，分别对存货、长期股权投资、投资性房地产、固定资产、生物资产、无形资产、非货币性资产交换、资产减值、职工薪酬、企业年金基金、股份支付、债务重组、或有事项、收入、建造合同、政府补助、借款费用、所得税、外币折算、企业合并、租赁、金融工具确认、金融资产转移、套期保值、原保险合同、再保险合同、石油天然气开采、会计政策、会计估计变更和差错更正、资产负债表日后事项、财务报表列报、现金流量表、中期财务报告、合并财务报表、每股收益、分部报告、关联方披露、金融工具列报、首次执行企业会计准则、公允价值计量、合营安排和在其他主体中权益的披露等具体交易和事项的会计处理予以规范。

《企业会计准则——应用指南》是由财政部根据企业会计准则基本准则及具体准则制定的，自 2007 年 1 月 1 日起在上市公司范围内施行，鼓励其他企业执行。应用指南是对具体准则相关条款的细化和有关重点难点问题提供的操作性指南，以利于会计准则的贯彻和指导实务操作。

2.《小企业会计准则》

为了规范小企业会计确认、计量和报告行为，促进小企业可持续发展，发挥小企业在国民经济和社会发展中的重要作用，财政部根据《中华人民共和国会计法》及其他有关法律和法规，制定了《小企业会计准则》，自 2013 年 1 月 1 日起在小企业范围内施行，鼓励小企业提前执行。财政部于 2004 年 4 月 27 日发布的《小企业会计制度》同时废止。《小企业会计准则》适用于在中华人民共和国境内依法设立的、符合《中小企业划型标准规定》中规定的小型企业标准的企业、微型企业参照执行。

《小企业会计准则》共十章九十条，包括总则、资产、负债、所有者权益、收入、费用、利润、外币业务、财务报表和附则。

11.2.3　会计制度

通常所说的会计制度是指财政部根据《中华人民共和国会计法》、会计准则及国家其他有关法律和法规制定颁布的，进行会计工作所应遵循的规则、方法和程序的总称。目前我国的会计制度有《企业会计制度》和《金融企业会计制度》。

《企业会计制度》适用于没有实施现行会计准则体系的非金融保险行业的大中型企业，主要对资产、负债、所有者权益、收入、成本和费用、利润及利润分配、非货币性交易、外币业务、会计调整、或有事项、关联方关系及其交易以及财务会计报告等事项予以规范。

《金融企业会计制度》适用于我国境内依法成立的各类金融企业，具体有银行、保险公司、证券公司、信托投资公司、期货公司、基金管理公司、租赁公司、财务公司等。

在国际上，一些实施会计准则的国家，通常并不会再制定和颁布企业会计制度，而在我国企业会计准则替代企业会计制度，是一个渐进的过程。

11.3 会计档案管理

为了加强会计档案管理，有效保护和利用会计档案，财政部、国家档案局修订通过了新的《会计档案管理办法》，自 2016 年 1 月 1 日起施行。根据规定，单位应当加强会计档案管理工作，建立和完善会计档案的收集、整理、保管、利用和鉴定销毁等管理制度，采取可靠的安全防护技术和措施，保证会计档案的真实、完整、可用、安全。

【小提示】

为适应经济社会发展和会计信息化建设需要，规范会计档案，特别是电子会计档案，企业必须提升会计档案管理工作水平。针对目前我国会计档案工作的技术手段、管理方法、管理流程等的新变化，财政部对《会计档案管理办法》进行了修订，2015 年 12 月 11 日中华人民共和国财政部、国家档案局令第 79 号发布了新的《会计档案管理办法》，自 2016 年 1 月 1 日起施行。

会计档案是指单位在进行会计核算等过程中接收或形成的，记录和反映单位经济业务事项的，具有保存价值的文字、图表等各种形式的会计资料，包括通过计算机等电子设备形成、传输和存储的电子会计档案。

下列会计资料应当进行归档。

（1）会计凭证，包括原始凭证、记账凭证。

（2）会计账簿，包括总账、明细账、日记账、固定资产卡片及其他辅助性账簿。

（3）财务会计报告，包括月度、季度、半年度、年度财务会计报告。

（4）其他会计资料，包括银行存款余额调节表、银行对账单、纳税申报表、会计档案移交清册、会计档案保管清册、会计档案销毁清册、会计档案鉴定意见书及其他具有保存价值的会计资料。

单位可以利用计算机、网络通信等信息技术手段管理会计档案。

【小提示】

同时满足下列条件的，单位内部形成的属于归档范围的电子会计资料可仅以电子形式保存，形成电子会计档案。

（1）形成的电子会计资料来源真实有效，由计算机等电子设备形成和传输。

（2）使用的会计核算系统能够准确、完整、有效接收和读取电子会计资料，能够输出符合国家标准归档格式的会计凭证、会计账簿、财务会计报表等会计资料，设定了经办、审核、审批等必要的审签程序。

（3）使用的电子档案管理系统能够有效接收、管理、利用电子会计档案,符合电子档案的长期保管要求，并建立了电子会计档案与相关联的其他纸质会计档案的检索关系。

（4）采取有效措施，防止电子会计档案被篡改。

（5）建立电子会计档案备份制度,能够有效防范自然灾害、意外事故和人为破坏的影响。

（6）形成的电子会计资料不属于具有永久保存价值或者其他重要保存价值的会计档案。

满足上述规定条件，单位从外部接收的电子会计资料附有符合《中华人民共和国电子签名法》规定的电子签名的，可仅以电子形式归档保存，形成电子会计档案。

11.3.1 会计档案的保管

单位会计机构按照归档范围和归档要求，负责定期将应当归档的会计资料整理立卷，编制会计档案保管清册。当年形成的会计档案，在会计年度终了后，可由单位会计管理机构临时保管一年，再移交单位档案管理机构保管。因工作需要确需推迟移交的，应当经单位档案管理机构同意。单位会计管理机构临时保管会计档案最长不超过三年。临时保管期间，会计档案的保管应当符合国家档案管理的有关规定，且出纳人员不得兼管会计档案。

单位应当严格按照相关制度利用会计档案，在进行会计档案查阅、复制、借出时履行登记手续，严禁篡改和损坏。单位保存的会计档案一般不得对外借出。确因工作需要且根据国家有关规定必须借出的，应当严格按照规定办理相关手续。会计档案借用单位应当妥善保管和利用借入的会计档案，确保借入会计档案的安全完整，并在规定时间内归还。

会计档案的保管期限分为永久、定期两类。定期保管期限一般分为 10 年和 30 年。会计档案的保管期限，从会计年度终了后的第一天算起。企业和其他组织会计档案保管期限如表 11-1 所示。

表 11-1　　企业和其他组织会计档案保管期限表

序号	档案名称	保管期限	备注
一	会计凭证		
1	原始凭证	30 年	
2	记账凭证	30 年	
二	会计账簿		
3	总账	30 年	
4	明细账	30 年	
5	日记账	30 年	
6	固定资产卡片		固定资产报废清理后保管 5 年
7	其他辅助性账簿	30 年	
三	财务会计报告		
8	月度、季度、半年度财务会计报告	10 年	
9	年度财务会计报告	永久	
四	其他会计资料		
10	银行存款余额调节表	10 年	
11	银行对账单	10 年	
12	纳税申报表	10 年	
13	会计档案移交清册	30 年	
14	会计档案保管清册	永久	
15	会计档案销毁清册	永久	
16	会计档案鉴定意见书	永久	

11.3.2 会计档案的移交及销毁

移交会计档案的单位，应当编制会计档案移交清册，列明应当移交的会计档案名称、卷号、册数、起止年度、档案编号、应保管期限和已保管期限等内容。

交接会计档案时，交接双方应当按照会计档案移交清册所列内容逐项交接，并由交接双方的单位有关负责人负责监督。交接完毕后,交接双方经办人和监督人应当在会计档案移交清册上签名或盖章。

电子会计档案应当与其元数据一并移交，特殊格式的电子会计档案应当与其读取平台一并移交。档案接收单位应当对保存电子会计档案的载体及其技术环境进行检验，确保所接收电子会计档案的准确、完整、可用和安全。

单位应当定期对已到保管期限的会计档案进行鉴定，并形成会计档案鉴定意见书。经鉴定，仍需继续保存的会计档案，应当重新划定保管期限；对保管期满，确无保存价值的会计档案，可以销毁。会计档案鉴定工作应当由单位档案管理机构牵头，组织单位会计、审计、纪检监察等机构或人员共同进行。

经鉴定可以销毁的会计档案，应当按照以下程序销毁。

（1）单位档案管理机构编制会计档案销毁清册，列明拟销毁会计档案的名称、卷号、册数、起止年度、档案编号、应保管期限、已保管期限和销毁时间等内容。

（2）单位负责人、档案管理机构负责人、会计管理机构负责人、档案管理机构经办人、会计管理机构经办人在会计档案销毁清册上签署意见。

（3）单位档案管理机构负责组织会计档案销毁工作，并与会计管理机构共同派员监销。监销人在会计档案销毁前，应当按照会计档案销毁清册所列内容进行清点核对；在会计档案销毁后，应当在会计档案销毁清册上签名或盖章。

（4）电子会计档案的销毁还应当符合国家有关电子档案的规定，并由单位档案管理机构、会计管理机构和信息系统管理机构共同派员监销。

保管期满但未结清的债权债务会计凭证和涉及其他未了事项的会计凭证不得销毁，纸质会计档案应当单独抽出立卷，电子会计档案单独转存，保管到未了事项完结时为止。

11.4 会计工作交接

会计人员调动工作或者离职，必须与接管人员办清交接手续。没有办清交接手续的，不得调动或离职。接替人员应认真接管移交的工作，并继续办理移交前的未了事项。

会计人员办理移交手续前，必须做好以下各项工作。

（1）已经受理的会计事项，尚未填制记账凭证的应及时填制完毕。尚未记账的，应全部入账。

（2）不论是在月末还是在月中移交，移交的账簿均需结出余额、在余额后加盖移交人印章。

（3）填写账簿启用表的有关移交项目，并加盖有关人员的印章。

（4）整理应该移交的各项资料，对未了事项要写出书面材料加以说明。

（5）编制移交清册，列明应该移交的凭证、账簿、报表、公章、现金、支票簿、文件资料和其他物品等内容。

会计人员办理交接手续，必须有监交人负责监交。一般会计人员交接应由单位会计机构负责人、会计主管人员负责监交，会计机构负责人、会计主管人员交接，应由单位领导人负责监交，必要时上级主管单位派人会同监交。

移交人员要按照移交清册逐项移交，接管人员要逐项核收。

（1）现金、有价证券要根据会计账簿余额进行点交，库存现金、有价证券必须与会计账簿余额一致。不一致时，移交人员必须限期查清。

（2）会计凭证、会计账簿、会计报表和其他会计资料必须完整无缺。如有短缺，必须查清原因，并在移交清册中注明，由移交人员负责。

（3）银行存款账户余额要与银行对账单核对相符，各种财产物资和债权债务的明细账户余额要与总账有关账户余额核对相符；必要时，要抽查个别账户的余额，做到与实物核对相符，或者与往来单位、个人核对清楚。

（4）移交人除经管账簿外还兼管其他会计工作的，应一并交接清楚，包括经管的公章、有价证券、空白支票、文件资料、收据、发票及其他物品。

会计机构负责人、会计主管人员工作移交时，要将全部财务会计工作、重大和特殊的财务问题及会计人员工作的情况，向接管人员详细介绍，对需要移交的遗留问题，应写出书面材料说明清楚。

交接完毕后，交接双方和监交人要在移交清册签章，移交清册应具备：单位名称、交接日期、交接双方和监交人的姓名、职务、清册页数及需要说明的问题和意见等。移交清册一般应填制一式三份，交接双方各持一份，存档一份。为保证会计记录的连续完整，接管人员应继续使用移交前的账簿，不得自行另立新账。

本章小结

本章主要介绍会计机构和会计人员及会计规范体系、会计档案管理等内容。

根据《会计法》的规定，各单位应当根据会计业务的需要，设置会计机构，或者在有关机构中设置会计人员并指定会计主管人员；不具备设置条件的，应当委托经批准设立从事会计代理记账业务的中介机构代理记账。从事会计工作的人员，必须取得会计从业资格证书。担任单位会计机构负责人（会计主管人员）的，除取得会计从业资格证书外，还应当具备会计师以上专业技术职务资格或者从事会计工作三年以上经历。

会计人员应当遵守职业道德，提高业务素质。因有提供虚假财务会计报告，做假账，隐匿或者故意销毁会计凭证、会计账簿、财务会计报告，贪污，挪用公款，职务侵占等与会计职务有关的违法行为被依法追究刑事责任的人员，不得取得或者重新取得会计从业资格证书。

我国已经建设成了一套比较完整的会计规范体系。按照各法规之间的相互关系，可以分为三个层次：第一层次，会计法律；第二层次，会计准则，其中会计准则有《企业会计准则》和《小企业会计准则》两大类；第三层次，会计制度。

练习题

1. 单选题

（1）会计档案中需要保管30年的是（　　）。

A. 银行对账单　　B. 月度财务会计报告

C. 会计档案保管清册　　D. 银行存款日记账

（2）会计人员违反职业道德，情节严重的，由（　　）吊销其会计从业资格证书。

A. 工商行政管理部门　　B. 人事管理部门

C. 财政部门　　D. 会计行业组织

（3）持证人员在同一会计从业资格管理机构管辖范围内调转工作单位，且继续从事会计工作的，应当自离开原工作单位之日起（　　）日内，填写调转登记表，持会计从业资格证书及调入单位开具的会计从业工作的证明，办理调转登记。

A. 15　　B. 30　　C. 60　　D. 90

（4）会计机构负责人（会计主管人员）办理会计交接手续时，负责监交的人员应当是（　　）。

A. 其他会计人员　　B. 总会计师

C. 单位负责人　　D. 主管财务的负责人

2. **多选题**

（1）会计档案包括（　　）。

A. 银行对账单　　B. 原始凭证

C. 明细账　　D. 记账凭证

（2）企业会计规范体系包括（　　）。

A. 会计法　　B. 企业会计准则

C. 企业会计制度　　D. 小企业会计准则

3. **判断题**

（1）移交人员因病或其他原因不能亲自办理移交手续的，经单位负责人批准可以不办理移交手续。（　　）

（2）担任单位会计机构负责人的，除取得会计从业资格证书外，还应当具备会计师以上专业技术职务资格或者从事会计工作五年以上经历。（　　）

（3）各单位应当根据会计业务需要自主决定是否单独设置会计机构。（　　）

思考题

1. 会计机构和会计人员设置时应注意哪些规定？
2. 会计规范体系包含哪些？
3. 会计档案包括哪些？各类档案的保管期限是怎样的？
4. 会计档案在移交时应注意哪些问题？
5. 会计档案销毁时应注意哪些问题？

第 12 章　会计电算化

本章主要介绍会计电算化的相关概念、会计电算化的特征、会计电算化的发展阶段、会计电算化与手工会计的联系与区别、会计电算化账务处理系统的应用以及我国会计电算化的发展现状和趋势等内容。

学习目标

- 掌握会计电算化的基本理论。
- 了解会计电算化的实用技术及会计软件的具体应用原理。
- 了解我国会计电算化的发展阶段。
- 明确我国会计电算化现在的发展状况以及未来的发展趋势。

【课前思考】

（1）什么是会计电算化？会计电算化的主要软件有哪些？

（2）学习会计电算化对个人和企业来说有什么重要意义？

（3）会计电算化和手工会计相比有什么联系和区别？

12.1　会计电算化的相关概念

20 世纪 80 年代初，我国由中国人民大学、长春一汽和中科院等单位联合在长春一汽首先搞起电子计算机在会计中的应用试点，并召开了第一次学术研讨会。在这次会议上由中国人民大学王景新教授率先提出把电子计算机在会计中的应用称为“会计电算化”的建议，并得到与会者的一致同意，会计电算化因此得名。

会计电算化是一门融合会计学、计算机科学、管理学和信息学的综合性学科，它伴随着信息技术的发展而不断完善，通过计算机会计信息系统的应用得以实现，它的出现对传统的企业管理模式、会计理论、会计实务处理和会计管理制度产生了巨大的冲击，导致了会计领域的一场新技术革命。

作为会计学专业的学生，掌握并熟练运用信息时代会计人员应具备的理论知识与技能，显得尤为迫切和必要。

本书中主要介绍会计电算化、会计信息系统以及 ERP 系统等三个与会计电算化相关的概念。

12.1.1　会计电算化的概念

会计电算化的概念有狭义和广义之分。

狭义的会计电算化是指以电子计算机为主体的电子信息技术在会计工作中的应用。具体来说，会计电算化就是利用会计软件“指挥”计算机设备替代手工完成那些在手工条件下很难完成，甚至无法完成的会计工作。会计电算化是把电子计算机和现代数据处理技术应用到会计工作中的简称，是用电子计算机代替人工记账、算账和报账以及部分代替人脑完成对会计信息的分析、预测、决策的过程，其目的是提高企业财会管理水平和经济效益，从而实现会计工作的现代化。

广义的会计电算化是指与实现电算化有关的所有工作，包括：会计软件的开发应用及其软件市场的培育；会计电算化人才的培训；会计电算化的宏观规划和管理；会计电算化制度建设等。

12.1.2 会计信息系统

信息与人、财、物一样，都是企业的主要资源，其中，后三种资源是有形的，被统称为物质资源，而信息资源是无形的，被称之为概念资源。会计信息是经过加工处理并对会计业务或管理活动产生决策影响的数据信息，是会计核算和会计分析中形成的凭证、账簿、报表等数据。它包含三类信息：财务信息、定向信息和决策信息。

会计信息系统是指利用信息技术对会计数据进行采集、存储和处理，完成会计核算任务，并提供会计管理、分析与决策相关会计信息的系统，其实质是将会计数据转化为会计信息的系统，是企业管理信息系统的一个重要子系统。

会计信息系统按信息技术的影响程度可以分为手工会计信息系统、传统自动化会计信息系统和现代会计信息系统；按功能和管理层次的高低划分为会计核算系统、会计管理系统和会计决策支持系统。

12.1.3 ERP 系统

ERP 系统是企业资源计划（Enterprise Resource Planning）的简称，是指建立在信息技术基础上，以系统化的管理思想，为企业决策层及员工提供决策运行手段的管理平台。它是从 MRP（Material Requirement Planning，物料需求计划）发展而来的新一代集成化管理信息系统。它扩展了 MRP 的功能，其核心思想是供应链管理。它跳出了传统企业边界，从供应链范围去优化企业的资源。ERP 系统集信息技术与先进管理思想于一身，优化了现代企业的运行模式，反映了时代对于企业合理调配资源的要求，最大化地创造社会财富，成为企业在信息时代生存、发展的基石。它对于改善企业业务流程、提高企业核心竞争力具有显著作用。ERP 行业人才稀缺成为企业管理解决方案（Systems Applications and Products，SAP）发展的制约因素之一，鉴于此，国内的 ERP 培训行业逐渐开始发展。

SAP 是目前全世界排名第一的 ERP 软件。SAP 公司成立于 1972 年，总部位于德国沃尔多夫市。SAP 公司是全球最大的企业管理和协同化商务解决方案供应商、全球第三大独立软件供应商、全球领先的协同电子商务解决方案供应商。SAP 在全球的员工总数约为 43 800 人。目前，每天早上，世界 500 强中 80%的公司都会进入由 SAP 公司提供的管理和协同商务平台，进行高效率的工作。在全球有 120 多个国家的超过 46 100 家用户正在运行着 84 000 多套 SAP 软件。SAP 在全球 50 多个国家拥有分支机构，并在多家证券交易所上市，包括法兰克福和纽约证交所。

国内主要的财务软件主要有用友和金蝶。下面分别来介绍一下这两种财务软件。

用友公司成立于 1988 年，是中国最大的管理软件、ERP 软件、集团管理软件、人力资源管理软件、客户关系管理软件、小型企业管理软件、财政及行政事业单位管理软件、汽车行业管理软件、烟草行业管理软件、内部审计软件及服务提供商。目前，中国及亚太地区 120 多万家企业与机构在使用用友软件。2001 年 5 月 18 日，用友软件股份有限公司成功在上海证券交易所发行上市。

金蝶国际软件集团有限公司是香港联交所主板上市公司。金蝶国际总部位于中国深圳，始创于 1993 年 8 月 8 日。金蝶国际附属公司有金蝶软件（中国）有限公司、深圳市金蝶中间件有限公司、金蝶友商电子商务服务公司、北京金蝶政务软件有限公司、金蝶医疗软件科技有限公司、金蝶国际软件集团（香港）有限公司、金蝶国际软件集团（新加坡）有限公司等。

综上所述，本节内容中的三个概念之间的关系如图 12-1 所示。

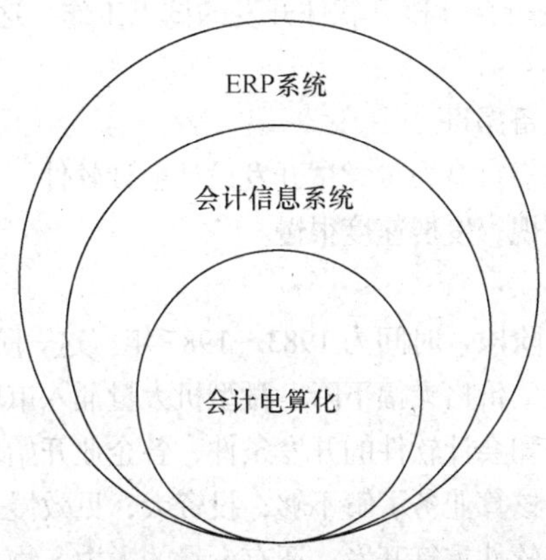

图 12-1　会计电算化、会计信息系统和 ERP 系统的关系

12.2　会计电算化的特征

1．人机结合

在会计电算化方式下，会计人员填制电子会计凭证并审核后，执行“记账”功能，计算机将根据程序和指令在极短的时间内自动完成会计数据的分类、汇总、计算、传递及报告等工作。尽管许多会计核算工作基本实现了自动化，但会计数据的收集、审核和输入工作仍需人工完成，各种处理指令也需由人发出。

2．会计核算自动化、集中化

在会计电算化方式下，试算平衡、登记账簿等以往依靠人工完成的工作，都由计算机自动完成，大大减轻了会计人员的工作负担，提高了工作效率。计算机网络在会计电算化中的广泛应用，使得企业能将分散的数据统一汇总到会计软件中进行集中处理，既提高了数据汇总的速度，又增强了企业集中管控的能力。

3．数据处理及时准确

利用计算机处理会计数据，可以在较短的时间内完成会计数据的分类、汇总、计算、传递和报告等工作，使会计处理流程更为简便，核算结果更为精确。此外，在会计电算化方式下，会计软件运用适当的处理程序和逻辑控制，能够避免在手工会计处理方式下出现的一些错误。

4．内部控制多样化

在会计电算化方式下，与会计工作相关的内部控制制度也将发生明显的变化，内部控制由过去的纯粹人工控制发展成为人工与计算机相结合的控制形式。内部控制的内容更加丰富，范围更加广泛，要求更加严格，实施更加有效。

12.3　会计电算化的发展阶段

我国的会计电算化发展至今，主要经历了四个阶段。

1．起步试验阶段

此阶段是会计电算化的第一阶段，时间为 1979～1982 年。1979 年，财政部拨款 500 万元专款，用于长春第一汽车制造厂进行会计核算软件开发的试点工作。这一阶段主要特点表现在以下几方面。

（1）人才、设备缺乏，且设备昂贵。

（2）只有少数企事业单位依靠自身力量尝试开发设计会计软件。

（3）没有引起社会广泛的重视，发展速度很慢。

2．自发发展阶段

此阶段是会计电算化的第二阶段，时间为 1983～1987 年。这一阶段的特点如下。

（1）计算机硬件发展速度快，价格大幅下降，微型机大量涌入市场。

（2）企业逐渐拥有购买设备和会计软件的开发条件，各企业开始自行开发。

（3）计算机技术人员对会计核算业务了解不够，投资大，见效慢。

（4）由于各自为战，造成了软件重复开发，还有大量的人力、物力、财力的浪费。

3．有组织的健康发展阶段

此阶段是会计电算化的第三阶段，时间为 1988～1998 年。这个阶段的标志如下。

（1）专门开发和营销通用化财务软件的专业公司不断出现，会计软件走向市场。

（2）国家财政部颁布了多条会计核算软件的规范化管理和评审条例及政策。

（3）国家开始注重专业人才的培养，在各大中专、本科院校开设会计电算化课程，对在职人员进行会计电算化培训。

4．深化应用发展阶段

本阶段自 1999 年至今，是会计电算化发展的第四阶段，以管理型会计软件为代表。这个时期的特点是：商品化会计软件产品质量有了明显提高，会计软件从核算型向管理型转变、从管理型向全面业务管理型发展。

12.4 电算化会计与手工会计的比较

电算化会计与手工会计既有区别又有联系。我们分别从电算化会计与手工会计的联系和区别两个方面来比较。

12.4.1 电算化会计与手工会计的联系

电算化会计与手工会计的联系主要表现在以下几个方面。

（1）系统目标一致。两者都对经济业务进行记录和核算，目标都是为了加强经营管理，提供会计信息，参与经营决策，提高企业经济效益。

（2）基本会计理论与方法一致。两系统都要遵循基本的会计理论和方法，都采用复式记账原理。

（3）都要遵守会计和财务制度以及国家的各项财经法纪，严格贯彻执行会计法规，堵塞各种可能的漏洞。

（4）系统的基本功能相同。都具备信息的采集输入、存贮、加工处理、传输和输出这五项功能。

（5）都要保存会计档案。作为会计信息系统的输出，会计信息档案必须妥善保存，以便查询。

（6）编制会计报表的要求相同。两系统都要编制会计报表，并且都必须按国家要求编制企业外部报表。

12.4.2 电算化会计同手工会计的区别

电算化会计与手工会计的区别主要表现在以下几个方面。

（1）系统初始化设置工作有差异。手工会计的初始化工作包括建立会计科目、开设总账、登录余额等。会计电算化的初始化设置工作则较为复杂，主要有：会计系统的安装，账套的设置，权限的设置，会计科目及其代码的建立，初始余额的输入，自动转账分录定义，会计报表名称、格式、数据来源公式的定义等。

（2）科目的设置和使用上存在差异。在手工会计中，将账户分设为总账和明细账，明细账大多仅设到三级账户，此外，再开设辅助账户以满足管理核算上的需要；科目的设置和使用一般都仅为中文科目。而在会计电算化中，有的财务软件将科目的级数设置到 6 级以上，除设置中文科目外，还设置与之对应的科目代码。使用科目时，计算机只要求用户输入某一科目代码，而不要求输入该中文科目。但在显示打印时，一般都将中文科目和与之对应的科目代码同时显示。

（3）账务处理程序上存在差异。手工会计采用不同的会计核算形式，常用的有记账凭证核算形式、科目汇总表核算形式、汇总记账凭证核算形式、日记账核算形式等，对业务数据采用了分散收集、分散处理、重复登记的操作方法，通过多人员、多环节进行内部牵制和相互核对，目的是为了简化会计核算的手续，以减少舞弊和差错。而在会计电算化中常用的是日记账文件核算形式和凭证文件核算形式，在一个计算机会计系统中，通常只采用其中一种核算形式，对数据进行集中收集、统一处理、数据共享。

（4）账簿格式存在差异。在手工会计中，账簿的格式分为订本式、活页式和卡片式三种，其中，现金日记账、银行存款日记账和总账必须采用订本式账簿。而在计算机会计系统中，由于受到打印机的条件限制，不太可能打印出订本式账簿，因此根据《会计电算化工作规范》规定，所有的账页均可按活页式打印后装订成册。

大力推进会计电算化的进程，可以加强企业内部财务管理与资金监控，从而提高资金使用效率和降低资金风险，并且还可以推动其他各项管理。特别是计算机软件技术的快速更新和网络技术的普及与发展，更对我国会计电算化提出更新更高的要求。我国企业和会计软件商家应联合起来，消除一切影响会计电算化发展的不利因素，推进我国的会计电算化向更深层次发展。

12.5 会计电算化账务处理系统的应用

12.5.1 账务处理系统的基本任务

在各类财务软件中，账务处理系统又称总账系统，是电算化会计核算的核心，其他业务系统往往需要读取账务系统的数据进行核算，而且要将处理结果汇总生成凭证送账务系统统一处理。许多单位的会计电算化工作往往都是从账务处理系统开始的。账务处理系统的基本任务如下。

（1）力求实现会计循环的自动化。但从原始凭证到记账凭证的确认还不能全部实现自动化。

（2）实现会计信息的多元分类，即不仅实现对总账、日记账和明细账管理，还能实现对往来、部门、项目、数量、单价、外汇及汇率的管理。

（3）实现数据的高度共享。

12.5.2 账务处理系统的主要特点

（1）遵循世界通用的复式记账原则。计算机账务处理系统简化了会计循环，消除了手工会计信息处理的许多技术环节，对会计人员的技术要求只在于从原始凭证到记账凭证的编制和确认。

（2）记账凭证是数据处理的起点。手工账务一般是从处理原始凭证开始，而计算机账务系统一般不直接处理原始凭证，无论采用前台或后台工作方式，一般都需要由人工编制记账凭证输入系统，并以此为起点开始数据处理。

（3）部分凭证可以由机器自动生成。手工系统中所有的记账凭证都要人工制作，而计算机账务系统中的部分记账凭证可以由系统自动生成，实现所谓的自动转账。账务处理系统内部对于待摊、预提、摊销、损益结转等每月固定的转账凭证可由机器自动生成。电算化系统中的其他子系统都可以自动生成记账凭证并传递给账务处理系统。由电子商务产生的电子凭证也可以自动转换为记账凭证，并传给账务处理。

（4）计算机内部账簿体系有较大的变化。手工系统中严格设置日记账、明细账、总账等相互制约的账簿体系，但在计算机账务处理系统中，不一定存在与之对应的账簿体系。记账凭证成了第一重要的账簿，其是永久性的会计档案，是赖以生成其他序时账和分类账的基础。总账一般也是一个重要的账簿，但除了科目总账之外，还应该有部门总账、客户总账、项目总账等，以存储多元分类汇总的数据。其他序时账和明细分类账在机内都不应该是永久性的，只是在查账时才临时生成，至于是否需要打印输出还值得商榷。

（5）记账规则与记账程序。手工会计规定的记账规则在计算机中有些是不必要的，有些也是难以实现的。在计算机账务系统中记账的内涵已不相同，记账一般只能按一种固定的处理程序，根据记账凭证更新各种总账文件，除了科目总账之外，可能还要更新客户总账、部门总账、项目总账等辅助总账文件。

（6）内部控制已部分实现程序化。手工条件下行之有效的平行登记、试算平衡、签字盖章等许多控制方法已不再适用，其中相当一部分控制要由账务系统自动实现。会计人员可以不理会数据在计算机内部的处理方法，只要输入的凭证正确，由此产生的总账、明细账和日记账绝对不会出现错误。因此，如何保证输入凭证的正确性成了内部控制的关键。

（7）可以提供定期或实时的财务报表。尽管账务系统以输出账簿和固定报表为终点，但它仍然是资产负债表等外部报表的主要数据来源。由于账务系统可实现多元分类和实时更新各种分类汇总信息，所以以此为基础的财务报告得以向内容多元化、形式多样化以及定期与实时报告相结合的模式发展。

（8）查账比手工系统更为方便。在计算机账务处理系统中，只要给出需求条件，即时就可以得到内容详尽、格式美观、本期（月、年）或跨年度的会计信息。

12.5.3 账务处理系统的基本功能

一般来说，账务处理系统的基本功能应包括系统设置（初始化）、凭证处理、期末处理、出纳管理、辅助核算、账表管理、系统维护等。

账务处理系统是会计电算化的核心，其与其他系统有密切的联系，即除了与其他系统共享编码方案、会计科目、存货分类、存货档案、部门档案等基础数据之外，还与许多系统传递数据：读取数据、编制记账凭证存入。

12.5.4 账务处理系统的操作流程

计算机账务处理系统的操作流程如下。

（1）建立账套和初始设置。

（2）启用账套。

（3）日常账务处理。日常最基本的业务是凭证处理，其流程是主要是填制凭证、凭证审核、凭证记账。

此外，考虑到企业一般不能在会计期末及时结账，所以账务处理系统允许本期结账之前输入下一期间的记账凭证，但这些凭证必须在本期结账之后才能审核与记账。

企业会计电算化的处理流程图如图 12-2 所示。

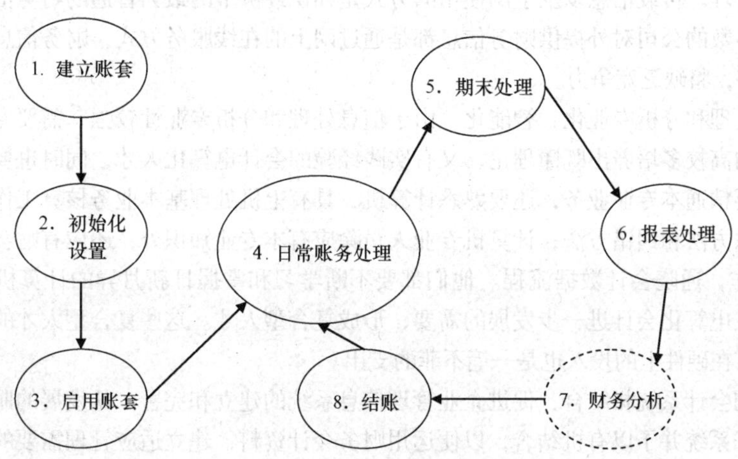

图 12-2　企业会计电算化处理流程图

12.6　我国会计电算化的发展现状及趋势

12.6.1　我国会计电算化的发展状况

我国的会计软件正由简单的以事后核算为主的会计核算系统向综合的管理信息系统转变。会计软件由简单的数值计算发展到全面数值核算进而到具有人工智能的会计信息系统阶段，已经取得了很大进步。通过财政部评审的会计软件有 40 余种，加上各省财政部门认可并使用的，总计达 200 多种，已经出现了一系列的实用、高效、商品化程度较高的会计软件。

我国现有的会计电算化水平仍处于低水平状态，具体表现为：首先传统的手工账与会计电算化处理手段两种核算形式仍在相当多的单位中并存，真正实现甩账的单位并不多，会计核算效率低，其次会计软件管理功能开发不足或没有开发，且多数单位虽采用了具有管理功能的会计软件但只应用了其中的一些核算功能，相当一部分的管理功能则处于闲置状态，系统资源浪费极大。

针对我国会计电算化在发展中存在的问题，我们可以从以下几个方面寻求解决方法。

（1）树立电算意识，转变观念。实现会计电算化，是发展我国社会主义经济的客观要求；实现会计电算化，可以提高本单位的经营管理水平。

（2）加强基础工作建设，关键是加强管理制度建设。对商品化软件包的评审、会计软件功能、会计电算化培训等建章建制，以规范会计电算化的开展和保证会计软件市场健康有序的发展。

（3）加大培养“复合型”人才力度。拓宽会计人员的知识面，加大会计电算化培训工作的力度。避免培训工作只流于表面，华而不实。

（4）加强会计软件的管理。要加强会计数据的保护。除了要设置用户权限、用户口令外，在一些重要部门还应考虑声音监测、指纹辨识等高科技手段。要实行专机专用、专机专管，对数据定期手工备份，防止数据丢失。

12.6.2 我国会计电算化的发展趋势

我国会计电算化的发展趋势如下。

（1）获得普遍推广和应用，大范围的信息处理网络得以建立。电算化信息处理从形式上看是信息处理手段的变化，实质上却是生产方式的转变，是一种先进的生产力，因而具有广阔的发展前景。这种网上处理、传载信息以及上网使用的方式是知识经济下的最为普通的财务信息的生产与消费方式。绝大多数的公司对外提供财务信息都是通过网上的在线服务方式，财务信息不上网的公司会处于筹资劣势，将缺乏竞争力。

（2）信息处理和分析专业化、智能化。由于信息处理和分析专业性较强，需要专门的人才，所以，要求我们的高校多培养出既懂理论，又有实践经验的会计电算化人才，同时也要求企业的会计专业人员不仅要精通本专业业务，还要熟悉计算机，具有上机处理基本业务核算工作的能力，掌握一般性故障排除方法和纠错方法；计算机专业人员除应有本专业知识外，还应有财会专业知识，了解会计核算工作，通晓会计数据流程。他们都要不断学习和掌握日新月异的计算机知识和应用技术，以不断满足电算化会计进一步发展的需要，形成复合型人才。这些复合型人才的培养需要较高的培训费用，而在硬件上的投入也是一笔不菲的支出。

（3）与管理会计系统相结合，促进企业管理信息系统的建立和完善。从发展的眼光看，企业应同时建立两个子系统并予以有机结合，以便运用财务会计资料，建立适应管理需要的会计模型，使电算化会计从核算型向管理型发展，从而推动整个企业管理信息系统的开发、建立和完善。

面对WTO（World Trade Organization，世界贸易组织）、互联网和电子商务的冲击，企业应重新定义新经济时代生存、发展的全新规则。以前那种缺乏前瞻性和国际可比性、闭关自守的会计信息，已经跟不上国际形势的发展。因此，企业必须建立一套具有透明度、更加可靠，并具有国际可比性的国际财务管理模式。这种新型的财务管理模式的提出与推行，将对传统会计观念、会计理论、会计实务等产生重大影响，并将彻底改变中国原有财务软件的形象，推动我国会计电算化理论的发展，提高企业参与国际竞争的综合实力。

我国会计电算化从无到有，从简单到复杂，从缓慢发展到迅速普及，取得了很大的发展。但也应该看到存在的问题，且这些问题严重阻碍了我国会计电算化事业的发展。因此，我们要对这些问题进行研究与探讨，要不懈努力，锐意进取，采取各种方法、政策解决。

本章小结

本章主要介绍会计电算化的相关概念、会计电算化的特征、会计电算化的发展阶段、电算化会计与手工会计的联系与区别、会计电算化账务处理系统的应用以及我国会计电算化的发展现状和趋势等内容。

会计电算化的概念有狭义和广义之分。狭义的会计电算化是指以电子计算机为主体的电子信息技术在会计工作中的应用。广义的会计电算化是指与实现电算化有关的所有工作。会计电算化包含于会计信息系统和 ERP 系统的概念。会计电算化的特征主要有人机结合，会计核算自动化、集中化，数据处理及时准确，内部控制多样化。

我国的会计电算化发展至今，主要经历了四个阶段：第一个阶段，起步试验阶段（1979～1982年）；第二个阶段，自发发展阶段（1983～1987 年）；第三个阶段，有组织的健康发展阶段（1988～1998 年）；第四个阶段，深化应用发展阶段（1999 年至今）。

电算化会计与手工会计既有区别又有联系。二者的联系主要表现在：系统目标一致；基本会计理论与方法一致；都要遵守会计和财务制度以及国家的各项财经法纪，严格贯彻执行会计法规；系统的基本功能相同；都要保存会计档案；编制会计报表的要求相同。二者的区别主要表现在：系统初始化设置工作有差异；科目的设置和使用上存在差异；账务处理程序上存在差异；账簿格式存在差异。

账务处理系统是会计电算化的核心，其与其他系统有密切的联系，即除了与其他系统共享编码方案、会计科目、存货分类、存货档案、部门档案等基础数据之外，还与许多系统传递数据：读取数据、编制记账凭证存入。

我国现有的会计电算化水平仍处于低水平状态。面对 WTO、互联网和电子商务的冲击，企业应重新定义新经济时代生存、发展的全新规则。以前那种缺乏前瞻性和国际可比性、闭关自守的会计信息，已经跟不上国际形势的发展。因此，企业必须建立一套具有透明度、更加可靠，并具有国际可比性的国际财务管理模式。这种新型的财务管理模式的提出与推行，将对传统会计观念、会计理论、会计实务等产生重大影响，并将彻底改变中国原有财务软件的形象，推动我国会计电算化理论的发展，提高企业参与国际竞争的综合实力。

练习题

1. 单选题

（1）狭义地说，会计电算化是指（　　）。

A. 电子计算机技术在会计工作中的应用

B. 会计软件的开发

C. 会计电算化人才的培训

D. 会计电算化制度建设

（2）下列有关实现会计电算化的意义，哪一种说法是不正确的（　　）。

A. 会计电算化后，经济业务都由计算机来完成

B. 减轻了劳动强度，提高了工作效率

C. 推动企业管理现代化

D. 全面、及时、准确地提供会计信息

（3）ERP 是（　　）的简称。

A. 管理信息系统　　B. 制造资源规划

C. 企业资源计划　　D. 专家系统

（4）会计电算化（　　）是制约我国会计电算化事业进一步发展的关键环节。

A. 人才缺乏　　B. 制度不完善　　C. 规化模糊　　D. 监督不力

（5）“会计电算化”一词始于（　　）。

A. 1981 年　　B. 1974 年　　C. 1989 年　　D. 1993 年

2. 多选题

（1）会计电算化使会计人员从原来重复抄写、计算烦琐的工作中解脱出来，把主要精力和工作重点转向加强会计（　　）方面，更好地发挥了会计人员应有的作用。

A. 管理　　B. 预测　　C. 决策　　D. 控制功能

（2）会计电算化的作用包括（　　）。

A. 提高会计数据处理的时效性和准确性

B. 降低了会计核算的水平和质量

C. 提高了企业现代化经营管理水平

D. 减轻了会计人员的劳动强度。

（3）会计电算化的特征有（　　）。

A. 人机结合　　B. 会计核算自动化、分散化

C. 数据处理及时准确　　D. 内部控制多样化

（4）我国会计电算化的宏观管理的基本任务是（　　）。

A. 制定会计电算化发展规划并组织实施

B. 促进各单位逐步实现会计电算化，提高会计工作水平。

C. 组织和管理电算化人才培训工作

D. 建立电算化岗位责任制

3. 判断题

（1）在会计电算化方式下，全部的会计工作都可以交由计算机自动完成，大大减轻了会计人员的工作负担。（　　）

（2）ERP 的核心思想是财务管理。（　　）

（3）会计电算化是指企业利用计算机、网络通信等现代信息技术手段开展会计核算，以及利用上述技术手段将会计核算与其他经营管理活动有机结合的过程。（　　）

（4）狭义的会计电算化是指与实现电算化有关的所有工作。（　　）

思考题

1. 会计电算化含义是什么？会计电算化有什么特征？如何理解这些特征？
2. 会计电算化、会计信息系统和 ERP 系统的关系是什么？
3. 随着企业管理水平的提高和计算机技术进步，会计电算化的发展方向是什么？
4. 简要说明会计电算化的账务处理系统是怎么运作的？
5. 通过实际调查，评述国内外主要财务软件的优缺点。

附录A　中华人民共和国会计法

第一章　总则

第一条　为了规范会计行为，保证会计资料真实、完整，加强经济管理和财务管理，提高经济效益，维护社会主义市场经济秩序，制定本法。

第二条　国家机关、社会团体、公司、企业、事业单位和其他组织（以下统称单位）必须依照本法办理会计事务。

第三条　各单位必须依法设置会计账簿，并保证其真实、完整。

第四条　单位负责人对本单位的会计工作和会计资料的真实性、完整性负责。

第五条　会计机构、会计人员依照本法规定进行会计核算，实行会计监督。

任何单位或者个人不得以任何方式授意、指使、强令会计机构、会计人员伪造、变造会计凭证、会计账簿和其他会计资料，提供虚假财务会计报告。

任何单位或者个人不得对依法履行职责、抵制违反本法规定行为的会计人员实行打击报复。

第六条　对认真执行本法，忠于职守，坚持原则，做出显著成绩的会计人员，给予精神的或者物质的奖励。

第七条　国务院财政部门主管全国的会计工作。县级以上地方各级人民政府财政部门管理本行政区域内的会计工作。

第八条　国家实行统一的会计制度。国家统一的会计制度由国务院财政部门根据本法制定并公布。

国务院有关部门可以依照本法和国家统一的会计制度制定对会计核算和会计监督有特殊要求的行业实施国家统一的会计制度的具体办法或者补充规定，报国务院财政部门审核批准。

中国人民解放军总后勤部可以依照本法和国家统一的会计制度制定军队实施国家统一的会计制度的具体办法，报国务院财政部门备案。

第二章　会计核算

第九条　各单位必须根据实际发生的经济业务事项进行会计核算，填制会计凭证，登记会计账簿，编制财务会计报告。

任何单位不得以虚假的经济业务事项或者资料进行会计核算。

第十条　下列经济业务事项，应当办理会计手续，进行会计核算：

（一）款项和有价证券的收付；

（二）财物的收发、增减和使用；

（三）债权债务的发生和结算；

（四）资本、基金的增减；

（五）收入、支出、费用、成本的计算；

（六）财务成果的计算和处理；

（七）需要办理会计手续、进行会计核算的其他事项。

第十一条　会计年度自公历1月1日起至12月31日止。

第十二条　会计核算以人民币为记账本位币。

业务收支以人民币以外的货币为主的单位，可以选定其中一种货币作为记账本位币，但是编报的财务会计报告应当折算为人民币。

第十三条　会计凭证、会计账簿、财务会计报告和其他会计资料，必须符合国家统一的会计制度的规定。

使用电子计算机进行会计核算的，其软件及其生成的会计凭证、会计账簿、财务会计报告和其他会计资料，也必须符合国家统一的会计制度的规定。

任何单位和个人不得伪造、变造会计凭证、会计账簿及其他会计资料，不得提供虚假的财务会计报告。

第十四条　会计凭证包括原始凭证和记账凭证。

办理本法第十条所列的经济业务事项，必须填制或者取得原始凭证并及时送交会计机构。

会计机构、会计人员必须按照国家统一的会计制度的规定对原始凭证进行审核，对不真实、不合法的原始凭证有权不予接受，并向单位负责人报告；对记载不准确、不完整的原始凭证予以退回，并要求按照国家统一的会计制度的规定更正、补充。

原始凭证记载的各项内容均不得涂改；原始凭证有错误的，应当由出具单位重开或者更正，更正处应当加盖出具单位印章。原始凭证金额有错误的，应当由出具单位重开，不得在原始凭证上更正。

记账凭证应当根据经过审核的原始凭证及有关资料编制。

第十五条　会计账簿登记，必须以经过审核的会计凭证为依据，并符合有关法律、行政法规和国家统一的会计制度的规定。会计账簿包括总账、明细账、日记账和其他辅助性账簿。

会计账簿应当按照连续编号的页码顺序登记。会计账簿记录发生错误或者隔页、缺号、跳行的，应当按照国家统一的会计制度规定的方法更正，并由会计人员和会计机构负责人（会计主管人员）在更正处盖章。

使用电子计算机进行会计核算的，其会计账簿的登记、更正，应当符合国家统一的会计制度的规定。

第十六条　各单位发生的各项经济业务事项应当在依法设置的会计账簿上统一登记、核算，不得违反本法和国家统一的会计制度的规定私设会计账簿登记核算。

第十七条　各单位应当定期将会计账簿记录与实物、款项及有关资料相互核对，保证会计账簿记录与实物及款项的实有数额相符、会计账簿记录与会计凭证的有关内容相符、会计账簿之间相对应的记录相符、会计账簿记录与会计报表的有关内容相符。

第十八条　各单位采用的会计处理方法，前后各期应当一致，不得随意变更；确有必要变更的，应当按照国家统一的会计制度的规定变更，并将变更的原因、情况及影响在财务会计报告中说明。

第十九条　单位提供的担保、未决诉讼等或有事项，应当按照国家统一的会计制度的规定，在财务会计报告中予以说明。

第二十条　财务会计报告应当根据经过审核的会计账簿记录和有关资料编制，并符合本法和国家统一的会计制度关于财务会计报告的编制要求、提供对象提供期限的规定；其他法律、行政法规另有规定的，从其规定。

财务会计报告由会计报表、会计报表附注和财务情况说明书组成。向不同的会计资料使用者提供的财务会计报告，其编制依据应当一致。有关法律、行政法规规定会计报表、会计报表附注和财务情况说明书须经注册会计师审计的，注册会计师及其所在的会计师事务所出具的审计报告应当随同财务会计报告一并提供。

第二十一条　财务会计报告应当由单位负责人和主管会计工作的负责人、会计机构负责人（会计主管人员）签名并盖章；设置总会计师的单位，还须由总会计师签名并盖章。

单位负责人应当保证财务会计报告真实、完整。

第二十二条 会计记录的文字应当使用中文。在民族自治地方，会计记录可以同时使用当地通用的一种民族文字。在中华人民共和国境内的外商投资企业外国企业和其他外国组织的会计记录可以同时使用一种外国文字。

第二十三条 各单位对会计凭证、会计账簿、财务会计报告和其他会计资料应当建立档案，妥善保管。会计档案的保管期限和销毁办法，由国务院财政部会同有关部门制定。

第三章 公司、企业会计核算的特别规定

第二十四条 公司、企业进行会计核算，除应当遵守本法第二章的规定外，还应当遵守本章规定。

第二十五条 公司、企业必须根据实际发生的经济业务事项，按照国家统一的会计制度的规定确认、计量和记录资产、负债、所有者权益、收入、费用、成本和利润。

第二十六条 公司、企业进行会计核算不得有下列行为：

（一）随意改变资产、负债、所有者权益的确认标准或者计量方法，虚列、多列、不列或者少列资产、负债、所有者权益；

（二）虚列或者隐瞒收入，推迟或者提前确认收入；

（三）随意改变费用、成本的确认标准或者计量方法，虚列、多列、不列或者少列费用、成本；

（四）随意调整利润的计算、分配方法，编造虚假利润或者隐瞒利润；

（五）违反国家统一的会计制度规定的其他行为。

第四章 会计监督

第二十七条 各单位应当建立、健全本单位内部会计监督制度。单位内部会计监督制度应当符合下列要求：

（一）记账人员与经济业务事项和会计事项的审批人员、经办人员、财物保管人员的职责权限应当明确，并相互分离、相互制约；

（二）重大对外投资、资产处置、资金调度和其他重要经济业务事项的决策和执行的相互监督、相互制约程序应当明确；

（三）财产清查的范围、期限和组织程序应当明确；

（四）对会计资料定期进行内部审计的办法和程序应当明确。

第二十八条 单位负责人应当保证会计机构、会计人员依法履行职责，不得授意、指使、强令会计机构、会计人员违法办理会计事项。

会计机构、会计人员对违反本法和国家统一的会计制度规定的会计事项，有权拒绝办理或者按照职权予以纠正。

第二十九条 会计机构、会计人员发现会计账簿记录与实物、款项及有关资料不相符的，按照国家统一的会计制度的规定有权自行处理的，应当及时处理；无权处理的，应当立即向单位负责人报告，请求查明原因，做出处理。

第三十条 任何单位和个人对违反本法和国家统一的会计制度规定的行为，有权检举。收到检举的部门有权处理的，应当依法按照职责分工及时处理；无处理的，应当及时移送 有权处理的部门处理。收到检举的部门、负责处理的部门应当为检举人保密，不得将检举人姓名和检举材料转给被检举单位和被检举人个人。

第三十一条 有关法律、行政法规规定，须经注册会计师进行审计的单位，应当向受委托的会计师事务所如实提供会计凭证、会计账簿、财务会计报告和他会计资料以及有关情况。

任何单位或者个人不得以任何方式要求或者示意注册会计师及其所在的会计师事务所出具不实或者不当的审计报告。

财政部门有权对会计师事务所出具审计报告的程序和内容进行监督。

第三十二条　财政部门对各单位的下列情况实施监督：

（一）是否依法设置会计账簿；

（二）会计凭证、会计账簿、财务会计报告和其他会计资料是否真实、完整；

（三）会计核算是否符合本法和国家统一的会计制度的规定；

（四）从事会计工作的人员是否具备从业资格。

在对前款第（二）项所列事项实施监督，发现重大违法嫌疑时，国务院财政部门及其派出机构可以向与被监督单位有经济业务往来的单位和被监督单位开立账户的金融机构查询有关情况，有关单位和金融机构应当给予支持。

第三十三条　财政、审计、税务、人民银行、证券监管、保险监管等部门应当依照有关法律、行政法规规定的职责，对有关单位的会计资料实施监督检查。

前款所列监督检查部门对有关单位的会计资料依法实施监督检查后，应当出具检查结论。有关监督检查部门已经做出的检查结论能够满足其他监督检查部门履行本部门职责需要的，其他监督检查部门应当加以利用，避免重复查账。

第三十四条　依法对有关单位的会计资料实施监督检查的部门及其工作人员对在监督检查中知悉的国家秘密和商业秘密负有保密义务。

第三十五条　各单位必须依照有关法律、行政法规的规定，接受有关监督检查部门依法实施的监督检查，如实提供会计凭证、会计账簿、财务会计报告和他会计资料以及有关情况，不得拒绝、隐匿、谎报。

第五章　会计机构和会计人员

第三十六条　各单位应当根据会计业务的需要，设置会计机构，或者在有关机构中设置会计人员并指定会计主管人员；不具备设置条件的，应当委托经批准设立从事会计代理记账业务的中介机构代理记账。

国有的和国有资产占控股地位或者主导地位的大、中型企业必须设置总会计师。总会计师的任职资格、任免程序、职责权限由国务院规定。

第三十七条　会计机构内部应当建立稽核制度。

出纳人员不得兼任稽核、会计档案保管和收入、支出、费用、债权债务账目的登记工作。

第三十八条　从事会计工作的人员，必须取得会计从业资格证书。

担任单位会计机构负责人（会计主管人员）的，除取得会计从业资格证书外，还应当具备会计师以上专业技术职务资格或者从事会计工作三年以上经历。

会计人员从业资格管理办法由国务院财政部门规定。

第三十九条　会计人员应当遵守职业道德，提高业务素质。对会计人员的教育和培训工作应当加强。

第四十条　因有提供虚假财务会计报告，做假账，隐匿或者故意销毁会计凭证、会计账簿、财务会计报告，贪污，挪用公款，职务侵占等与会计职务有关的违法行为被依法追究刑事责任的人员，不得取得或者重新取得会计从业资格证书。

除前款规定的人员外，因违法违纪行为被吊销会计从业资格证书的人员，自被吊销会计从业资格证书之日起五年内，不得重新取得会计从业资格证书。

第四十一条　会计人员调动工作或者离职，必须与接管人员办清交接手续。

一般会计人员办理交接手续，由会计机构负责人（会计主管人员）监交；会计机构负责人（会计主管人员）办理交接手续，由单位负责人监交，必要时主管单位可以派人会同监交。

第六章　法律责任

第四十二条　违反本法规定，有下列行为之一的，由县级以上人民政府财政部门责令限期改正，可以对单位并处三千元以上五万元以下的罚款；对其直接负责的主管人员和其他直接责任人员，可以处二千元以上二万元以下的罚款；属于国家工作人员的，还应当由其所在单位或者有关单位依法给予行政处分：

（一）不依法设置会计账簿的；

（二）私设会计账簿的；

（三）未按照规定填制、取得原始凭证或者填制、取得的原始凭证不符合规定的；

（四）以未经审核的会计凭证为依据登记会计账簿或者登记会计账簿不符合规定的；

（五）随意变更会计处理方法的；

（六）向不同的会计资料使用者提供的财务会计报告编制依据不一致的；

（七）未按照规定使用会计记录文字或者记账本位币的；

（八）未按照规定保管会计资料，致使会计资料毁损、灭失的；

（九）未按照规定建立并实施单位内部会计监督制度或者拒绝依法实施的监督或者不如实提供有关会计资料及有关情况的；

（十）任用会计人员不符合本法规定的。

有前款所列行为之一，构成犯罪的，依法追究刑事责任。

会计人员有第一款所列行为之一，情节严重的，由县级以上人民政府财政部门吊销会计从业资格证书。

有关法律对第一款所列行为的处罚另有规定的，依照有关法律的规定办理。

第四十三条　伪造、变造会计凭证、会计账簿，编制虚假财务会计报告，构成犯罪的，依法追究刑事责任。

有前款行为，尚不构成犯罪的，由县级以上人民政府财政部门予以通报，可以对单位并处五千元以上十万元以下的罚款；对其直接负责的主管人员和其他直接责任人员，可以处三千元以上五万元以下的罚款；属于国家工作人员的，还应当由其所在单位或者有关单位依法给予撤职直至开除的行政处分；对其中的会计人员，并由县级以上人民政府财政部门吊销会计从业资格证书。

第四十四条　隐匿或者故意销毁依法应当保存的会计凭证、会计账簿、财务会计报告，构成犯罪的，依法追究刑事责任。

有前款行为，尚不构成犯罪的，由县级以上人民政府财政部门予以通报，可以对单位并处五千元以上十万元以下的罚款；对其直接负责的主管人员和其他直接责任人员，可以处三千元以上五万元以下的罚款；属于国家工作人员的，还应当由其所在单位或者有关单位依法给予撤职直至开除的行政处分；对其中的会计人员，并由县级以上人民政府财政部门吊销会计从业资格证书。

第四十五条　授意、指使、强令会计机构、会计人员及其他人员伪造、变造会计凭证、会计账簿，编制虚假财务会计报告或者隐匿、故意销毁依法应当保的会计凭证、会计账簿、财务会计报告，构成犯罪的，依法追究刑事责任；尚不构成犯罪的，可以处五千元以上五万元以下的罚款；属于国家工作人员的，还应当由其所在单位或者有关单位 依法给予降级、撤职、开除的行政处分。

第四十六条　单位负责人对依法履行职责、抵制违反本法规定行为的会计人员以降级、撤职、调离工作岗位、解聘或者开除等方式实行打击报复，构成犯罪的，依法追究刑事责任；尚不构成犯罪的，由其所在单位或者有关单位依法给予行政处分。对受打击报复的会计人员，应当恢复其名誉和原有职务、级别。

第四十七条　财政部门及有关行政部门的工作人员在实施监督管理中滥用职权、玩忽职守、徇私

确认和计量要求的各项会计要素及其他相关信息，保证会计信息真实可靠、内容完整。

第十三条　企业提供的会计信息应当与财务会计报告使用者的经济决策需要相关，有助于财务会计报告使用者对企业过去、现在或者未来的情况做出评价或者预测。

第十四条　企业提供的会计信息应当清晰明了，便于财务会计报告使用者理解和使用。

第十五条　企业提供的会计信息应当具有可比性。

同一企业不同时期发生的相同或者相似的交易或者事项，应当采用一致的会计政策，不得随意变更。确需变更的，应当在附注中说明。

不同企业发生的相同或者相似的交易或者事项，应当采用规定的会计政策，确保会计信息口径一致、相互可比。

第十六条　企业应当按照交易或者事项的经济实质进行会计确认、计量和报告，不应仅以交易或者事项的法律形式为依据。

第十七条　企业提供的会计信息应当反映与企业财务状况、经营成果和现金流量等有关的所有重要交易或者事项。

第十八条　企业对交易或者事项进行会计确认、计量和报告应当保持应有的谨慎，不应高估资产或者收益、低估负债或者费用。

第十九条　企业对于已经发生的交易或者事项，应当及时进行会计确认、计量和报告，不得提前或者延后。

第三章　资产

第二十条　资产是指企业过去的交易或者事项形成的、由企业拥有或者控制的、预期会给企业带来经济利益的资源。

前款所指的企业过去的交易或者事项包括购买、生产、建造行为或其他交易或者事项。预期在未来发生的交易或者事项不形成资产。

由企业拥有或者控制，是指企业享有某项资源的所有权，或者虽然不享有某项资源的所有权，但该资源能被企业所控制。

预期会给企业带来经济利益，是指直接或者间接导致现金和现金等价物流入企业的潜力。

第二十一条　符合本准则第二十条规定的资产定义的资源，在同时满足以下条件时，确认为资产：

（一）与该资源有关的经济利益很可能流入企业；

（二）该资源的成本或者价值能够可靠地计量。

第二十二条　符合资产定义和资产确认条件的项目，应当列入资产负债表；符合资产定义、但不符合资产确认条件的项目，不应当列入资产负债表。

第四章　负债

第二十三条　负债是指企业过去的交易或者事项形成的、预期会导致经济利益流出企业的现时义务。

现时义务是指企业在现行条件下已承担的义务。未来发生的交易或者事项形成的义务，不属于现时义务，不应当确认为负债。

第二十四条　符合本准则第二十三条规定的负债定义的义务，在同时满足以下条件时，确认为负债：

（一）与该义务有关的经济利益很可能流出企业；

（二）未来流出的经济利益的金额能够可靠地计量。

第二十五条　符合负债定义和负债确认条件的项目，应当列入资产负债表；符合负债定义、但不符合负债确认条件的项目，不应当列入资产负债表。

第五章　所有者权益

第二十六条　所有者权益是指企业资产扣除负债后由所有者享有的剩余权益。

公司的所有者权益又称为股东权益。

第二十七条　所有者权益的来源包括所有者投入的资本、直接计入所有者权益的利得和损失、留存收益等。

直接计入所有者权益的利得和损失，是指不应计入当期损益、会导致所有者权益发生增减变动的、与所有者投入资本或者向所有者分配利润无关的利得或者损失。

利得是指由企业非日常活动所形成的、会导致所有者权益增加的、与所有者投入资本无关的经济利益的流入。

损失是指由企业非日常活动所发生的、会导致所有者权益减少的、与向所有者分配利润无关的经济利益的流出。

第二十八条　所有者权益金额取决于资产和负债的计量。

第二十九条　所有者权益项目应当列入资产负债表。

第六章　收入

第三十条　收入是指企业在日常活动中形成的、会导致所有者权益增加的、与所有者投入资本无关的经济利益的总流入。

第三十一条　收入只有在经济利益很可能流入从而导致企业资产增加或者负债减少且经济利益的流入额能够可靠计量时才能予以确认。

第三十二条　符合收入定义和收入确认条件的项目，应当列入利润表。

第七章　费用

第三十三条　费用是指企业在日常活动中发生的、会导致所有者权益减少的、与向所有者分配利润无关的经济利益的总流出。

第二十四条　费用只有在经济利益很可能流出从而导致企业资产减少或者负债增加且经济利益的流出额能够可靠计量时才能予以确认。

第三十五条　企业为生产产品、提供劳务等发生的可归属于产品成本、劳务成本等的费用，应当在确认产品销售收入、劳务收入等时，将已销售产品、已提供劳务的成本等计入当期损益。

企业发生的支出不产生经济利益的，或者即使能够产生经济利益但不符合或者不再符合资产确认条件的，应当在发生时确认为费用，计入当期损益。

企业发生的交易或者事项导致其承担了一项负债而又不确认为一项资产的，应当在发生时确认为费用，计入当期损益。

第三十六条　符合费用定义和费用确认条件的项目，应当列入利润表。

第八章　利润

第三十七条　利润是指企业在一定会计期间的经营成果。利润包括收入减去费用后的净额、直接计入当期利润的利得和损失等。

第三十八条　直接计入当期利润的利得和损失，是指应当计入当期损益、会导致所有者权益发生增减变动的、与所有者投入资本或者向所有者分配利润无关的利得或者损失。

第三十九条　利润金额取决于收入和费用、直接计入当期利润的利得和损失金额的计量。

第四十条　利润项目应当列入利润表。

第九章　会计计量

第四十一条　企业在将符合确认条件的会计要素登记入账并列报于会计报表及其附注（又称财务报表，下同）时，应当按照规定的会计计量属性进行计量，确定其金额。

第四十二条　会计计量属性主要包括：

（一）历史成本。在历史成本计量下，资产按照购置时支付的现金或者现金等价物的金额，或者按照购置资产时所付出的对价的公允价值计量。负债按照因承担现时义务而实际收到的款项或者资产的金额，或者承担现时义务的合同金额，或者按照日常活动中为偿还负债预期需要支付的现金或者现金等价物的金额计量。

（二）重置成本。在重置成本计量下，资产按照现在购买相同或者相似资产所需支付的现金或者现金等价物的金额计量。负债按照现在偿付该项债务所需支付的现金或者现金等价物的金额计量。

（三）可变现净值。在可变现净值计量下，资产按照其正常对外销售所能收到现金或者现金等价物的金额扣减该资产至完工时估计将要发生的成本、估计的销售费用以及相关税费后的金额计量。

（四）现值。在现值计量下，资产按照预计从其持续使用和最终处置中所产生的未来净现金流入量的折现金额计量。负债按照预计期限内需要偿还的未来净现金流出量的折现金额计量。

（五）公允价值。在公允价值计量下，资产和负债按照市场参与者在计量日发生的有序交易中，出售资产所能收到或者转移负债所需支付的价格计量。

第四十三条　企业在对会计要素进行计量时，一般应当采用历史成本，采用重置成本、可变现净值、现值、公允价值计量的，应当保证所确定的会计要素金额能够取得并可靠计量。

第十章　财务会计报告

第四十四条　财务会计报告是指企业对外提供的反映企业某一特定日期的财务状况和某一会计期间的经营成果、现金流量等会计信息的文件。

财务会计报告包括会计报表及其附注和其他应当在财务会计报告中披露的相关信息和资料。会计报表至少应当包括资产负债表、利润表、现金流量表等报表。

小企业编制的会计报表可以不包括现金流量表。

第四十五条　资产负债表是指反映企业在某一特定日期的财务状况的会计报表。

第四十六条　利润表是指反映企业在一定会计期间的经营成果的会计报表。

第四十七条　现金流量表是指反映企业在一定会计期间的现金和现金等价物流入和流出的会计报表。

第四十八条　附注是指对在会计报表中列示项目所作的进一步说明，以及对未能在这些报表中列示项目的说明等。

第十一章　附则

第四十九条　本准则由财政部负责解释。

第五十条　本准则自 2007 年 1 月 1 日起施行。

附录C　会计基础工作规范

第一章　总则

第一条　为了加强会计基础工作，建立规范的会计工作秩序，提高会计工作水平，根据《中华人民共和国会计法》的有关规定，制定本规范。

第二条　国家机关、社会团体、企业、事业单位、个体工商户和其他组织的会计基础工作，应当符合本规范的规定。

第三条　各单位应当依据有关法规、法规和本规范的规定，加强会计基础工作，严格执行会计法规制度，保证会计工作依法有序地进行。

第四条　单位领导人对本单位的会计基础工作负有领导责任。

第五条　各省、自治区、直辖市财政厅（局）要加强对会计基础工作的管理和指导，通过政策引导、经验交流、监督检查等措施，促进基层单位加强会计基础工作，不断提高会计工作水平。

国务院各业务主管部门根据职责权限管理本部门的会计基础工作。

第二章　会计机构和会计人员

第一节　会计机构设置和会计人员配备

第六条　各单位应当根据会计业务的需要设置会计机构；不具备单独设置会计机构条件的，应当在有关机构中配备专职会计人员。

事业行政单位会计机构的设置和会计人员的配备，应当符合国家统一事业行政单位会计制度的规定。

设置会计机构，应当配备会计机构负责人；在有关机构中配备专职会计人员，应当在专职会计人员中指定会计主管人员。

会计机构负责人、会计主管人员的任免，应当符合《中华人民共和国会计法》和有关法律的规定。

第七条　会计机构负责人、会计主管人员应当具备下列基本条件：

（一）坚持原则，廉洁奉公；

（二）具有会计专业技术资格；

（三）主管一个单位或者单位内一个重要方面的财务会计工作时间不少于2年；

（四）熟悉国家财经法律、法规、规章和方针、政策，掌握本行业业务管理的有关知识；

（五）有较强的组织能力；

（六）身体状况能够适应本职工作的要求。

第八条　没有设置会计机构和配备会计人员的单位，应当根据《代理记账管理暂行办法》委托会计师事务所或者持有代理记账许可证书的其他代理记账机构进行代理记账。

第九条　大、中型企业、事业单位、业务主管部门应当根据法律和国家有关规定设置总会计师。总会计师由具有会计师以上专业技术资格的人员担任。

总会计师行使《总会计师条例》规定的职责、权限。

总会计师的任命（聘任）、免职（解聘）依照《总会计师条例》和有关法律的规定办理。

第十条　各单位应当根据会计业务需要配备持有会计证的会计人员。未取得会计证的人员，不得从事会计工作。

第十一条　各单位应当根据会计业务需要设置会计工作岗位。

会计工作岗位一般可分为：会计机构负责人或者会计主管人员，出纳，财产物资核算，工资核算，成本费用核算，财务成果核算，资金核算，往来结算，总账报表，稽核，档案管理等。开展会计电算化和管理会计的单位，可以根据需要设置相应工作岗位，也可以与其他工作岗位相结合。

第十二条　会计工作岗位，可以一人一岗、一人多岗或者一岗多人。但出纳人员不得兼管稽核、会计档案保管和收入、费用、债权债务账目的登记工作。

第十三条　会计人员的工作岗位应当有计划地进行轮换。

第十四条　会计人员应当具备必要的专业知识和专业技能，熟悉国家有关法律、法规、规章和国家统一会计制度，遵守职业道德。

会计人员应当按照国家有关规定参加会计业务的培训。各单位应当合理安排会计人员的培训，保证会计人员每年有一定时间用于学习和参加培训。

第十五条　各单位领导人应当支持会计机构、会计人员依法行使职权；对忠于职守，坚持原则，做出显著成绩的会计机构、会计人员，应当给予精神的和物质的奖励。

第十六条　国家机关、国有企业、事业单位任用会计人员应当实行回避制度。

单位领导人的直系亲属不得担任本单位的会计机构负责人、会计主管人员。会计机构负责人、会计主管人员的直系亲属不得在本单位会计机构中担任出纳工作。

需要回避的直系亲属为：夫妻关系、直系血亲关系、三代以内旁系血亲以及配偶亲关系。

第二节　会计人员职业道德

第十七条　会计人员在会计工作中应当遵守职业道德，树立良好的职业品质、严谨的工作作风，严守工作纪律，努力提高工作效率和工作质量。

第十八条　会计人员应当热爱本职工作，努力钻研业务，使自己的知识和技能适应所从事工作的要求。

第十九条　会计人员应当熟悉财经法律、法规、规章和国家统一会计制度，并结合会计工作进行广泛宣传。

第二十条　会计人员应当按照会计法规、法规和国家统一会计制度规定的程序和要求进行会计工作，保证所提供的会计信息合法、真实、准确、及时、完整。

第二十一条　会计人员办理会计事务应当实事求是、客观公正。

第二十二条　会计人员应当熟悉本单位的生产经营和业务管理情况，运用掌握的会计信息和会计方法，为改善单位内部管理、提高经济效益服务。

第二十三条　会计人员应当保守本单位的商业秘密。除法律规定和单位领导人同意外，不能私自向外界提供或者泄露单位的会计信息。

第二十四条　财政部门、业务主管部门和各单位应当定期检查会计人员遵守职业道德的情况，并作为会计人员晋升、晋级、聘任专业职务、表彰奖励的重要考核依据。

会计人员违反职业道德的，由所在单位进行处罚；情节严重的，由会计证发证机关吊销其会计证。

第三节　会计工作交接

第二十五条　会计人员工作调动或者因故离职，必须将本人所经管的会计工作全部移交给接替人员。没有办清交接手续的，不得调动或者离职。

第二十六条　接替人员应当认真接管移交工作，并继续办理移交的未了事项。

第二十七条　会计人员办理移交手续前，必须及时做好以下工作：

（一）已经受理的经济业务尚未填制会计凭证的，应当填制完毕。

（二）尚未登记的账目，应当登记完毕，并在最后一笔余额后加盖经办人员印章。

（三）整理应该移交的各项资料，对未了事项写出书面材料。

（四）编制移交清册，列明应当移交的会计凭证、会计账簿、会计报表、印章、现金、有价证券、支票簿、发票、文件、其他会计资料和物品等内容；实行会计电算化的单位，从事该项工作的移交人员还应当在移交清册中列明会计软件及密码、会计软件数据磁盘（磁带等）及有关资料、实物等内容。

第二十八条　会计人员办理交接手续，必须有监交人负责监交。一般会计人员交接，由单位会计机构负责人、会计主管人员负责监交；会计机构负责人、会计主管人员交接，由单位领导人负责监交，必要时可由上级主管部门派人会同监交。

第二十九条　移交人员在办理移交时，要按移交清册逐项移交；接替人员要逐项核对点收。

（一）现金、有价证券要根据会计账簿有关记录进行点交。库存现金、有价证券必须与会计账簿记录保持一致。不一致时，移交人员必须限期查清。

（二）会计凭证、会计账簿、会计报表和其他会计资料必须完整无缺。如有短缺，必须查清原因，并在移交清册中注明，由移交人员负责。

（三）银行存款账户余额要与银行对账单核对，如不一致，应当编制银行存款余额调节表调节相符，各种财产物资和债权债务的明细账户余额要与总账有关账户余额核对相符；必要时，要抽查个别账户的余额，与实物核对相符，或者与往来单位、个人核对清楚。

（四）移交人员经管的票据、印章和其他实物等，必须交接清楚；移交人员从事会计电算化工作的，要对有关电子数据在实际操作状态下进行交接。

第三十条　会计机构负责人、会计主管人员移交时，还必须将全部财务会计工作、重大财务收支和会计人员的情况等，向接替人员详细介绍。对需要移交的遗留问题，应当写出书面材料。

第三十一条　交接完毕后，交接双方和监交人员要在移交注册上签名或者盖章。并应在移交注册上注明：单位名称，交接日期，交接双方和监交人员的职务、姓名，移交清册页数以及需要说明的问题和意见等。

移交清册一般应当填制一式三份，交接双方各执一份，存档一份。

第三十二条　接替人员应当继续使用移交的会计账簿，不得自行另立新账，以保持会计记录的连续性。

第三十三条　会计人员临时离职或者因病不能工作且需要接替或者代理的，会计机构负责人、会计主管人员或者单位领导人必须指定有关人员接替或者代理，并办理交接手续。

临时离职或者因病不能工作的会计人员恢复工作的，应当与接替或者代理人员办理交接手续。

移交人员因病或者其他特殊原因不能亲自办理移交的，经单位领导人批准，可由移交人员委托他人代办移交，但委托人应当承担本规范第三十五条规定的责任。

第三十四条　单位撤销时，必须留有必要的会计人员，会同有关人员办理清理工作，编制决算。未移交前，不得离职。接收单位和移交日期由主管部门确定。

单位合并、分立的，其会计工作交接手续比照上述有关规定办理。

第三十五条　移交人员对所移交的会计凭证、会计账簿、会计报表和其他有关资料的合法性、真实性承担法律责任。

第三章　会计核算

第一节　会计核算一般要求

第三十六条　各单位应当按照《中华人民共和国会计法》和国家统一会计制度的规定建立会计账册，进行会计核算，及时提供合法、真实、准确、完整的会计信息。

第三十七条　各单位发生的下列事项，应当及时办理会计手续、进行会计核算：

（一）款项和有价证券的收付；

（二）财物的收发、增减和使用；

（三）债权债务的发生和结算；

（四）资本、基金的增减；

（五）收入、支出、费用、成本的计算；

（六）财务成果的计算和处理；

（七）其他需要办理会计手续、进行会计核算的事项。

第三十八条　各单位的会计核算应当以实际发生的经济业务为依据，按照规定的会计处理方法进行，保证会计指标的口径一致、相互可比和会计处理方法的前后各期相一致。

第三十九条　会计年度自公历1月1日起至12月31日止。

第四十条　会计核算以人民币为记账本位币。

收支业务以外国货币为主的单位，也可以选定某种外国货币作为记账本位币，但是编制的会计报表应当折算为人民币反映。

境外单位向国内有关部门编报的会计报表，应当折算为人民币反映。

第四十一条　各单位根据国家统一会计制度的要求，在不影响会计核算要求、会计报表指标汇总和对外统一会计报表的前提下，可以根据实际情况自行设置和使用会计科目。

事业行政单位会计科目的设置和使用，应当符合国家统一事业行政单位会计制度的规定。

第四十二条　会计凭证、会计账簿、会计报表和其他会计资料的内容和要求必须符合国家统一会计制度的规定，不得伪造、变造会计凭证和会计账簿，不得设置账外账，不得报送虚假会计报表。

第四十三条　各单位对外报送的会计报表格式由财政部统一规定。

第四十四条　实行会计电算化的单位，对使用的会计软件及其生成的会计凭证、会计账簿、会计报表和其他会计资料的要求，应当符合财政部关于会计电算化的有关规定。

第四十五条　各单位的会计凭证、会计账簿、会计报表和其他会计资料，应当建立档案，妥善保管。会计档案建档要求、保管期限、销毁办法等依据《会计档案管理办法》的规定进行。

实行会计电算化的单位，有关电子数据、会计软件资料等应当作为会计档案进行管理。

第四十六条　会计记录的文字应当使用中文，少数民族自治地区可以同时使用少数民族文字。中国境内的外商投资企业、外国企业和其他外国经济组织也可以同时使用某种外国文字。

第二节　填制会计凭证

第四十七条　各单位办理本规范第三十七条规定的事项，必须取得或者填制原始凭证，并及时送交会计机构。

第四十八条　原始凭证的基本要求是：

（一）原始凭证的内容必须具备：凭证的名称；填制凭证的日期；填制凭证单位名称或者填制人姓名；经办人员的签名或者盖章；接受凭证单位名称；经济业务内容；数量、单价和金额。

（二）从外单位取得的原始凭证，必须盖有填制单位的公章；从个人取得的原始凭证，必须有填制人员的签名或者盖章。自制原始凭证必须有经办单位领导人或者其指定的人员签名或者盖章。对外开出的原始凭证，必须加盖本单位公章。

（三）凡填有大写和小写金额的原始凭证，大写与小写金额必须相符。购买实物的原始凭证，必须有验收证明。支付款项的原始凭证，必须有收款单位和收款人的收款证明。

（四）一式几联的原始凭证，应当注明各联的用途，只能以一联作为报销凭证。

一式几联的发票和收据，必须用双面复写纸（发票和收据本身具备复写纸功能的除外）套写，并连续编号。作废时应当加盖“作废”戳记，连同存根一起保存，不得撕毁。

（五）发生销货退回的，除填制退货发票外，还必须有退货验收证明；退款时，必须取得对方的收款收据或者汇款银行的凭证，不得以退货发票代替收据。

（六）职工公出借款凭据，必须附在记账凭证之后。收回借款时，应当另开收据或者退还借据副本，不得退还原借款收据。

（七）经上级有关部门批准的经济业务，应当将批准文件作为原始凭证附件。如果批准文件需要单独归档的，应当在凭证上注明批准机关名称、日期和文件字号。

第四十九条　原始凭证不得涂改、挖补。发现原始凭证有错误的，应当由开出单位重开或者更正，更正处应当加盖开出单位的公章。

第五十条　会计机构、会计人员要根据审核无误的原始凭证填制记账凭证。

记账凭证可以分为收款凭证、付款凭证和转账凭证，也可以使用通用记账凭证。

第五十一条　记账凭证的基本要求是：

（一）记账凭证的内容必须具备：填制凭证的日期；凭证编号；经济业务摘要；会计科目；金额；所附原始凭证张数；填制凭证人员、稽核人员、记账人员、会计机构负责人、会计主管人员签名或者盖章。收款和付款记账凭证还应当由出纳人员签名或者盖章。

以自制的原始凭证或者原始凭证汇总表代替记账凭证的，也必须具备记账凭证应有的项目。

（二）填制记账凭证时，应当对记账凭证进行连续编号。一笔经济业务需要填制两张以上记账凭证的，可以采用分数编号法编号。

（三）记账凭证可以根据每一张原始凭证填制，或者根据若干张同类原始凭证汇总填制，也可以根据原始凭证汇总表填制。但不得将不同内容和类别的原始凭证汇总填制在一张记账凭证上。

（四）除结账和更正错误的记账凭证可以不附原始凭证外，其他记账凭证必须附有原始凭证。如果一张原始凭证涉及几张记账凭证，可以把原始凭证附在一张主要的记账凭证后面，并在其他记账凭证上注明附有该原始凭证的记账凭证的编号或者附原始凭证复印件。

一张原始凭证所列支出需要几个单位共同负担的，应当将其他单位负担的部分，开给对方原始凭证分割单，进行结算。原始凭证分割单必须具备原始凭证的基本内容：凭证名称、填制凭证日期、填制凭证单位名称或者填制人姓名、经办人的签名或者盖章、接受凭证单位名称、经济业务内容、数量、单价、金额和费用分摊情况等。

（五）如果在填制记账凭证时发生错误，应当重新填制。

已经登记入账的记账凭证，在当年内发现填写错误时，可以用红字填写一张与原内容相同的记账凭证，在摘要栏注明“注销某月某日某号凭证”字样，同时再用蓝字重新填制一张正确的记账凭证，注明“订正某月某日某号凭证”字样。如果会计科目没有错误，只是金额错误，也可以将正确数字与错误数字之间的差额，另编一张调整的记账凭证，调增金额用蓝字，调减金额用红字。发现以前年度记账凭证有错误的，应当用蓝字填制一张更正的记账凭证。

（六）记账凭证填制完经济业务事项后，如有空行，应当自金额栏最后一笔金额数字下的空行处至合计数上的空行处划线注销。

第五十二条　填制会计凭证，字迹必须清晰、工整，并符合下列要求：

（一）阿拉伯数字应当一个一个地写，不得连笔写。阿拉伯金额数字前面应当书写货币币种符号或者货币名称简写和币种符号。币种符号与阿拉伯金额数字之间不得留有空白。凡阿拉伯数字前写有币种符号的，数字后面不再写货币单位。

（二）所有以元为单位（其他货币种类为货币基本单位，下同）的阿拉伯数字，除表示单价等情况外，一律填写到角分；无角分的，角位和分位可写“00”，或者符号“——”；有角无分的，分位应当写“0”，不得用符号“——”代替。

（三）汉字大写数字金额如零、壹、贰、叁、肆、伍、陆、柒、捌、玖、拾、佰、仟、万、亿等，一律用正楷或者行书体书写，不得用0、一、二、三、四、五、六、七、八、九、十等简化字代替，不得任意自造简化字。大写金额数字到元或者角为止的，在“元”或者“角”字之后应当写“整”字或者

“正”字；大写金额数字有分的，分字后面不写“整”或者“正”字。

（四）大写金额数字前未印有货币名称的，应当加填货币名称，货币名称与金额数字之间不得留有空白。

（五）阿拉伯金额数字中间有“0”时，汉字大写金额要写“零”字；阿拉伯数字金额中间连续有几个“0”时，汉字大写金额中可以只写一个“零”字；阿拉伯金额数字元位是“0”，或者数字中间连续有几个“0”、元位也是“0”但角位不是“0”时，汉字大写金额可以只写一个“零”字，也可以不写“零”字。

第五十三条　实行会计电算化的单位，对于机制记账凭证，要认真审核，做到会计科目使用正确，数字准确无误。打印出的机制记账凭证要加盖制单人员、审核人员、记账人员及会计机构负责人、会计主管人员印章或者签字。

第五十四条　各单位会计凭证的传递程序应当科学、合理，具体办法由各单位根据会计业务需要自行规定。

第五十五条　会计机构、会计人员要妥善保管会计凭证。

（一）会计凭证应当及时传递，不得积压。

（二）会计凭证登记完毕后，应当按照分类和编号顺序保管，不得散乱丢失。

（三）记账凭证应当连同所附的原始凭证或者原始凭证汇总表，按照编号顺序，折叠整齐，按期装订成册，并加具封面，注明单位名称、年度、月份和起讫日期、凭证种类、起讫号码，由装订人在装订线封签外签名或者盖章。

对于数量过多的原始凭证，可以单独装订保管，在封面上注明记账凭证日期、编号、种类，同时在记账凭证上注明“附件另订”和原始凭证名称及编号。

各种经济合同、存出保证金收据以及涉外文件等重要原始凭证，应当另编目录，单独登记保管，并在有关的记账凭证和原始凭证上相互注明日期和编号。

（四）原始凭证不得外借，其他单位如因特殊原因需要使用原始凭证时，经本单位会计机构负责人、会计主管人员批准，可以复制。向外单位提供的原始凭证复制件，应当在专设的登记簿上登记，并由提供人员和收取人员共同签名或者盖章。

（五）从外单位取得的原始凭证如有遗失，应当取得原开出单位盖有公章的证明，并注明原来凭证的号码、金额和内容等，由经办单位会计机构负责人、会计主管人员和单位领导人批准后，才能代作原始凭证。如果确实无法取得证明的，如火车、轮船、飞机票等凭证，由当事人写出详细情况，由经办单位会计机构负责人、会计主管人员和单位领导人批准后，代作原始凭证。

第三节　登记会计账簿

第五十六条　各单位应当按照国家统一会计制度的规定和会计业务的需要设置会计账簿。会计账簿包括总账、明细账、日记账和其他辅助性账簿。

第五十七条　现金日记账和银行存款日记账必须采用订本式账簿。不得用银行对账单或者其他方法代替日记账。

第五十八条　实行会计电算化的单位，用计算机打印的会计账簿必须连续编号，经审核无误后装订成册，并由记账人员和会计机构负责人、会计主管人员签字或者盖章。

第五十九条　启用会计账簿时，应当在账簿封面上写明单位名称和账簿名称。在账簿扉页上应当附启用表，内容包括：启用日期、账簿页数、记账人员和会计机构负责人、会计主管人员姓名，并加盖名章和单位公章。记账人员或者会计机构负责人、会计主管人员调动工作时，应当注明交接日期、接办人员或者监交人员姓名，并由交接双方人员签名或者盖章。

启用订本式账簿，应当从第一页到最后一页顺序编定页数，不得跳页、缺号。使用活页式账页，应当按账户顺序编号，并须定期装订成册。装订后再按实际使用的账页顺序编定页码。另加目录，记明每个账户的名称和页次。

第六十条　会计人员应当根据审核无误的会计凭证登记会计账簿。登记账簿的基本要求是：

（一）登记会计账簿时，应当将会计凭证日期、编号、业务内容摘要、金额和其他有关资料逐项记入账内，做到数字准确、摘要清楚、登记及时、字迹工整。

（二）登记完毕后，要在记账凭证上签名或者盖章，并注明已经登账的符号，表示已经记账。

（三）账簿中书写的文字和数字上面要留有适当空格，不要写满格；一般应占格距的二分之一。

（四）登记账簿要用蓝黑墨水或者碳素墨水书写，不得使用圆珠笔（银行的复写账簿除外）或者铅笔书写。

（五）下列情况，可以用红色墨水记账：

1. 按照红字冲账的记账凭证，冲销错误记录；

2. 在不设借贷等栏的多栏式账页中，登记减少数；

3. 在三栏式账户的余额栏前，如未印明余额方向的，在余额栏内登记负数余额；

4. 根据国家统一会计制度的规定可以用红字登记的其他会计记录。

（六）各种账簿按页次顺序连续登记，不得跳行、隔页。如果发生跳行、隔页，应当将空行、空页划线注销，或者注明“此行空白”、“此页空白”字样，并由记账人员签名或者盖章。

（七）凡需要结出余额的账户，结出余额后，应当在“借或贷”等栏内写明“借”或者“贷”等字样。没有余额的账户，应当在“借或贷”等栏内写“平”字，并在余额栏内用“Q”表示。

现金日记账和银行存款日记账必须逐日结出余额。

（八）每一账页登记完毕结转下页时，应当结出本页合计数及余额，写在本页最后一行和下页第一行有关栏内，并在摘要栏内注明“过次页”和“承前页”字样；也可以将本页合计数及金额只写在下页第一行有关栏内，并在摘要栏内注明“承前页”字样。

对需要结计本月发生额的账户，结计“过次页”的本页合计数应当为自本月初起至本页末止的发生额合计数；对需要结计本年累计发生额的账户，结计“过次页”的本页合计数应当为自年初起至本页末止的累计数；对既不需要结计本月发生额也不需要结计本年累计发生额的账户，可以只将每页末的余额结转次页。

第六十一条　实行会计电算化的单位，总账和明细账应当定期打印。

发生收款和付款业务的，在输入收款凭证和付款凭证的当天必须打印出现金日记账和银行存款日记账，并与库存现金核对无误。

第六十二条　账簿记录发生错误，不准涂改、挖补、刮擦或者用药水消除字迹，不准重新抄写，必须按照下列方法进行更正：

（一）登记账簿时发生错误，应当将错误的文字或者数字划红线注销，但必须使原有字迹仍可辨认；然后在划线上方填写正确的文字或者数字，并由记账人员在更正处盖章。对于错误的数字，应当全部划红线更正，不得只更正其中的错误数字。对于文字错误，可只划去错误的部分。

（二）由于记账凭证错误而使账簿记录发生错误，应当按更正的记账凭证登记账簿。

第六十三条　各单位应当定期对会计账簿记录的有关数字与库存实物、货币资金、有价证券、往来单位或者个人等进行相互核对，保证账证相符、账账相符、账实相符。对账工作每年至少进行一次。

（一）账证核对。核对会计账簿记录与原始凭证、记账凭证的时间、凭证字号、内容、金额是否一致，记账方向是否相符。

（二）账账核对。核对不同会计账簿之间的账簿记录是否相符，包括：总账有关账户的余额核对，总账与明细账核对，总账与日记账核对，会计部门的财产物资明细账与财产物资保管和使用部门的有关明细账核对等。

（三）账实核对。核对会计账簿记录与财产等实有数额是否相符。包括：现金日记账账面余额与现金实际库存数相核对；银行存款日记账账面余额定期与银行对账单相核对；各种财物明细账账面余额与财物实存数额相核对；各种应收、应付款明细账账面余额与有关债务、债权单位或者个人核对等。

第六十四条　各单位应当按照规定定期结账。

（一）结账前，必须将本期内所发生的各项经济业务全部登记入账。

（二）结账时，应当结出每个账户的期末余额。需要结出当月发生额的，应当在摘要栏内注明“本月合计”字样，并在下面通栏划单红线。需要结出本年累计发生额的，应当在摘要栏内注明“本年累计”字样，并在下面通栏划单红线；12 月末的“本年累计”就是全年累计发生额。全年累计发生额下面应当通栏划双红线。年度终了结账时，所有总账账户都应当结出全年发生额和年末余额。

（三）年度终了，要把各账户的余额结转到下一会计年度，并在摘要栏注明“结转下年”字样；在下一会计年度新建有关会计账簿的第一行余额栏内填写上年结转的余额，并在摘要栏注明“上年结转”字样。

第四节　编制财务报告

第六十五条　各单位必须按照国家统一会计制度的规定，定期编制财务报告。

财务报告包括会计报表及其说明。会计报表包括会计报表主表、会计报表附表、会计报表附注。

第六十六条　各单位对外报送的财务报告应当根据国家统一会计制度规定的格式和要求编制。

单位内部使用的财务报告，其格式和要求由各单位自行规定。

第六十七条　会计报表应当根据登记完整、核对无误的会计账簿记录和其他有关资料编制，做到数字真实、计算准确、内容完整、说明清楚。

任何人不得篡改或者授意、指使、强令他人篡改会计报表的有关数字。

第六十八条　会计报表之间、会计报表各项目之间，凡有对应关系的数字，应当相互一致。本期会计报表与上期会计报表之间有关的数字应当相互衔接。如果不同会计年度会计报表中各项目的内容和核算方法有变更的，应当在年度会计报表中加以说明。

第六十九条　各单位应当按照国家统一会计制度的规定认真编写会计报表附注及其说明，做到项目齐全，内容完整。

第七十条　各单位应当按照国家规定的期限对外报送财务报告。

对外报送的财务报告，应当依次编写页码，加具封面，装订成册，加盖公章。封面上应当注明：单位名称，单位地址，财务报告所属年度、季度、月度，送出日期，并由单位领导人、总会计师、会计机构负责人、会计主管人员签名或者盖章。

单位领导人对财务报告的合法性、真实性负法律责任。

第七十一条　根据法律和国家有关规定应当对财务报告进行审计的，财务报告编制单位应当先行委托注册会计师进行审计，并将注册会计师出具的审计报告随同财务报告按照规定的期限报送有关部门。

第七十二条　如果发现对外报送的财务报告有错误，应当及时办理更正手续。除更正本单位留存的财务报告外，并应同时通知接受财务报告的单位更正。错误较多的，应当重新编报。

第四章　会计监督

第七十三条　各单位的会计机构、会计人员对本单位的经济活动进行会计监督。

第七十四条　会计机构、会计人员进行会计监督的依据是：

（一）财经法律、法规、规章；

（二）会计法律、法规和国家统一会计制度；

（三）各省、自治区、直辖市财政厅（局）和国务院业务主管部门根据《中华人民共和国会计法》和国家统一会计制度制定的具体实施办法或者补充规定；

（四）各单位根据《中华人民共和国会计法》和国家统一会计制度制定的单位内部会计管理制度；

（五）各单位内部的预算、财务计划、经济计划、业务计划等。

第七十五条　会计机构、会计人员应当对原始凭证进行审核和监督。

对不真实、不合法的原始凭证，不予受理。对弄虚作假、严重违法的原始凭证，在不予受理的同时，应当予以扣留，并及时向单位领导人报告，请求查明原因，追究当事人的责任。

对记载不准确、不完整的原始凭证，予以退回，要求经办人员更正、补充。

第七十六条　会计机构、会计人员对伪造、变造、故意毁灭会计账簿或者账外设账行为，应当制止和纠正；制止和纠正无效的，应当向上级主管单位报告，请求做出处理。

第七十七条　会计机构、会计人员应当对实物、款项进行监督，督促建立并严格执行财产清查制度。发现账簿记录与实物、款项不符时，应当按照国家有关规定进行处理。超出会计机构、会计人员职权范围的，应当立即向本单位领导报告，请求查明原因，做出处理。

第七十八条　会计机构、会计人员对指使、强令编造、篡改财务报告行为，应当制止和纠正；制止和纠正无效的，应当向上级主管单位报告，请求处理。

第七十九条　会计机构、会计人员应当对财务收支进行监督。

（一）对审批手续不全的财务收支，应当退回，要求补充、更正。

（二）对违反规定不纳入单位统一会计核算的财务收支，应当制止和纠正。

（三）对违反国家统一的财政、财务、会计制度规定的财务收支，不予办理。

（四）对认为是违反国家统一的财政、财务、会计制度规定的财务收支，应当制止和纠正；制止和纠正无效的，应当向单位领导人提出书面意见请求处理。

单位领导人应当在接到书面意见起十日内做出书面决定，并对决定承担责任。

（五）对违反国家统一的财政、财务、会计制度规定的财务收支，不予制止和纠正，又不向单位领导人提出书面意见的，也应当承担责任。

（六）对严重违反国家利益和社会公众利益的财务收支，应当向主管单位或者财政、审计、税务机关报告。

第八十条　会计机构、会计人员对违反单位内部会计管理制度的经济活动，应当制止和纠正；制止和纠正无效的，向单位领导人报告，请求处理。

第八十一条　会计机构、会计人员应当对单位制定的预算、财务计划、经济计划、业务计划的执行情况进行监督。

第八十二条　各单位必须依照法律和国家有关规定接受财政、审计、税务等机关的监督，如实提供会计凭证、会计账簿、会计报表和其他会计资料以及有关情况、不得拒绝、隐匿、谎报。

第八十三条　按照法律规定应当委托注册会计师进行审计的单位，应当委托注册会计师进行审计，并配合注册会计师的工作，如实提供会计凭证、会计账簿、会计报表和其他会计资料以及有关情况，不得拒绝、隐匿、谎报，不得示意注册会计师出具不当的审计报告。

第五章　内部会计管理制度

第八十四条　各单位应当根据《中华人民共和国会计法》和国家统一会计制度的规定，结合单位类型和内容管理的需要，建立健全相应的内部会计管理制度。

第八十五条　各单位制定内部会计管理制度应当遵循下列原则：

（一）应当执行法律、法规和国家统一的财务会计制度。

（二）应当体现本单位的生产经营、业务管理的特点和要求。

（三）应当全面规范本单位的各项会计工作，建立健全会计基础，保证会计工作的有序进行。

（四）应当科学、合理，便于操作和执行。

（五）应当定期检查执行情况。

（六）应当根据管理需要和执行中的问题不断完善。

第八十六条　各单位应当建立内部会计管理体系。主要内容包括：单位领导人、总会计师对会计工作的领导职责；会计部门及其会计机构负责人、会计主管人员的职责、权限；会计部门与其他职能部门的关系；会计核算的组织形式等。

第八十七条　各单位应当建立会计人员岗位责任制度。主要内容包括：会计人员的工作岗位设置；各会计工作岗位的职责和标准；各会计工作岗位的人员和具体分工；会计工作岗位轮换办法；对各会计工作岗位的考核办法。

第八十八条　各单位应当建立账务处理程序制度。主要内容包括：会计科目及其明细科目的设置和使用；会计凭证的格式、审核要求和传递程序；会计核算方法；会计账簿的设置；编制会计报表的种类和要求；单位会计指标体系。

第八十九条　各单位应当建立内部牵制制度。主要内容包括：内部牵制制度的原则；组织分工；出纳岗位的职责和限制条件；有关岗位的职责和权限。

第九十条　各单位应当建立稽核制度。主要内容包括：稽核工作的组织形式和具体分工；稽核工作的职责、权限；审核会计凭证和复核会计账簿、会计报表的方法。

第九十一条　各单位应当建立原始记录管理制度。主要内容包括：原始记录的内容和填制方法；原始记录的格式；原始记录的审核；原始记录填制人的责任；原始记录签署、传递、汇集要求。

第九十二条　各单位应当建立定额管理制度。主要内容包括：定额管理的范围；制定和修订定额的依据、程序和方法；定额的执行；定额考核和奖惩办法等。

第九十三条　各单位应当建立计量验收制度。主要内容包括：计量检测手段和方法；计量验收管理的要求；计量验收人员的责任和奖惩办法。

第九十四条　各单位应当建立财产清查制度。主要内容包括：财产清查的范围；财产清查的组织；财产清查的期限和方法；对财产清查中发现问题的处理办法；对财产管理人员的奖惩办法。

第九十五条　各单位应当建立财务收支审批制度。主要内容包括：财务收支审批人员和审批权限；财务收支审批程序；财务收支审批人员的责任。

第九十六条　实行成本核算的单位应当建立成本核算制度。主要内容包括：成本核算的对象；成本核算的方法和程序；成本分析等。

第九十七条　各单位应当建立财务会计分析制度。主要内容包括：财务会计分析的主要内容；财务会计分析的基本要求和组织程序；财务会计分析的具体方法；财务会计分析报告的编写要求等。

第六章　附则

第九十八条　本规范所称国家统一会计制度，是指由财政部制定、或者财政部与国务院有关部门联合制定、或者经财政部审核批准的在全国范围内统一执行的会计规章、准则、办法等规范性文件。

本规范所称会计主管人员，是指不设置会计机构、只在其他机构中设置专职会计人员的单位行使会计机构负责人职权的人员。

本规范第三章第二节和第三节关于填制会计凭证、登记会计账簿的规定，除特别指出外，一般适用于手工记账。实行会计电算化的单位，填制会计凭证和登记会计账簿的有关要求，应当符合财政部关于会计电算化的有关规定。

第九十九条　各省、自治区、直辖市财政厅（局）、国务院各业务主管部门可以根据本规范的原则，结合本地区、本部门的具体情况，制定具体实施办法，报财政部备案。

第一百条　本规范由财政部负责解释、修改。

第一百零一条　本规范自公布之日起实施。1984 年 4 月 24 日财政部发布的《会计人员工作规则》同时废止。

附录 D　上市公司常用会计科目表

编号	会计科目名称	编号	会计科目名称
	一、资产类		二、负债类
1001	库存现金	2001	短期借款
1002	银行存款	2002	存入保证金
1012	其他货币资金	2201	应付票据
1101	交易性金融资产	2202	应付账款
1121	应收票据	2203	预收账款
1122	应收账款	2211	应付职工薪酬
1123	预收账款	2221	应交税费
1131	应收股利	2231	应付利息
1132	应收利息	2232	应付股利
1221	其他应收款	2241	其他应付款
1231	坏账准备	2401	递延收益
1401	材料采购	2501	长期借款
1402	在途物资	2502	应付债券
1403	原材料	2701	长期应付款
1404	材料成本差异	2702	未确认融资费用
1405	库存商品	2711	专项应付款
1406	发出商品	2801	预计负债
1407	商品进销差价	2901	递延所得税负债
1408	委托加工物资		三、所有者权益类
1411	周转材料	4001	实收资本
1471	存货跌价准备	4002	资本公积
1501	持有至到期投资	4101	盈余公积
1502	持有至到期投资减值准备	4103	本年利润
1503	可供出售金融资产	4104	利润分配
1511	长期股权投资		四、成本类
1512	长期股权投资减值准备	5001	生产成本
1521	投资性房地产	5101	制造费用
1531	长期应收款	5202	劳务成本
1532	未实现融资收益	5301	研发支出
1601	固定资产		五、损益类
1602	累计折旧	6001	主营业务收入
1603	固定资产减值准备	6051	其他业务收入
1604	在建工程	6111	投资收益
1605	工程物资	6301	营业外收入
1606	固定资产清理	6401	主营业务成本
1611	未担保余值	6402	其他业务成本
1632	累计折耗	6403	营业税金及附加
1701	无形资产	6601	销售费用
1702	累计摊销	6602	管理费用
1703	无形资产减值准备	6603	财务费用
1711	商誉	6701	资产减值损失
1801	长期待摊费用	6711	营业外支出
1811	递延所得税资产	6801	所得税费用
1901	待处理财产损溢	6901	以前年度损益调整

参考文献

[1] 谢沂．基础会计学．北京：北京工业大学出版社，2008.

[2] 谢瑞峰，杨闻萍，李慧思．初级会计学．北京：经济科学出版社，2008.

[3] 黎晓杰．会计学理论与实务．上海：立信会计出版社，2007.

[4] 王艳茹．会计学原理．北京：中国人民大学出版社，2008-08.

[5] 崔智敏，陈爱玲．会计学基础．北京：中国人民大学出版社，2012-02.

[6] 樊彩霞，刘欣华，刘小军．新编会计学原理．北京：科学出版社，2013-01.

[7] 陈梅兰．会计实账演练：实战升级版．北京：人民邮电出版社，2014.

[8] 李会青．基础会计实务．上海：上海财经大学出版社，2013-08.

[9] 中华人民共和国会计法．北京：经济科学出版社，1999.

[10] 企业会计准则编审委员会．企业会计准则——应用指南．上海：立信会计出版社，2015-06.

[11] 企业会计准则编审委员会．企业会计准则 2015 年版．上海：立信会计出版社，2015.

[12] 刘永泽，陈立军．中级财务会计．北京：清华大学出版社，2014.

[13] 戴德明，林刚，赵西卜．财务会计学．北京：中国人民大学出版社，2013.

[14] 荆新，孙茂竹，张玉周．财务会计学课程设计的一种新方案．会计研究，2002.

[15] 张新民，祝继高．会计学本科专业核心课程建设：突围之路.会计研究，2015.

[16] 王建忠．会计发展史．大连：东北财经大学出版社，2007.

[17] 毛波军，何珍珠．会计学原理．上海：上海交通大学出版社，2008.

[18] 葛军主．会计学原理（第三版）．北京：高等教育出版社，2007.

[19] 中国注册会计师协会．会计．北京：中国财政经济出版社，2015.

[20] 财政部．会计基础工作规范.

[21] 财政部．会计档案管理办法.